DIE SCHRIFTEN DER BIBEL

Reihe: Bibelwissen

Die Schriften der Bibel

Entstehung und Botschaft
von
Siegfried Herrmann und Walter Klaiber

Mit einer Einführung
»Die Bibel als Gottes Wort«
von Eduard Lohse

DEUTSCHE BIBELGESELLSCHAFT

Titelbild: Ausschnitt (1. Samuel 30) aus dem Kodex von Aleppo, einem der wichtigsten Textzeugen des Alten Testaments. Aaron ben Ascher persönlich versah diese Handschrift der hebräischen heiligen Schriften um 925 n. Chr. mit Punktation und Masora.
(Foto: Ruprecht Veigel)

Die Deutsche Bibliothek – CIP-Einheitsaufnahme

Herrmann, Siegfried:
Die Schriften der Bibel: Entstehung und Botschaft / von
Siegfried Herrmann und Walter Klaiber. Mit einer Einführung
»Die Bibel als Gottes Wort« / von Eduard Lohse. – Stuttgart :
Dt. Bibelges., 1996
  (Bibelwissen)
  ISBN 3–438–06207–0
NE: Klaiber, Walter:; Lohse, Eduard: Die Bibel als Gottes Wort

ISBN 3–438–06207–0

© 1996 Deutsche Bibelgesellschaft, Stuttgart
Umschlag: Werbeagentur dell'arte, Tiefenbronn
Satz: Biblia-Druck GmbH, Stuttgart
Druck und Einband: Ebner Ulm
Alle Rechte vorbehalten
Printed in Germany

INHALTSVERZEICHNIS

DIE BIBEL ALS GOTTES WORT

von Eduard Lohse

Aus den Worten der Bibel hören wir Gottes Wort – so bekennt es die Christenheit in aller Welt. Weit über die Grenzen der Kirchen hinaus lassen sich viele Menschen von der Kraft biblischer Worte anreden, empfangen sie Trost aus ihnen und gewinnen Orientierung für die Gestaltung ihres Lebens: »Der HERR ist mein Hirte, mir wird nichts mangeln ... Und ob ich schon wanderte im finstern Tal, fürchte ich kein Unglück; denn du bist bei mir, dein Stecken und Stab trösten mich.« Ungezählte Menschen haben sich in Freude, aber auch in Leid, in guten, aber auch in schweren Tagen von der schlichten Überzeugungskraft dieser Sätze aus dem 23. Psalm ergreifen lassen, so daß sie sich von ihnen als Gottes Wort gestärkt und aufgerichtet sahen.

Gottes Wort spricht aus diesen Versen. Aber wenn wir genauer zusehen, bemerken wir: Diese Worte wurden von einem Menschen gesprochen, der sich als Beter in vollem Vertrauen an seinen Gott wendet: »Er weidet mich auf einer grünen Aue und führt mich zum frischen Wasser. Er erquicket meine Seele. Er führet mich auf rechter Straße um seines Namens willen.« Das aber bedeutet: Gottes Wort kommt zu uns durch Worte von Menschen. Sie haben ausgesprochen, was ihnen gesagt oder ausdrücklich aufgetragen wurde. Aber sie reden in ihrer Sprache – Hebräisch, Aramäisch oder Griechisch.

Die Worte der Bibel sind im Lauf der Jahrhunderte in viele andere Sprachen übersetzt worden. Ist doch kein anderes Buch in so viele Sprachen übertragen worden wie die Bibel, die in der Tat die ganze Welt umspannt. Gottes Wort ist durch das Wort von Menschen bezeugt und weitergesagt worden. Was aus dieser Feststellung für Studium und Verständnis der Bibel folgt, will des näheren bedacht sein. Christen möchten Klarheit darüber erhalten, auf welche Weise wir aus den Büchern der Heiligen Schrift Gottes Wort vernehmen. Denn nicht auf Menschenworte, sondern allein auf Gottes Wort können wir uns im Leben und dereinst auch im Sterben wirklich verlassen.

Wer die Bibel aufmerksam liest, wird sich so manche Fragen stellen. Er sollte sich nicht scheuen, diese offen auszusprechen Denn die Botschaft der Bibel wird nicht etwa herabgesetzt oder gemindert, wenn man Fragen an sie richtet. Im Gegenteil, sie lädt dazu ein, daß wir sie genauer betrachten, damit uns aus dem reichen Schatz der Bibel Antworten gegeben werden.

Fragen an die Bibel

Aus den vielen Abschnitten der Bibel heben sich Sätze deutlich heraus, die unmittelbar zu uns reden – wie die Verse des 23. Psalms, wie der Konfirmations- oder der Trauspruch. Aber an anderen Stellen wird es schwierig, ihren Sinn zu begreifen und zu erkennen, auf welche Weise uns Gottes Wort darin gesagt wird. Denn nicht nur von Gottvertrauen und getrösteter Zuversicht ist in der Bibel die Rede, sondern auf ihren Seiten wird die ganze Fülle menschlichen Lebens beschrieben. Da hören wir nicht nur von gehorsamem Glauben, in dem Menschen sich in alter Zeit an ihren Gott gewandt haben. Sondern da wird auch von Neid und Haß, von Feindschaft und Streit, von Kampf und Mord, von Begierde und Ehebruch berichtet. Wie kann man im Blick auf solche Geschichten von Gottes Wort reden? Nicht nur von Treue und Gehorsam gegen Gottes Gebot erfahren wir, sondern auch von Zweifel und Unglauben, Schuld und Schande. Nicht nur von Liebe wird gesprochen, die dem Nächsten zu erweisen ist, sondern in den alttestamentlichen Psalmen werden auch bittere Worte des Fluches gegen die Feinde gerichtet. Was sagt Gott zu dem allen?

Die Darstellungen, in denen die Entstehung der Welt, der Lauf der Erde und der Gang der Geschichte in den Büchern der Bibel geschildert werden, muten weithin fremdartig an. Die teils vorausgesetzten, teils ausdrücklich geschilderten Vorstellungen über Himmel und Erde, Gesundheit und Krankheit, Gericht und Rettung werden oft in einer Sprache dargeboten, die sich mit modernen Anschauungen und wissenschaftlichen Einsichten nicht leicht in Einklang bringen läßt. Kann man dann wirklich behaupten, daß aus der Bibel Gottes Wort zu uns spricht? Wie sollen wir angesichts der vielen Fragen Zugang zur Bibel gewinnen und mit diesem umfangreichen Buch zurechtkommen? Wo soll ich anfangen, wenn ich mich mit ihr beschäftigen will? Und wie soll ich mich zurechtfinden?

Schlagen wir das Alte Testament auf, so stoßen wir auf Erzählungen, die von Gestalten berichten, die durch Jahrtausende von uns getrennt sind. Wie kann man eine Brücke bauen, die von jener weit zurückliegenden Welt zur Gegenwart herüberführt? Was gehen die Geschichten der Bibel uns heute an? Wie altertümlich klingen viele Sätze der Psalmen, und wie eigenartig erscheint die Rede der Propheten, die in der Geschichte des Volkes Israel aufgetreten sind.

Unternimmt man den Versuch, einen Zugang zum Neuen Testament zu finden, so kann man wiederum in Schwierigkeiten geraten. Das Matthäusevangelium, das am Anfang der neutestamentlichen Schriften steht, beginnt mit dem Stammbaum Jesu. Was soll die lange Reihe der Namen besagen? Überdies stimmt ihre Abfolge nicht mit der Aufzählung überein, die sich an späterer Stelle im Lukasevangelium findet (Lukas 3,23-38). Und werfen wir einen Blick auf die letzten Seiten der Bibel, so lesen wir eine Schilderung des neuen Himmels, der neuen Erde und des neuen Jerusalem, die unwirkliche Züge trägt. Wie kann man mit diesem Buch zurechtkommen, um auf die Quelle zu stoßen, aus der wirklich lebendiges Wasser fließt, jene tröstende und ermutigende Botschaft, die wir für unser Leben brauchen und die auch angesichts des Todes nichts von ihrer Gültigkeit verliert?

Die Bibel sagt uns Gottes Wort – so lehrt und bezeugt die Christenheit. Aber was heißt das? Werden Fragen, die uns zu schaffen machen, verboten? Müssen wir alles hinnehmen, wie es da steht, ohne uns nähere Gedanken zu machen? Man hat immer wieder versucht, Bedenken, die nicht wenige Menschen gegenüber Geschichten und Worten der Bibel haben, beiseite zu schieben oder gar als unerlaubt hinzustellen. So entwickelte man eine Theorie über die Inspiration der biblischen Schriften, nach der jeder Satz, jedes Wort, ja jeder Buchstabe den biblischen Autoren durch Gottes Geist unmittelbar eingegeben worden sei. Propheten, Evangelisten und Apostel würden demnach nicht als Personen, die zu einer bestimmten Zeit und an einem bestimmten Ort gelebt haben, zu uns sprechen. Sie werden nach dieser Auffassung vielmehr als Leute vorgestellt, die der göttliche Geist wie ein Sprachrohr benutzt hat, um ihnen Wort für Wort seine unfehlbaren Mitteilungen zu diktieren und durch sie der Welt zu übermitteln. Wollte man sich die Entstehung der Bibel auf diese Weise vorstellen, so müßte alles, was in ihr zu lesen ist, unmittelbar als göttliches Wort gelten. Nicht nur die Verkündigung von Heil und Erlösung, die Botschaft von Gericht und Gnade und der Zuspruch von Vergebung und Rettung, sondern auch die geschichtlichen Angaben, die Datierung bestimmter Ereignisse und die Schilderung von Entstehung und Bestand der gesamten Welt müßten dann als frei von jedem Irrtum betrachtet werden.

Manche Vertreter einer bis ins einzelne durchdachten Inspirationslehre haben sich nicht gescheut, auch diese Folgerungen zu ziehen. Sie
waren dabei von dem durchaus achtenswerten Bemühen geleitet, die
unantastbare Hoheit der Bibel als Wort Gottes zu wahren. Sie wollten
ihre Einzigartigkeit so beschreiben, daß man am Ende keinen Einwand
mehr zu erheben, aber auch keine Fragen mehr zu stellen hat. Es ist
verständlich, daß man zu solchen Überlegungen kam. Denn wenn die
Bibel uns Gottes Wort sagt, dann ist in der Tat dieses Wort durch die
Kraft des göttlichen Geistes gesprochen und dann haben die biblischen
Autoren nicht einfach aufgezeichnet, was sie selbst dachten und mein-
ten, sondern weitergegeben, was ihnen aufgetragen worden war. Nach
der konsequenten Inspirationslehre, wie sie in der Zeit der sogenannten
altprotestantischen Orthodoxie entwickelt wurde, sollte jedoch jedes
Wort der Heiligen Schrift unmittelbar vom Geist Gottes in der Weise
eingegeben worden sein, daß es für alle Zeiten als unfehlbar zu betrachten sei. Aber lassen sich mit einer solchen Theorie wirklich die
verschiedenen Fragen beantworten, die ein Bibelleser mitunter stellt?
Und wird man damit imstande sein, Lösungen anzubieten, die angesichts der Probleme, die durch die moderne Wissenschaft aufgeworfen
wurden, bestehen und als glaubwürdig anerkannt werden können?

Gegen eine Inspirationslehre, die die Autorität der Bibel mit dem
Hinweis auf das buchstäbliche Diktat durch den Heiligen Geist sichern
will, sprechen neben mancherlei einzelnen Argumenten vor allem zwei
gewichtige Einwände. Der erste betrifft die äußere Gestalt der Bibel,
deren Urtext uns durch eine große Zahl späterer Abschriften überliefert ist. Die Urexemplare aller alt- und neutestamentlichen Bücher sind
nicht mehr erhalten. Dieses Geschick teilen die biblischen Schriften
mit nahezu sämtlichen literarischen Dokumenten der alten Welt. Aber
kein anderes Buch der Antike ist durch so viele Abschriften bezeugt
wie die Bibel. Die meisten dieser Texte, deren älteste für das Alte Testament noch in vorchristliche Zeit und für das Neue Testament bis in
das 2. Jahrhundert n. Chr. zurückreichen, enthalten nur ein oder zwei
biblische Bücher und bisweilen lediglich einige Abschnitte aus ihnen.
Dabei stimmen sie in den wesentlichen Zusammenhängen weithin
überein. Aber im einzelnen gibt es mancherlei Abweichungen und Unterschiede.

Durch sorgfältigen Vergleich der vielen Abschriften läßt sich der Urtext aller alt- und neutestamentlichen Bücher annähernd ermitteln. So
kann man eindeutig feststellen, daß das Markusevangelium ursprünglich mit dem Satz endete, die Frauen seien voller Entsetzen und Furcht

vom leeren Grab Jesu geflohen (16,8). Später hat man in den Versen 9-20 eine Ergänzung hinzugefügt, in der von Erscheinungen des Auferstandenen berichtet wird. Doch zum ursprünglichen Bestand des Markusevangeliums kann dieser sekundäre Schluß nicht gezählt werden. Oder – um ein anderes Beispiel zu nennen – in den ältesten Handschriften des Neuen Testaments fehlt am Ende des Vaterunsers der Lobpreis »Denn dein ist das Reich und die Kraft und die Herrlichkeit in Ewigkeit. Amen.« (Matthäus 6,13 b) Sicherlich hat man – jüdischem Brauch entsprechend – schon in der ältesten Christenheit das Herrengebet mit einem Wort des Gotteslobes beendet. Dieses aber wurde frei formuliert und konnte in unterschiedlichem Wortlaut zum Ausdruck gebracht werden. Erst vom 2. Jahrhundert n. Chr. an hat der Abschluß des Gebetes liturgisch fest geprägte Gestalt erhalten, die dann auch in die handschriftliche Überlieferung des Matthäusevangeliums Eingang gefunden hat.

In den heutigen Ausgaben der Lutherbibel sowie in anderen modernen Bibelübersetzungen wird auf diesen Sachverhalt der handschriftlichen Überlieferung aufmerksam gemacht, damit der Bibelleser deutlich erkennen kann, wie der Wortlaut des ursprünglichen Bibeltextes aussieht. Denn er soll und kann dessen gewiß sein, daß ihm das Zeugnis der biblischen Schriften aus deren Urtext so genau und unmittelbar dargeboten wird, wie es nach dem Stand bibelwissenschaftlicher Forschung irgend möglich ist. Dabei kommt es nicht nur darauf an, den Urtext möglichst wörtlich wiederzugeben, sondern auch darauf, daß die deutsche Fassung für den heutigen Menschen verständlich ist. Aus diesem Grund werden die Übersetzungen der Bibel ständig überprüft und – wo es nötig ist – verbessert.

Im Blick auf die Frage, ob der biblische Text durch wortwörtliches Diktat des Heiligen Geistes entstanden sein könnte, sind diese und andere Beobachtungen zur Überlieferung des biblischen Textes von entscheidender Bedeutung. Denn sie zeigen, daß die Weitergabe des biblischen Wortes denselben Bedingungen unterlag, wie sie auch für alle anderen literarischen Texte vergangener Zeiten gegeben waren. Nachdem sie von ihren Autoren niedergeschrieben worden waren, wurden sie durch Abschriften verbreitet, bei deren Herstellung sich Fehler einschleichen konnten, aber auch Ergänzungen vorgenommen oder einzelne Wendungen fortgelassen wurden. Die Vorstellung eines gleichsam mechanischen Diktates des biblischen Textes und seiner unveränderten Weitergabe läßt sich also nicht halten.

Der andere schwerwiegende Einwand, der gegen eine starre Inspirationslehre erhoben werden muß, ist inhaltlicher Art. Wenn man behaupten wollte, die Bibel sei ohne wesentliche menschliche Mitwirkung ausschließlich durch Eingebung des Geistes Gottes entstanden, grenzt man die Heilige Schrift aus dem Lauf menschlicher Geschichte aus und läßt sie zu einer Größe werden, die so unbeweglich erscheint, daß sie selbst der Erstarrung verfällt. Man entwickelt damit eine Theorie über die Art, in der die biblischen Schriften zu uns reden, und schreibt ihnen von vornherein vor, was sie zu sagen haben. Ihre Aussagen sollen auch in wissenschaftlicher Hinsicht frei von Bindung an die Zeit sein, in der die biblischen Zeugen gelebt haben. Sie müßten gleichsam schon alle Erkenntnisse vorwegnehmen, die wissenschaftliche Forschung erst später gemacht hat und auch künftig noch machen wird. Die Bibel ist jedoch kein Nachschlagewerk, das auch zu Fragen der Naturwissenschaft oder der Altertumsforschung, zu Problemen der Untersuchung geschichtlicher Ereignisse oder Studien über die menschliche Seele stets das letzte und abschließende Wort spricht oder behalten wollte. Gottes Wort ist – wie es im Neuen Testament heißt – nicht gebunden (2. Timotheus 2,9). Das aber heißt: Gottes Wort ist eingegangen in die menschliche Geschichte, in der es jeweils von Menschen für Menschen bezeugt worden ist.

Der Hebräerbrief sagt es so: »Nachdem Gott vorzeiten vielfach und auf vielerlei Weise geredet hat zu den Vätern durch die Propheten, hat er in diesen letzten Tagen zu uns geredet durch den Sohn.« (1,1-2) Das bedeutet: Gott hat sein Wort nicht senkrecht vom Himmel herunterfallen lassen, sondern sein Wort ist Menschen aufgetragen worden, die es in ihren Worten bezeugt haben. Sie sind als seine Boten aufgetreten und haben ihren Zeitgenossen ausgerichtet, was Gott ihnen zu sagen hat. Dabei haben sie in der Sprache ihrer Zeit geredet. Sie haben sich der Vorstellungen bedient, die man jeweils vom Zusammenhang der Welt und dem Lauf der Geschichte ausgebildet hatte, und die Ausdrücke benutzt, die allgemein geläufig waren. Es wäre eine ungeschichtliche Vorstellung, wenn man meinen wollte, die Boten Gottes müßten schon jene Einsichten in die Entstehung des Weltalls, den Lauf der Gestirne oder den Gang der Geschichte gekannt haben, die erst die neuzeitliche Wissenschaft gewonnen hat. Wäre es so gewesen, dann hätten sie nicht wirklich als Menschen ihrer Tage gesprochen. Gott aber hat sein Wort zu Menschen durch Menschen gesagt, damit es gehört, angenommen und weitergetragen werden sollte.

Das christliche Bekenntnis betont mit allem Nachdruck, daß Jesus von Nazareth Gottes Sohn und wahrer Mensch war: »Das Wort ward

Fleisch und wohnte unter uns, und wir sahen seine Herrlichkeit, eine Herrlichkeit als des eingeborenen Sohnes vom Vater, voller Gnade und Wahrheit.« (Johannes 1,14) Jesus hat gelebt und empfunden wie die Leute, mit denen er zusammenkam. Ihre Worte und Vorstellungen hat er verwendet, um ihnen Gottes Barmherzigkeit nahezubringen. Nicht anders haben die Propheten und Apostel gesprochen. Wollen wir daher den Sinn ihrer Rede recht verstehen, so müssen wir die biblischen Schriften vor dem Hintergrund ihrer jeweiligen Entstehungszeit betrachten, um den Sinn ihrer Aussagen so deutlich wie möglich zu erfassen und die Wahrheit zu erkennen, die uns ebenso angeht wie die Menschen damals.

Christlicher Glaube, der sich zu seinem Herrn als wahrem Menschen und wahrem Gott bekennt, hat darum Geschichte und Welt, in die das eine Wort Gottes eingegangen ist, ernst zu nehmen und darin Gottes Barmherzigkeit zu ehren. Ist er sich dessen bewußt, daß Gott sein Wort in die Geschichte hineingegeben hat, so braucht er keine Bedenken zu tragen, Fragen an die Bibel zu stellen und Probleme offen auszusprechen, die bei ihrer Lektüre empfunden werden. Weil Christen ihren Herrn als das eine Wort Gottes bekennen, dem sie im Leben und im Sterben zu vertrauen und zu gehorchen haben, darum haben sie mit allen Kräften, die ihnen zu Gebote stehen, sich darum zu bemühen, den Sinn der biblischen Botschaft immer tiefer zu erfassen. In dieser Überzeugung gründen auch Recht und Notwendigkeit einer Bibelwissenschaft, die die Auslegung der Heiligen Schrift betreibt durch Erforschung der handschriftlichen Überlieferung wie durch das Studium der biblischen Sprachen, durch Archäologie wie durch Betrachtung der biblischen Zeitgeschichte, durch Untersuchung der antiken Religionsgeschichte wie auch durch Analyse der biblischen Texte hinsichtlich ihrer Entstehung, Gestaltung und Überlieferung.

Der schwäbische Theologe Johann Albrecht Bengel, einer der »Väter des Pietismus«, hat sich zu seiner Zeit aller Mittel bedient, die die wissenschaftliche Forschung zur Erfassung der biblischen Botschaft zu bieten hatte; denn er war – wie er selbst mit Recht sagte – überzeugt, »bei heiligen Dingen müsse man auf jede Kleinigkeit achthaben«. Damit wird einer wissenschaftlichen Erforschung der Bibel der rechte Ort und der ihr gebührende Rang gegeben. Der Glaube braucht sich vor einer wissenschaftlichen Bemühung um die Bibel nicht zu fürchten. Denn es ist keineswegs so um die Heilige Schrift bestellt, daß sie sich unter der Betrachtung wissenschaftlicher Forschung in einzelne Stücke auflösen würde, die nicht mehr zusammenzuhalten sind. Durch sachgemäße wissenschaftliche Betrachtung wird vielmehr das Wort der Bibel in großer Kraft lebendig und spricht auf vielgestaltige Weise zu uns. Darum ist es für die Verkündigung der Kirche und die Auslegung der Schrift überaus wichtig, mit aller Sorgfalt die biblischen Schriften zu erklären, um ihre Botschaft deren ursprünglichem Sinn gemäß erfassen und weitersagen zu können.

Wird in dieser Weise das von Menschen vieler Jahrhunderte gesprochene Zeugnis betrachtet, so wird rechter Glaube nicht etwa behindert, sondern wird ihm Hilfe geboten zu besserem Verstehen. Er braucht die eigenen Fragen nicht zu verdrängen, sondern darf und soll sie offen aussprechen. Ihm wird gezeigt, daß die Menschen der Bibel Leute waren wie wir. Sie hatten ihre tägliche Arbeit zu verrichten, sie lebten als Männer und Frauen, Kinder und Alte, Reiche und Arme. Sie kannten Sorge und Leid, aber auch Freude und Glück. Sie fragten nach dem Sinn ihres Lebens und suchten nach einer gültigen Antwort auf diese letzte Frage. Diese Antwort empfingen sie aus dem Wort Gottes, das ihnen gesagt wurde und das uns gesagt wird wie ihnen. Darum kommen in den biblischen Schriften alle Bereiche menschlichen Lebens wirklich vor: nicht nur der Feiertag, sondern auch der Alltag, nicht nur Licht, sondern auch Dunkel, nicht nur rechtes Verhalten, sondern auch Versagen und Schuld. Denn zu jeder Zeit und an jedem Ort menschlichen Lebens gilt das eine Wort Gottes, das auf das Fragen der Menschen eine Antwort gibt, auf die sie sich wirklich verlassen können.

Was aber ist der Inhalt dieses Wortes Gottes? Martin Luther hat zu dieser Frage einmal kurz und treffend gesagt, Gottes Wort sei nichts anderes als »eine Predigt und Geschrei von der Gnade und Barmherzigkeit Gottes, durch den Herrn Jesus Christus mit seinem Tod verdient und erworben«. Gottes Wort ist – das sagt Luther weiter – ursprünglich nicht geschriebenes Wort, sondern mündlich ausgerufene Nachricht, die dann aufgezeichnet und weitergegeben worden ist. Sie »ist nicht eigentlich das, das in Büchern steht und in Buchstaben verfaßt wird, sondern mehr eine mündliche Predigt und lebendiges Wort und eine Stimme, die da in die ganze Welt erschallt und öffentlich wird ausgeschrien, daß mans überall höret«. Dieses lebendige Wort Gottes, das in der Bibel überliefert ist, will darum in der Verkündigung der Kirche laut werden und Glauben und Handeln derer bestimmen, die es hören. Deshalb gilt es darauf zu achten, wie dieses Wort Gottes in der Heiligen Schrift bezeugt wird, und die Botschaft in den Blick zu nehmen, die die Vielzahl der biblischen Aussagen als ihre Mitte zusammenhält und zur Einheit verbindet.

Die Bibel – das griechische Wort *biblia* bedeutet »Bücher« – umfaßt im genauen Sinn eine ganze Bibliothek. Als solche stellt sie eine Sammlung von Schriften dar, die im Lauf eines vollen Jahrtausends entstanden sind. Die ältesten Zeugnisse reichen in die Zeit zurück, als Israel aus der Wüste in das verheißene Land zog und von ihm Besitz nahm. Sie reden davon, wie die Israeliten nach langem Marsch und unter manchen Kämpfen im Land Fuß faßten. Aus der Anfangszeit des Königtums sind einige recht genaue Berichte erhalten, in denen dargestellt wird, wie das Volk sich einen König erwählte, wie dann die Herrschaft von Saul auf David überging und schließlich von David an seinen Sohn Salomo kam. In diesen Geschichten, die in den Samuel- und Königsbüchern überliefert sind, sprechen Menschen zu uns, die zu einem großen Teil die Geschehnisse selbst miterlebt und miterfahren haben. Aus den folgenden Jahrhunderten gelangen die Stimmen der Propheten zu uns, von Elia und Elisa über die großen Schriftpropheten bis zu denen, die Israel das Gericht ankündigten, das dann in der Eroberung und Zerstörung Jerusalems durch die Babylonier eintrat. Von den Erfahrungen, die Israel später in der Zeit eines mühevollen Wiederaufbaus in seinem Land machen konnte, handeln einzelne kleinere Prophetenschriften. Die Sammlung der alttestamentlichen Schriften läßt uns also über eine lange Kette von Jahrhunderten den geschichtlichen Weg verfolgen, den das Volk Israel durchmessen hat.

Die neutestamentlichen Schriften sind zumeist in der zweiten Hälfte des 1. Jahrhunderts n. Chr. niedergeschrieben worden, zuerst die Briefe des Apostels Paulus, dann die Aufzeichnungen dessen, was man von Jesu Wirksamkeit, seinem Leiden, Sterben und Auferstehen zu sagen wußte, und schließlich einige Werke, die – wie das Johannesevangelium – um die Jahrhundertwende bis in den Anfang des 2. Jahrhunderts hinein abgefaßt wurden.

Bedenkt man, daß die biblischen Schriften des Alten und Neuen Testaments im weiten Zeitraum von etwa tausend Jahren entstanden sind, so ist es nicht verwunderlich, daß sich in diesen Schriften mancherlei Aussagen finden, die sich nicht ohne weiteres miteinander in Übereinstimmung bringen lassen. Denn jedes dieser Bücher spricht in eine ganz bestimmte Situation hinein und ist durch die Gedanken und Überlegungen bestimmt, mit denen sich der Verfasser an seine Leser wendet. Je deutlicher der Hintergrund erhellt werden kann, vor dem die biblischen Worte gesprochen sind, um so genauer läßt sich im einzelnen ihr Sinn klären und begreifen. Daher kommt es darauf an zu erkennen, daß die biblische Botschaft jeweils in einen geschichtlichen Zusammenhang hineinverflochten ist, auf den sie ursprünglich bezogen ist. Die Bibel bietet nicht eine Sammlung von zeitlos gültigen Lehrsätzen, sondern ihre Bücher sind zu verschiedenen Zeiten entstanden, in denen Menschen von der Erfahrung der letzten Wahrheit überwältigt wurden, die ihnen durch Gottes Wort erschlossen wurde, so daß sie davon zu anderen Menschen sprachen.

Wie aber sind die vielen Dokumente, die im Kanon der alt- und neutestamentlichen Schriften zusammengeordnet sind, unter- und miteinander verbunden? Welches Band schließt sie zusammen? Und wo findet ihr vielstimmiges Zeugnis, das aus verschiedenen Jahrhunderten zu uns spricht, seine einigende Mitte? Diese Frage wird nicht erst heute gestellt, sondern beschäftigte schon die ersten Christen, die vom Judentum die Sammlung heiliger Schriften, die wir das Alte Testament nennen, übernahmen und sie im Licht des Evangeliums von Jesus Christus als dem gekreuzigten und auferstandenen Herrn auslegten.

Das Judentum, das in einem sich langsam vollziehenden Prozeß überlieferte Schriften zur Sammlung heiliger Bücher zusammenfügte, hatte als ersten und nach seinem Verständnis wichtigsten Teil die fünf Bücher Mose als Niederschrift des Gesetzes festgehalten, nach dem Israel zu leben und zu handeln hat. Die endgültige Abgrenzung aller weiteren kanonischen Schriften wurde unter der Frage vollzogen, ob sich die Texte der Propheten, der Psalmen und der weisheitlichen Literatur im Einklang mit dem Gesetz befinden oder nicht. Konnte gezeigt werden, daß solche grundsätzliche Übereinstimmung bestand, so war über die Aufnahme in den Kreis der heiligen Bücher positiv entschieden. Andernfalls wurde die Aufnahme in den Kanon abgelehnt. Diente dabei das Gesetz als kritischer Maßstab, so sah man in dessen Worten zugleich auch die Mitte der ganzen Schrift, durch die Israel erfahren sollte, wie es sein Leben im Gehorsam gegen Gottes Willen und Gebot zu gestalten hat.

Zur Zeit Jesu und der ersten Christen war die Bildung des alttestamentlichen Kanons bereits so gut wie abgeschlossen. Nur einige Fragen, die der Beurteilung des Buches Hesekiel und des Hohenliedes galten, wurden noch verhandelt und schließlich zu Ende des 1. Jahrhunderts n. Chr. dahingehend entschieden, daß man keinen grundsätzlichen Widerspruch zwischen ihnen und dem Gesetz feststellte und sie endgültig für kanonisch erklärte. Dem Urchristentum war somit eine Schrift bereits vorgegeben, über deren Autorität nicht zu streiten war und die als allgemein anerkannt betrachtet wurde. In den neutestamentlichen Dokumenten wird daher immer wieder auf Worte der Schrift verwiesen und die Fülle der alttestamentlichen Bücher als Zeuge für die Wahrheit der Botschaft angerufen, die es weiterzusagen gilt. Die Schrift umfaßt »das Gesetz des Mose, die Propheten und die Psalmen«, wie ihr Umfang und Inhalt in knapper Zusammenfassung angegeben werden kann (Lukas 24,44). Dabei ist es für das Verständnis, nach dem die christliche Gemeinde die Schrift betrachtet, von entscheidender Bedeutung, daß sich ihr Sinn vom Ende her erschließt: von der Erfüllung der Verheißungen, die in der Geschichte Jesu Christi, seinem Leiden, Sterben und Auferstehen eingetreten ist. Die Erzählung von den beiden Jüngern, die auf dem Weg nach Emmaus dem auferstandenen Herrn begegneten, zeigt anschaulich, was diese Erkenntnis für die Auslegung des Alten Testaments bedeutet: Erst als den Jüngern die Augen geöffnet wurden und sie den auferstandenen Christus erkannten, verstanden sie, was die ganze Schrift sagt, »angefangen bei Mose und allen Propheten« (Lukas 24,27).

Die urchristliche Verkündigung bestimmt somit in aller Klarheit die Christusbotschaft als die Mitte der Schrift, auf die die Vielzahl der biblischen Bücher und ihre mannigfachen Aussagen bezogen sind. So heißt es in der ältesten Überlieferung urchristlicher Verkündigung, wie sie im Neuen Testament festgehalten ist, »daß Christus gestorben ist für unsere Sünden nach der Schrift, und daß er begraben worden ist; und daß er auferstanden ist am dritten Tag nach der Schrift; und daß er erschienen ist dem Kephas, danach den Zwölfen« (1. Korinther 15,3-5). Der Wortlaut dieser Sätze muß in die allerersten Anfänge der Christenheit zurückreichen. Denn der Apostel Paulus bezieht sich in seinem an die Gemeinde von Korinth gerichteten Brief auf die urchristliche Botschaft, wie sie ihm schon gesagt wurde, als er wenige Jahre nach Jesu Kreuzestod Christ wurde. So hatte er sie dann zu den Korinthern gebracht, als er als Missionar zum ersten Mal in die Stadt kam (15,1-3).

Zuerst wird in diesen kurzen Sätzen vom Leiden und Sterben Christi gesprochen. Unsere Schuld – so heißt es – war die Ursache dafür, daß er in den Tod gehen mußte. Er trug die Last und nahm das Leiden auf sich, um uns die Sünden abzunehmen. Für die Ohren der Zeitgenossen mußte diese Nachricht vom schändlichen Tod des Messias geradezu unerhört klingen. Denn in den verschiedenen Ausprägungen, die die Erwartung des von Gott Gesalbten gefunden hatte, wurde dessen Erscheinung stets als glanzvolle Herrschaft eines siegreichen Königs vorgestellt. Weil nach altem Brauch ein König zum Antritt seines Amtes gesalbt wurde, bezeichnete man den kommenden Herrscher als den Gesalbten (aramäisch = Messias, griechisch = Christus). Leiden, Zerbrechen und Sterben um der Schuld anderer willen hatten in dem Bild, das man sich vom Messias machte, keinen Platz. Um daher zu begründen, warum der Gekreuzigte der Messias ist, weist die urchristliche Verkündigung auf die Schrift hin. Darin ist der Wille Gottes gültig enthalten – nun aber nicht in erster Linie in den Büchern des Gesetzes, sondern vor allem bei den Propheten und in den Psalmen. Sie reden von Verfolgung und Leiden, die der Gerechte erdulden muß, der sich allein zu Gott hält. Im 53. Kapitel des Jesajabuches wird die Gestalt eines leidenden Gottesknechtes geschildert, der die Sünden der anderen auf sich nimmt, die Last willig trägt, von allen verachtet wurde und am Ende bei den Gottlosen sein Grab fand. Aber wenn die urchristliche Predigt auf die Schrift verweist, so ist nicht nur an eine einzelne Stelle im Alten Testament gedacht, sondern die ganze Schrift wird zum Zeugen für die Wahrheit der Christusbotschaft aufgerufen. Erst im Licht ihres Zeugnisses kann verstanden werden, was es bedeutet, daß der Gesalbte Gottes in die tiefste Niedrigkeit hineingegangen ist und einen elenden Tod gestorben ist – nicht um seinetwillen, sondern allein um unseretwillen.

Das urchristliche Bekenntnis stellt dem Satz vom Sterben Christi den von seiner Auferstehung gegenüber. Beide Aussagen sind fest miteinander verknüpft und bilden eine untrennbare Einheit. Man kann daher nicht etwa die Auferstehung preisgeben und doch an seinem Kreuz festhalten wollen. Denn nur weil Christus auferstanden ist, eignet seinem Sterben Heil schaffende, Sünden tilgende Macht. Deshalb weist der Apostel darauf hin: »Ist aber Christus nicht auferstanden, so ist euer Glaube nichtig, so seid ihr noch in euren Sünden.« (1. Korinther 15,17) Um die Heilsbedeutung der Auferstehung Christi hervorzuheben, wird wiederum auf die Schrift Bezug genommen und damit nochmals das ganze Alte Testament als Zeugnis für Christus aufgeboten. Denn nicht nur einzelne Verse aus diesem oder jenem Buch, sondern die gesamte Schrift deutet darauf hin, daß Gott Macht über Leben und Tod hat und daher »die Toten lebendig macht und das ruft, was nicht ist, daß es sei« (Römer 4,17).

Die Wahrheit dieser Botschaft wird nicht nur von der Schrift, sondern auch von den Zeugen verbürgt, denen der Auferstandene erschienen ist: von Kephas, den Zwölfen und den übrigen, die den Herrn gesehen haben. Ihr Osterzeugnis erweist wie das Wort der Schrift seine Wahrheit darin, daß es die Hörer ergreift und in ihnen die Gewißheit weckt, daß in der Tat Christus der lebendige Herr ist, in dem die Verheißungen der Schrift in Erfüllung gegangen sind. Denn in der Predigt seiner Boten ergreift der Auferstandene selbst das Wort und zeigt auf, daß das vielgestaltige Zeugnis der biblischen Schriften in seinem Kreuzestod und seiner Auferstehung seine Mitte findet.

Auf dieses Wort Gottes, das in Christus ein für allemal ergangen ist und in der christlichen Verkündigung immer wieder ausgerufen wird, setzt der Glaube seine feste Zuversicht. Von dieser Mitte her weiß er daher auch die vielgestaltige Botschaft aller biblischen Schriften zu begreifen – die Predigt des Alten Testaments als Verheißung von Gottes Barmherzigkeit und die des Neuen Testaments als die gute Nachricht, daß Gott in Christus seine Zusagen wahr gemacht hat und durch das Evangelium alle Menschen retten will – jeden, der glaubt, sei er nun Jude oder Heide. Denn allein im Vertrauen auf Christus als das eine Wort Gottes empfängt der Glaube den Grund seiner Überzeugung und die Kraft seiner Gewißheit.

Die Predigt des Evangeliums hält daher die biblischen Schriften und die Vielfalt der in ihnen dargelegten Aussagen zusammen. Als Ausdruck dieser Botschaft will die Bibel von Anfang bis Ende gelesen, ausgelegt und verstanden sein. Indem die Christenheit das Alte Testament als Zeugnis für das Evangelium begreift, bleibt sie sich dessen bewußt, daß die Juden dasselbe Buch als ihre heilige Schrift lesen, aber in entscheidenden Punkten anders verstehen. Denn nicht dem Evangelium, sondern dem Gesetz weisen sie den höchsten Rang zu und suchen ihr Leben so zu führen, daß sie seinen Geboten entsprechen. Daß über dem Studium derselben Schriften nicht Gemeinsamkeit, sondern Trennung entstehen kann, bedeutet Last und Schmerz für Juden wie für Christen. Doch indem sie einander achten und in gegenseitigem Respekt begegnen, bei allen Unterschieden sich die gleichwohl vorhandene Gemeinschaft verdeutlichen, hoffen sie auf den Tag, da der gnädige Gott alle Verheißungen wahr machen und alle Trennung aufheben wird.

Wird das Evangelium, das den gekreuzigten und auferstandenen Christus als Herrn und Retter verkündigt, als die Mitte der ganzen Schrift begriffen, so ist zugleich die Frage beantwortet, auf welche Weise das Wort Gottes inmitten der Vielzahl von Sätzen und Worten in den biblischen Büchern zu Gehör kommt. Es wird aber zugleich klargestellt, daß nicht jeder Satz, der in der Bibel steht, unmittelbar als Wort Gottes bezeichnet werden kann. Viele Worte sind Ausdruck menschlicher Rede, die jeweils in Begriffen und Vorstellungen der Zeit sich ausspricht, in denen die biblischen Schriftsteller gelebt haben. Alle miteinander wollen sie das eine Wort Gottes bezeugen, das sie gehört haben, das für ihr Leben die entscheidende Orientierung gegeben hat und das sie deshalb als Brot des Lebens anderen weiterreichen wollen. Der Glaube aber, der sich von diesem Wort getroffen weiß und die Kraft der Anrede Gottes spürt, vernimmt aus der von Menschen ausgerichteten Botschaft Gottes Wort, denn es ist »lebendig und kräftig und schärfer als jedes zweischneidige Schwert, und dringt durch, bis es scheidet Seele und Geist, auch Mark und Bein, und ist ein Richter der Gedanken und Sinne des Herzens« (Hebräer 4,12).

Von der Mitte der Schrift her ist der jeweilige Ort der einzelnen biblischen Bücher zu betrachten, um ihr Verhältnis zu dieser Mitte und die Art und Weise genauer zu bestimmen, in der sie das eine Evangelium entfalten. Martin Luther hatte sich gegenüber den Traditionen der mittelalterlichen Kirche mit großem Nachdruck auf das alleinige Zeugnis der Bibel berufen. Gleichwohl konnte er, indem er die Mitte der Schrift fest im Auge behielt, deutliche Unterscheidungen in der Beurteilung der verschiedenen neutestamentlichen Schriften treffen. Denn er erkannte, daß nicht in allen biblischen Büchern mit gleicher Klarheit das eine Wort Gottes ausgerichtet ist. So tadelte er am Jakobusbrief, daß er nicht wie der Apostel Paulus die Überzeugung vertritt, daß wir allein durch Gottes Barmherzigkeit um Christi willen gerettet werden, sondern die Forderung nach Werken so stark herausstreicht. Er nannte ihn deshalb »eine strohene Epistel«. Am Hebräerbrief kritisierte er, daß er rückfälligen Sündern die Möglichkeit einer zweiten Buße verweigere (6,4-6; 10,26 f; 12,17). Und an der Offenbarung des Johannes vermißte er, sie habe nicht rechte apostolische Art an sich und gehe mit Gesichten um, statt mit klaren Worten zu weissagen. Den kleinen Judasbrief schließlich hielt er für entbehrlich, weil sein Inhalt sich auch im 2. Petrusbrief wiederfindet. Diese Schriften setzte Luther an das Ende der neutestamentlichen Bücher und gab dadurch zu erkennen, daß er sie niedriger als die übrigen Schriften einstufte.

Zur Begründung dieser kritischen Unterscheidung führte Luther in der Vorrede, die er in der ersten Ausgabe seiner Übersetzung des Neuen Testaments vom September 1522 dem Jakobusbrief voranschickte, aus: »Auch ist das der rechte Prüfstein, alle Bücher zu tadeln (d. h. kritisch zu beurteilen), wenn man sieht, ob sie Christus treiben oder nicht ... Was Christus nicht lehrt, das ist nicht apostolisch, wenn's gleich Petrus oder Paulus lehrt; wiederum was Christus predigt, das ist apostolisch, wenn's gleich Judas, Hannas, Pilatus und Herodes täte.«

Mit dieser Bestimmung der Summe der ganzen Schrift ist eine den Reformatoren gemeinsame Entscheidung getroffen. Denn zur gleichen Zeit, als Luther seine Bibelübersetzung herausbrachte, formulierte Zwingli in der zweiten seiner 67 Schlußreden: »Summa des Evangeliums ist, daß unser Herr Christus Jesus, wahrer Gottessohn, uns den Willen seines himmlischen Vaters kundgetan und mit seiner Unschuld vom Tod erlöst und Gott versöhnt hat.« Von dieser Mitte bzw. Summe der ganzen Bibel ist die reiche Vielfalt ihrer Aussagen zusammengehalten. Nicht in Wiederholung starrer und unveränderlicher Formeln, sondern in immer wieder neu geprägten Ausdrücken, Worten und Bildern wird die überwältigende Fülle der Barmherzigkeit Gottes beschrieben. Wenn daher der Bibelleser beim Studium der einzelnen Texte die Mitte der Bibel nicht aus dem Blick verliert, so wird sein Verständnis dafür geöffnet, die reiche Vielfalt der biblischen Botschaft immer voller und tiefer zu erkennen.

Die Vielfalt der biblischen Botschaft

Von der Mitte der Bibel her wird deutlich, daß die ganze Schrift als Zeuge des einen Evangeliums verstanden sein will. Das Evangelium macht offenbar, daß Gottes Liebe um Christi willen uns zugewandt ist. Damit ist nicht nur die Summe der ganzen Heiligen Schrift bestimmt, sondern zugleich auch das Leitmotiv für jede christliche Predigt angegeben, die mit treuer Stetigkeit und im aufmerksamen Hören auf die besondere Botschaft jedes einzelnen biblischen Abschnittes die gnädige Barmherzigkeit Gottes zu verkündigen hat.

Wo diese Botschaft angenommen wird, da ist der Glaube dessen gewiß, daß er sich nicht auf sich selbst gründet, sondern aus Gottes Tat lebt, die vor uns und ohne uns geschehen ist und uns durch sein geschriebenes wie auch sein gepredigtes Wort zugesprochen wird. Dieser Glaube aber möchte sich stets aufs neue seines Inhalts vergewissern und sucht daher aus dem Alten und Neuen Testament in der Begegnung mit dem großen Chor der biblischen Zeugen das eine rettende Wort in der Vielfalt der Worte zu erheben: das Wort vom Kreuz, das uns dem Apostel Paulus zufolge nichts anderes wissen läßt als allein Jesus Christus den Gekreuzigten (1. Korinther 2,2).

Wie Erfahrungen, die Menschen in Freud und Leid machen, Überzeugungen und Fragen sich im Lauf eines langen Lebens in bunter Folge einstellen, so hat auch die Bibel Worte in überreicher Vielfalt bereit. Sie können ebenso denjenigen erreichen, der sich seines Glücks erfreut, wie denjenigen, der von Kummer und Leid gebeugt ist. Sie sprechen in guten Zeiten, sie sagen aber ihre eindeutigen Worte besonders auch in schweren Tagen. Darum gilt es, die Vielfalt der Bibel zu entdecken, die Gottes Wort für jeden Tag bezeugt.

Die weite Fülle, die die Botschaft der Bibel umgreift, wird gleich auf ihren ersten Seiten anschaulich dargestellt. »Am Anfang« – so heißt es zu Beginn – »schuf Gott Himmel und Erde.« Das göttliche Schöpfungswerk – so wird dann erzählt – wurde innerhalb von sechs Tagen vollendet. Danach ruhte Gott von seinen Werken. Im zweiten Kapitel des ersten Buches Mose wird noch einmal neu angesetzt und mit einer Geschichte begonnen, die nichts davon zu wissen scheint, daß soeben ausführlich davon berichtet worden war, wie Gott Himmel und Erde in ihr Dasein gerufen hat. Denn nun heißt es: »Es war zu der Zeit, da Gott der HERR Erde und Himmel machte.« (1. Mose 2,4) Dann wird beschrieben, wie Gott den Menschen schuf und ihn in einen herrlichen Garten setzte.

Die Bibelwissenschaft hat seit langem erkannt, daß in den ersten beiden Kapiteln des Alten Testaments nicht ein einheitlicher Bericht über Gottes Schöpfung vorliegt, sondern zwei verschiedene Geschichten zusammengebunden sind. Betrachtet man die ersten beiden Kapitel der Bibel genauer, so zeigt sich, daß die zweite Erzählung der ältere Schöpfungsbericht sein muß. Er beschreibt Gottes Handeln wie das eines Menschen, der in seinem Garten umhergeht und darin tätig ist. Mit menschlichen Zügen soll Gottes unvergleichliches Schöpfungswirken dargestellt werden. Am Uranfang, als es noch keine Sträucher auf der Erde und kein Kraut auf dem Feld gab, richtete Gott einen herrlichen Garten ein und sorgte dafür, daß er gedeihen konnte. Dieses wunderbare Werk wurde aber nicht um seiner selbst willen geschaffen, sondern sein einziger Zweck bestand darin, daß er dem Menschen dienen sollte. Gott machte den Menschen aus Erde, die er vom Acker nahm, und blies ihm Lebenskraft in die Nase (1. Mose 2,7). So anschaulich redet der Erzähler von der Erschaffung des Menschen.

Den ersten Menschen setzt Gott in den Garten, den er für ihn bereitet hat. Doch so herrlich dieser sich darbietet, der Mensch kann sich nicht wirklich darüber freuen, weil er allein ist. Darum soll ihm ein Gegenüber gegeben werden, das ihm in Partnerschaft verbunden ist (2,18). Unter allen Tieren, die Gott ihm zuführt, findet sich keines, das dem Menschen Gefährte sein könnte. Da läßt Gott einen tiefen Schlaf über den Menschen kommen, entnimmt ihm eine seiner Rippen, formt daraus die Frau und bringt sie zu ihm. Nun ist ihm die Gefährtin an die

Seite gestellt, der er so eng verbunden ist, daß die zwei ein Leib sein werden.

Diese Geschichte will zunächst auf Fragen antworten, die seit alters gestellt werden: Wie ist die Welt der Pflanzen und Tiere entstanden? Warum unterscheidet sich der Mensch von allen anderen Lebewesen? Weshalb gehören Mann und Frau so eng zusammen, daß um dieser Bindung willen alle anderen Bande der Verwandtschaft aufgegeben werden? Und schließlich: Wie kommt es, daß die Rippen nur den oberen Teil des menschlichen Leibes umgeben? Diese Fragen werden mit der Sprache und mit den Vorstellungen der alten Welt beantwortet. Es wäre daher falsch, wenn man diese Erzählung an die Stelle einer wissenschaftlichen Erklärung setzen würde oder gar aus ihr Maßstäbe ableiten wollte, mit denen man dann Ergebnisse moderner Forschung beurteilen könnte.

Gleichwohl behält dieser Bericht auch für uns heutige Menschen seine Aussagekraft. Denn er will unsere Aufmerksamkeit auf die Fragen lenken, die für das Leben der Menschen aller Zeiten entscheidend sind. Der Mensch ist aus Erde geschaffen: Seine Zeit ist begrenzt. Sein Dasein aber hat er allein daher, daß Gott ihn angesehen und ihm Lebenskraft und Atem verliehen hat. Das heißt also: Menschsein kann auf Dauer nur so bestehen, daß es aus der Hand Gottes angenommen wird. Gott hat dem Menschen auf der Erde seinen Platz angewiesen, an dem er wirken soll und darf. Doch er hat ihm auch die Grenzen gesetzt, die zu überschreiten lebensbedrohend wird. Die Erzählung von der Erschaffung der Frau aber möchte klarmachen, daß es rechtes Menschsein nicht in der Isolierung des einzelnen gibt, sondern nur in Gemeinschaft mit anderen. Mann und Frau sind von Anfang an zur Partnerschaft füreinander bestimmt. Das Bild von der Rippe, aus der die Frau geformt wird, wird in fast kindlich anmutender Anschaulichkeit verwendet. Aber gerade dadurch kann es eine tiefe Wahrheit ausdrücken, die die Menschen immer wieder erfahren: daß es dem Menschen nicht gut ist, allein zu sein, sondern daß er auf den Partner bezogen ist, den er als Gottes Gabe annimmt. In diesen Sätzen wird die Zusammengehörigkeit von Mann und Frau in einprägsamer Weise beschrieben. Sie so zu betrachten, daß der nächste Mensch aus Gottes Hand empfangen wird, verleiht der Partnerschaft eine unvergleichliche Würde.

In dieser alten Erzählung ist die Aufmerksamkeit auf die Erschaffung des Menschen und seine Bestimmung auf der Erde, nicht aber auf den weiten Kosmos und seine Ordnung gerichtet. Von ihr ist im ersten

Kapitel der Bibel die Rede, das zunächst den weiten Raum von Himmel und Erde absteckt, ehe dann die einzelnen Schöpfungswerke aufgeführt werden. Es spricht weniger anschaulich und bedient sich abstrakt anmutender Begriffe – ein Zeichen dafür, daß dieser Bericht jüngeren Ursprungs als der zuerst beschriebene sein wird. Gottes Schaffen vollzieht sich durch sein Wort: Er spricht – und es geschieht. Durch seinen kraftvollen Befehl bändigt Gott die chaotischen Mächte und bringt sie in die kosmische Ordnung, die Gedeihen und Leben ermöglicht. Himmel und Erde, Licht und Finsternis, Wasser und Land werden voneinander geschieden. Damit sind die Voraussetzungen dafür geschaffen, daß pflanzliches und tierisches Leben aufsprießen und sich entfalten kann. Der weite Kosmos aber wird gestaltet, indem die Gestirne an ihren Platz gestellt werden. In der alten Welt wurden die Gestirne weithin als Götter und Schicksalsmächte gefürchtet und verehrt. Einer solchen Bewertung der Astrologie, die bis heute auf viele Menschen starke Wirkung ausübt, wird eine ungemein nüchterne Sicht entgegengestellt: Die Gestirne sind Lichter, die Gott am Himmel angebracht hat, damit sie auf die Erde scheinen. Ihnen kommt keine eigene Machtfülle zu, sondern sie sind nichts weiter als große Laternen, die Licht spenden sollen. Gott allein bestimmt, wie die Ordnung des Kosmos aussehen und folglich auch der Ablauf allen irdischen Geschehens sich vollziehen soll. Das letzte und größte Werk Gottes aber ist der Mensch, den Gott gleichsam als seinen Statthalter auf der Erde einsetzt. Auch hier wird hervorgehoben, daß der Mensch als Mann und Frau geschaffen ist. Sie gehören zusammen und erfüllen in dieser Verbundenheit den Auftrag, den Gott ihnen gibt, um auf der Erde zu wirken.

Wiederum würde man die Erzählung mißverstehen, wenn man sie als eine Erklärung der Welt auffaßte, die im einzelnen für alle Zeit unveränderlich bleiben müßte. Wer sie genau betrachtet, entdeckt vielmehr, daß es sich auch hier um ein Zeugnis lebendigen Glaubens handelt, der die Welt aus seiner Sicht deutet. Mit Hilfe der Vorstellungen, die der alten Welt zur Verfügung standen, wird beschrieben, daß die weite Ordnung des Kosmos nicht das Ergebnis einer zufälligen Entwicklung ist, sondern durch Gott geschaffen wurde und erhalten wird. Gott gibt durch sein Wort zu erkennen, wer er ist. Den Menschen aber beauftragt er, die gute Schöpfung nicht zu zerstören oder zu mißbrauchen, sondern sie zu hegen und zu pflegen – ein Auftrag, der heute mehr denn je gründliches Nachdenken darüber erfordert, was geschehen muß, damit nicht schließlich die Ordnung der Erde aufgelöst und dem Chaos erneut Raum gegeben wird.

Moderne Naturwissenschaft hat über die Anschauungen, die die Menschen der alten Welt hatten, weit hinausgeführt. Damals wie heute gilt jedoch die Botschaft, daß der Mensch Sinn und Auftrag seines Lebens erst begreift, wenn er bekennen kann: »Ich glaube, daß mich Gott geschaffen hat samt allen Kreaturen, mir Leib und Seele, Augen, Ohren und alle Glieder, Vernunft und alle Sinne gegeben hat und noch erhält …, und das alles aus lauter väterlicher, göttlicher Güte und Barmherzigkeit, ohn' all mein Verdienst und Würdigkeit, des alles ich ihm zu danken und zu loben und dafür zu dienen und gehorsam zu sein schuldig bin.« (M. Luther im Kleinen Katechismus)

Wie die Bibel in einer Vielfalt von Erzählungen und Berichten Gottes Schöpfungswerk beschreibt, so wird auch von seinem erlösenden Handeln in einer Fülle von Aussagen gesprochen. Diese werden durch das glaubende Bekenntnis zusammengehalten, daß der barmherzige Gott um Christi willen Heil und Rettung jedem zuteil werden läßt, der auf diese Zusage sein Vertrauen setzt. Alle Hoheitstitel, mit denen man in ihrer Umwelt den erwarteten Heilsbringer auszeichnete, übertrug die erste Christenheit auf Jesus Christus, um damit anzuzeigen, daß alle Verheißungen und Hoffnungen, die sich auf die Zeit des Heils richteten, im Geschehen von Christi Kreuz und Auferstehung in Erfüllung gegangen sind. Sie nannte ihn nicht nur Menschensohn und Herr, sondern auch Hoherpriester und Gottessohn. Namentlich dieser letzte Titel bereitet manchem Bibelleser Schwierigkeiten des Verstehens. Wenn jedoch sowohl das Gesamtzeugnis der ganzen Bibel wie auch die zeitgenössischen Vorstellungen, die mit diesem Titel verbunden sind, in Betracht gezogen werden, wird deutlich, wie auch bei der Verwendung dieser Bezeichnung die Vielfalt der Aussagen auf die Mitte der Evangeliumspredigt ausgerichtet ist.

Der Titel Gottessohn wird im Alten Testament in messianischer Bedeutung verwendet, dabei freilich nur sparsam gebraucht. In Psalm 2,7 wird der König Israels mit dem Gottesspruch angeredet: »Du bist mein Sohn, heute habe ich dich gezeugt.« In diesem Wort ist nicht von einer physischen Abstammung von Gott, sondern von der Einsetzung des Herrschers in sein Amt die Rede, das er kraft göttlicher Vollmacht ausüben soll. Von diesem Auftrag wird auch in der Verheißung gesprochen, die der Prophet Nathan dem König David für den Nachkommen gibt, den Gott aus seinem Haus erwecken wird: Gott will ihm Vater sein, und er soll ihm Sohn sein (2. Samuel 7,14), das heißt: Er wird als der Gesalbte Gottes herrschen. Obwohl in diesen Worten des Alten Testaments die Gottessohnschaft nicht im Sinn natürlicher Zeugung, sondern als Einsetzung des Herrschers durch Gott verstanden wurde, hat man im späteren Judentum den Titel Gottessohn nur mit größter Zurückhaltung verwendet. Denn sowohl im Alten Orient wie auch in der griechischen Welt war der Gedanke einer Gottessohnschaft weit verbreitet. Der ägyptische Herrscher wird als Göttersproß verehrt, und die griechische Mythologie spricht von vielen Göttersöhnen, die von Gottheiten abstammen und auf Erden erscheinen. Da jedoch die jüdischen Gemeinden ebenso wie das alte Israel unter keinen Umständen die Einzigkeit Gottes antasten und deshalb das Mißverständnis der leiblichen Herkunft eines Menschen von Gott auf alle Fälle ausschließen wollten, haben sie die Bezeichnung Gottessohn nur in Zitaten messianischer Verheißungen angeführt, sie sonst aber vermieden.

Das frühe Christentum nimmt die Verheißung von Psalm 2,7 auf und bezieht sie auf die Auferstehung Jesu Christi. So wird in einer bekenntnisartigen Aussage, die der Apostel Paulus im Eingang des Römerbriefs anführt, der Inhalt des Evangeliums angegeben und gesagt, Christus sei »nach dem Geist, der heiligt, eingesetzt als Sohn Gottes in Kraft durch die Auferstehung von den Toten« (Römer 1,4). Damit knüpft das urchristliche Bekenntnis an die alttestamentliche Formulierung an und sagt, in der Auferstehung Christi sei in Erfüllung gegangen, was einst angekündigt wurde: die Einsetzung des Gesalbten Gottes in sein herrscherliches Amt, das er kraft göttlicher Vollmacht ausüben soll.

Die Bedeutung des Titels »Gottessohn«, den die erste Christenheit auf Christus anwendete, wurde alsbald erweitert. So heißt es in der Geschichte von der Taufe Jesu, eine Stimme sei vom Himmel erschollen: »Du bist mein lieber Sohn, an dir habe ich Wohlgefallen.« (Markus 1,11) Das besagt: Nicht erst bei der Auferstehung, sondern schon zu Beginn seiner öffentlichen Wirksamkeit wurde Jesus in das Amt des Gottessohnes eingesetzt. In der Erzählung von der Verklärung Jesu wird diese Gottesstimme wiederholt: »Das ist mein lieber Sohn; den sollt ihr hören.« (9,7) Wenn auch noch verborgen, so ist doch schon der irdische Jesus der von Gott berufene Herrscher. Sein Regiment führt er freilich nicht mit Macht und Gewalt, sondern in Demut und Niedrigkeit. Denn er geht seinen Weg zum Kreuz und ist gerade dadurch der König Israels (15,26).

Im Unterschied zur hellenistischen Umwelt, in der von einer Vielzahl von Göttersöhnen gesprochen wurde, hebt das urchristliche Bekenntnis hervor, daß allein Jesus und kein anderer der Sohn Gottes ist. Gott hat ihn gesandt und damit den Menschen offenbar gemacht, daß er die Welt so sehr liebte, daß er seinen einzigen Sohn hingab, damit alle, die an diesen glauben, nicht verlorengehen, sondern das ewige, d. h. wirkliche Leben empfangen (vgl. Johannes 3,16). Dieses Wort setzt voraus, daß Christus schon bei Gott als der Gottessohn weilte, ehe er in die Welt gesandt wurde. Damit aber ist der Sinn des Titels Gottessohn abermals erweitert worden, indem er nun bereits dem Sohn beigelegt wird, der sich vor aller Zeit beim Vater befand, sich dann aber erniedrigte, in die Welt kam, der litt und starb und von Gott auferweckt und zu seiner Rechten erhöht wurde.

Gemeinsam ist den unterschiedlichen Anwendungen dieses Hoheitstitels, daß sie von dem Auftrag reden, den Christus kraft göttlicher Sendung zu erfüllen hat. In ihm – und nur in ihm – hat der verborgene Gott offenbar gemacht, daß er die Welt retten und den Glaubenden das Heil schenken will. Dieses Heil aber geht alle Welt an, und alle Menschen sind eingeladen, die rettende Botschaft anzunehmen. Diesen Gedanken sollen auch die beiden Stammbäume veranschaulichen, die im Matthäus- und Lukasevangelium aufgeführt werden (Matthäus 1,1-17; Lukas 3,23-38). Sie stimmen untereinander nicht überein, weil sie unterschiedliche Motive hervorheben wollen. Bei Matthäus wird die Reihe in drei mal vierzehn Gliedern über David bis auf Abraham zurückgeführt. Damit soll angezeigt werden, daß in Jesus alle Verheißungen Israels erfüllt sind. Bei Lukas hingegen reicht die lange Kette der Namen noch weiter zurück bis zu Adam, dem ersten Menschen. Das aber bedeutet, daß das Evangelium von Christus aller Welt verkündigt werden soll, kommen doch alle Menschen von Adam her. Beide Listen würde man falsch verstehen, wenn man sie als ein genaues Ahnenregister betrachten wollte. Die eine wie die andere Aufstellung ist vielmehr von einer Botschaft geleitet, die beispielhaft dargestellt und vernehmbar ausgerichtet werden soll: Christus ist der verheißene Gesalbte, der in Gottes Auftrag sein Werk verrichtet, das nicht nur Israel, sondern aller Welt gilt.

Die Beispiele, mit denen anhand alt- wie neutestamentlicher Texte die Vielfalt der biblischen Botschaft beschrieben wurde, zeigen, daß jede einzelne Stelle und jeder einzelne Abschnitt in den großen Zusammenhang der Heiligen Schrift als ganzer einzuordnen sind und von ihm her ihre besondere Aussagekraft gewinnen. Damit bewährt sich ein alter Grundsatz, mit dem die kirchliche Lehre eine rechte Auslegung der Bibel zu bestimmen suchte. Er besagt, daß die Heilige Schrift sich selbst auslegt. Das heißt: Die einzelne Stelle wird von anderen Aussagen der Bibel her erhellt. Was in einem Abschnitt schwer verständlich zu sein scheint, bekommt durch die Betrachtung vergleichbarer Texte neues Licht und kann von ihnen her besser verstanden werden – und umgekehrt. Zentrale Begriffe wie Sünde, Buße, Glaube oder Zuversicht gewinnen ihr deutliches Profil, wenn man an einer ganzen Reihe von Stellen nachschlägt, in welchem Sinn sie jeweils gebraucht werden. Vergleichstexte, wie sie in den Bibelausgaben angeführt werden, helfen dabei, den Sinn eines bestimmten Gedankengangs klarer zu erkennen, indem man darauf achtet, wie an den Parallelstellen die Gedanken, deren Sinn sich nicht sogleich erschließen will, aus anderer Perspektive beleuchtet werden. Beides will also beim sorgfältigen Studium der Bibel im Auge behalten werden: die besondere Aussage des einzelnen Abschnitts wie auch der große Zusammenhang, in den dieser im Rahmen der biblischen Botschaft von ihrem Anfang bis zu ihrem Ende hineingehört.

Unbeschadet der reichhaltigen und vielfältigen Ausdrucksweise, die in den biblischen Schriften benutzt wird, ist überall durchgehend davon die Rede, daß der Mensch Gott sein Leben verdankt und sich entsprechend verhalten soll. Die Menschen, die aus Gottes Hand hervorgegangen sind, können ohne den Grund ihres Lebens, den Gott gelegt hat, nicht wahrhaft bestehen. Zwar redeten schon in der antiken Welt viele davon, der Mensch könne ohne Gott sehr wohl leben und vielleicht auch ohne ihn große Werke verrichten. In Wahrheit aber sprechen solche Leute, – wie die Psalmen des Alten Testaments sagen – als Toren (Psalm 14,1; 53,2 u. ö.). Die Toren sehen nicht, was wirklich gilt. Sie haben nur vor Augen, was ihre Sinne greifen können. Sie bauen daher, wie Jesus im Neuen Testament sagt, ihr Haus auf Sand (Matthäus 7,24-27; Lukas 6,47-49). Sie denken nicht daran, daß erst bei Sturm, Wind, Regen und Unwetter die Probe darauf gemacht wird, ob ein Haus auf ein tragfähiges Fundament gegründet wurde. Dann wird nur dasjenige Gebäude fest stehen, das auf Felsen gebaut ist. Bestand haben wird nur, wer sein Leben auf Wahrheit gegründet hat. Was aber ist diese Wahrheit, von der die Bibel redet? Und wie läßt sich verstehen, daß man sich auf diese Wahrheit wirklich verlassen kann?

Die Wahrheit der Bibel

Je genauer man die biblischen Schriften liest, um so deutlicher wird man feststellen, daß sich darin manche Spannungen, ja sogar auch Widersprüche und Gegensätze finden. Die Wahrheit der Bibel kann also nicht darin bestehen, daß sie im Sinn der Schlüssigkeit eines unwiderleglichen Beweises in jeder Hinsicht in sich stimmig wäre. Wie sollte man auch solche Erwartung mit einigem Recht an eine Sammlung von Büchern richten, die im Lauf eines vollen Jahrtausends an ganz verschiedenen Orten und unter höchst unterschiedlichen Bedingungen entstanden sind? Wer näher hinschaut und die Ergebnisse seiner Betrachtungen miteinander vergleicht, wird daher nicht verwundert sein, wenn er auf unterschiedliche Aussagen stößt, die sich nicht sogleich miteinander reimen.

Hierzu ein Beispiel: In den ersten drei Evangelien, nach Matthäus, Markus und Lukas, wird Jesu öffentliches Auftreten so dargestellt, daß man den Eindruck gewinnt, er habe etwa während eines vollen Jahres in Galiläa und dann kurze Zeit in Judäa gewirkt, bis er in Jerusalem ans Kreuz geschlagen wurde. Der Tod Jesu wird nach der Beschreibung der ersten drei Evangelien mit dem Passafest in Zusammenhang gebracht, das die Juden in Jerusalem zum Gedenken an die Befreiung Israels aus der Knechtschaft in Ägypten feierten. Am Abend des Passatages, an dem alle gläubigen Juden sich zur Feier des heiligen Festes versammelten, findet sich Jesus mit seinen Jüngern zum Abschiedsmahl zusammen und setzt mit den Worten: »Dies ist mein Leib« und »Dies ist mein Blut des Bundes, das für viele vergossen wird« (Markus 14,22-24) das heilige Abendmahl ein. Am Tag darauf stirbt Jesus am Kreuz, von den Römern verurteilt, von den Juden verachtet und verlassen.

Ganz anders ist die Darstellung des vierten Evangeliums gehalten. Ihr zufolge war Jesus während dreier voller Jahre teils in Galiläa, teils in Judäa tätig, bis er dann in Jerusalem verurteilt und hingerichtet wurde. Der Abschied, den Jesus von seinen Jüngern nimmt, wird hier nicht in den Zusammenhang eines Passafestes gerückt. Denn Jesus stirbt nach dem Johannesevangelium einen Tag früher, als es nach der Darstellung der ersten drei Evangelien geschehen ist, indem er als das wahre Passalamm eben in der Stunde, zu der die Passalämmer am Tempel geschlachtet wurden, am Kreuz den Tod erleidet (Johannes 18,28; 19,36).

Welche dieser beiden Darstellungen ist richtig? Über diese Frage ist viel nachgedacht und diskutiert worden. Unbestreitbar ist, daß zwischen der Beschreibung der ersten drei Evangelien und der des vierten Evangeliums ein Widerspruch besteht, der sich nicht ausgleichen läßt. Denn nur eine dieser beiden zeitlichen Angaben kann zutreffen. Sieht man jedoch genauer zu, dann kann man feststellen, daß alle vier Evangelisten – jeder auf seine Weise – die Beschreibung des Endes Jesu unter einem bestimmten Blickwinkel gestaltet haben, der auf den tieferen Sinn seines Leidens und Sterbens gerichtet ist. Den ersten drei Evangelien ist es wichtig hervorzuheben, daß das letzte Mahl Jesu mit seinen Jüngern im Zusammenhang mit einem Passamahl stattfand. Denn Jesus hat die Ordnung des neuen Bundes, die die Jünger in der Mahlfeier begehen, an die Stelle der Ordnung des alten Bundes gesetzt. Der Evangelist Johannes hingegen möchte hervorheben, daß Jesus als das wahre Passalamm am Kreuz stirbt und dadurch die neue Zeit einleitet. Jeder dieser Gesichtspunkte hat an seinem Platz sein volles Recht.

Ein anderes Beispiel: Die Evangelisten Matthäus und Lukas berichten, Jesus habe einmal gesagt: »Wer nicht mit mir ist, der ist wider mich, und wer nicht mit mir sammelt, der zerstreut.« (Matthäus 12,30; Lukas 11,23) Mit diesem Wort fordert Jesus eine klare und deutliche Stellungnahme heraus. Wer nicht bereit ist, diese Entscheidung zu fällen, der wird zu denen gerechnet, die gegen Jesus sind. Nach dem Evangelisten Markus aber hat Jesus bei anderer Gelegenheit hervorgehoben: »Wer nicht gegen uns ist, der ist für uns.« (Markus 9,40) Nach diesem Spruch hat Jesus die Meinung vertreten, wer sich nicht ausdrücklich gegen ihn ausgesprochen habe, der sei als einer zu betrachten, der für ihn und seine Jünger sei. Auf der einen Seite wird also gesagt, jemand, der sich nicht gegen Jesus gestellt habe, sei für ihn, auf der anderen Seite aber heißt es, wer nicht mit Jesus sammle, der zerstreue und stehe daher gegen ihn. Wiederum zeigt sich, daß jede Aussage an ihrem Ort und im jeweiligen Zusammenhang durchaus ihren Sinn und damit auch ihr Recht hat. Wollte man sie aus dieser Verbindung, in die sie hineingehören, herauslösen und gegeneinander stellen, so würde man ihnen nicht gerecht.

Beobachtungen, die Unterschiede und Spannungen zwischen einzelnen biblischen Aussagen betreffen, zwingen zu gründlichem Nachdenken über die Frage, wie denn von der Wahrheit der Bibel in rechter Weise zu sprechen ist. Angesichts mancher Probleme, die sich bei gewissenhafter Lektüre der Bibel und sorgfältigem Bedenken der dabei aufsteigenden Fragen ergeben, verbietet es sich, rasch mit Antworten zur Stelle zu sein oder vorschnell zu behaupten, die Bibel habe eben immer recht. Was die Wahrheit der Bibel bedeutet und was sie uns zu sagen hat, wird vielmehr erst klar, wenn man darauf achtet, was die biblischen Schriften selbst über die Wahrheit sagen, von der sie reden.

Das hebräische Wort für Wahrheit meint etwas, das unbedingt gilt und so zuverlässig ist, daß man sich allezeit darauf stützen kann. Die Wahrheit ist gewiß, man kann auf sie bauen, was immer auch kommen mag. Die Bibel hebt daher wiederholt hervor, Gott selber sei Hüter der Wahrheit. Sein Wort ist wahr, darauf darf man gewiß zählen. Seine Wege sind gerecht, so daß man auf ihnen sicheren Trittes vorangehen kann. Die Wahrheit ist also im Sinn des biblischen Sprachgebrauchs das, worauf man fest vertrauen kann. Weil sie ihren Grund in und bei Gott hat, kann sie weder durch menschliches Bemühen gewonnen noch durch kritische Überlegungen aufgedeckt werden. Sie kann uns Menschen nur von Gott selbst eröffnet und mitgeteilt werden.

Die Wahrheit – das bedeutet das griechische Wort seinem Ursinn nach – ist das Unverborgene, das, was sich in unverhüllter Klarheit und Eindeutigkeit zeigt. Vom Menschen kann diese Wahrheit erst da ergriffen werden, wo ihn erreicht und trifft, was als letzter Grund seines Lebens ihn trägt und hält. Von dieser Wahrheit, die dem Menschen in der jeweiligen geschichtlichen Bedingtheit seines Lebens begegnet, redet die Bibel in der reichen Vielfalt ihrer Zeugnisse.

Von jeher haben die Menschen vor der Frage gestanden, wie sie ihr Geschick begreifen und sinnvoll zu gestalten vermöchten. Auf diese Frage antwortet die Bibel, indem sie beharrlich und beständig von der Wahrheit Gottes redet und diese letztgültige Wahrheit immer wieder in Erinnerung ruft. Wenn der Mensch der Meinung ist, er vermöchte den Grund seines Lebens selbst zu legen, gibt er sich der Täuschung hin, er sei imstande, Leben über den Tod hinaus zu gewinnen. Allein durch die Wahrheit, die Gottes Barmherzigkeit ihm eröffnet, wird sein Leben gegründet und gefestigt. In den Worten der biblischen Zeugen wird diese Wahrheit zu Gehör gebracht, die uns als letzte Wahrheit ansprechen will. Es gilt daher, durch die Rede der jeweiligen Zeit durchzustoßen zu jener Botschaft, die uns als Gottes Wort anredet.

Gott eröffnet die Einsicht in seine Wahrheit durch die Gabe seines Geistes. Sein Geist hat die biblischen Zeugen ergriffen und ihnen die Wahrheit seines Wortes erschlossen, so daß sie es aus voller Überzeugung weitergegeben haben. Sein Geist spricht durch die Botschaft, die in der Heiligen Schrift ausgerichtet wird, und er schenkt Hörern und Lesern der Bibel die Erkenntnis, daß sie zu dem Wort, das sie vernommen haben, sagen können: Amen, das ist wahr. Gottes Geist lehrt, Lüge von Wahrheit zu unterscheiden und zu erkennen, worauf ich mich allezeit verlassen kann. In dieser Einsicht liegt das sachliche Recht einer Lehre von der Inspiration begründet. Aus dieser Überzeugung würde aber eine falsche Konsequenz gezogen, wenn man mit Hilfe einer starren Theorie die unantastbare Unfehlbarkeit der biblischen Schriften sichern wollte. Denn der Heilige Geist läßt sich nicht in ein den Menschen verfügbares Schema fassen oder in einen von ihnen gezogenen Rahmen einfügen, sondern er weht und wirkt, wo und wie es Gott gefällt (Johannes 3,8). Er spricht durch das lebendige Wort der Bibel, das in der Verkündigung ausgerufen und zugesprochen wird, und hat in Geschichte und Gegenwart seine Wirksamkeit darin erwiesen, daß er immer wieder Menschenherzen durch das ihnen zugesprochene Bibelwort ergreift und sie dadurch zur Erkenntnis der Wahrheit führt.

Da uns allein durch Gottes gnädige Barmherzigkeit Heil und Rettung zuteil werden, ist auch nur der Glaube imstande, die Wahrheit des ihm zugesagten Wortes zu erkennen. Calvin hat diese Gedanken einmal in folgenden Worten zusammengefaßt: »Wie Gott selbst in seinem Wort der einzige vollgültige Zeuge von sich selbst ist, so wird auch dies Wort nicht eher in Menschenherzen Glauben finden, als bis es vom inneren Zeugnis des Heiligen Geistes versiegelt worden ist. Denn derselbe Geist, der durch den Mund der Propheten gesprochen hat, der muß in unser Herz dringen, um uns die Gewißheit zu schenken, daß sie treulich verkündigt haben, was ihnen von Gott aufgetragen war.« Und er fährt fort: »Dabei soll es also bleiben: Wer innerlich vom Heiligen Geist gelehrt ist, der verharrt fest bei der Schrift, und diese trägt ihre Beglaubigung in sich selbst; daher ist es nicht angebracht, sie einer Beweisführung und Vernunftgründen zu unterwerfen. Die Gewißheit aber, die sie bei uns gewinnt, die erlangen wir durch das Zeugnis des Geistes.«

Die Wahrheit der Bibel ist also nichts anderes als die Wahrheit des Evangeliums, das unsere Verlorenheit aufdeckt und Rettung um Christi willen all denen zusagt, die dieser Botschaft vertrauen. Oder anders ausgedrückt: Die Bibel spricht die Wahrheit, indem sie Jesus Christus als die Wahrheit verkündigt, die Weg und Leben für uns ist. Nach dem Bericht des vierten Evangeliums sagt Jesus zu seinen Jüngern: »Die Wahrheit bin ich.« (Johannes 14,6) Die Frage nach der Wahrheit – so erklärt dieser Satz des Johannesevangeliums – hat in Jesus eine letztgültige Antwort gefunden. Denn die Wahrheit ist in Jesus Christus enthüllt. Indem Jesus in diese Welt kam, indem er in die Gemeinschaft verlorener Menschen eintrat und ihren Weg als seinen Weg auf sich nahm, ist Gottes Wahrheit in diese Welt gekommen. Denn das ist – wie Jesus gleichfalls nach dem vierten Evangelium versichert – Ziel und Zweck seines Lebenswerkes: »daß ich für die Wahrheit zeugen soll.« (18,37) Und darum gilt: »Wer aus der Wahrheit ist, der hört meine Stimme.« (ebd.)

Im Licht der Wahrheit, die Jesus Christus ist, wird aufgedeckt, in welcher Lage sich unsere Welt in Wirklichkeit befindet, wo wir alle, jeder von uns, stehen. Weil Jesus die Wahrheit ist, darum wird sichtbar, daß wir alle ohne ihn in der Unwahrheit leben. Weil er das Leben ist, darum erweist sich, daß wir ohne ihn im Tod sind, in Nichtigkeit und Vergehen. Aber weil Jesus die Wahrheit ist, darum gehört unserer Verlorenheit nicht das letzte Wort. Sondern Gott selbst ist durch die Wahrheit, die Jesus von Nazareth ist, in unsere Unwahrheit, in Lüge und Finsternis eingetreten, um uns frei zu machen. Der Weg der Wahrheit aber wird in der Liebe beschritten. Denn die Liebe ist das Gebot der Wahrheit. Die Wahrheit, die Christus ist, macht somit in aller Deutlichkeit sichtbar, wo wir Menschen in unserem Eigenwillen und selbstsüchtigen Streben stehen, und sie zeigt uns, daß Gott mit uns einen neuen Anfang machen will. Unser Weg ist ein Weg zum Tod, wie ihn seit den Tagen Adams alle Menschen gegangen sind. Der Weg aber, den Jesus eröffnet, ist der Weg zum Leben, weil er den Tod durchmessen und überwunden hat.

Die Wahrheit, von der die Bibel redet, ist also eine Wahrheit über Leben und Tod. Sie bleibt auch im Angesicht des Sterbens gültig. In bitterem Leid und in der Stunde des letzten Abschieds lassen sich schwer die rechten Worte finden, um auszudrücken, was wir empfinden oder anderen sagen wollen. Gerade dann aber gewinnen die Worte der Bibel ihre eigentliche Kraft, Psalmen aus dem Alten Testament, Worte Jesu aus den Evangelien oder ein Abschnitt aus dem Römerbrief. In solchen Augenblicken läßt sich kaum ein anderes Wort glaubwürdig sagen als eben Sätze der Bibel, die sich auch dem Tod gegenüber als wahr erweisen. Denn sie sprechen die Wahrheit – über uns selbst, vor allem aber über die Barmherzigkeit Gottes, die am Ende aller Wege steht.

Umgang mit der Bibel

Christen lesen in der Bibel, weil sie ihnen eine Nachricht bringt, die sie sich nicht selbst sagen können. Diese Nachricht lautet, daß Gott für uns da ist und uns durch den gekreuzigten und auferstandenen Christus seine Liebe zugewandt hat. Diese Verkündigung, die einst die Kirche begründet hat, ist in den neutestamentlichen Schriften aufgezeichnet, die sich ihrerseits auf die Verheißungen des Alten Testaments beziehen. Der Kirche in aller Welt aber ist der Auftrag erteilt, diese Botschaft weiterzusagen und auszulegen.

Obwohl die Christenheit in viele Konfessionen zerfällt, ist doch allen Kirchen die Überzeugung gemeinsam, daß sie das in der Bibel bezeugte Wort Gottes zu verkündigen haben. Einst haben die Kirchen, die der reformatorischen Lehre folgten, besonderen Nachdruck darauf gelegt, daß allein aus der Heiligen Schrift das Evangelium rein und klar zu vernehmen ist und deshalb alle Predigt und Lehre sich auf die Schrift zu gründen und an ihr auszuweisen hat. Doch durch die Ökumenische Bewegung, die im Lauf dieses Jahrhunderts die getrennten Kirchen zu neuer Gemeinschaft zusammengeführt hat, ist in der ganzen Christenheit die Erkenntnis gewachsen, daß ihr mit der Bibel das Wort Gottes anvertraut und aufgegeben ist, um es aufmerksam zu hören, gewissenhaft zu bedenken und gehorsam weiterzusagen.

Diese Überzeugung wird auch von der römisch-katholischen Kirche geteilt, wie es vor allem in den Entscheidungen des Zweiten Vatikanischen Konzils zum Ausdruck gekommen ist. So heißt es in der Erklärung über die Göttliche Offenbarung, daß »sich jede kirchliche Verkündigung von der Heiligen Schrift nähren und sich an ihr orientieren müsse« (21), und wird angeregt, wenn irgend möglich im Zusammenwirken mit den anderen Kirchen neue Übersetzungen der Bibel zu erarbeiten und zu verbreiten, damit diese »von allen Christen benutzt werden« (22). Diesen Beschlüssen entsprechend sind in der Zeit nach dem Konzil in vielen Ländern neue ökumenische Übersetzungen der Bibel angefertigt und in Gebrauch genommen worden – so in Deutschland die sogenannte Einheitsübersetzung, die für das Neue Testament und die Psalmen gemeinsam erarbeitet worden ist. Sie wird neben der Lutherbibel, die in der evangelischen Kirche den ersten Platz behält, vor allem bei ökumenischen Gottesdiensten und gemeinsamen Veranstaltungen beider Kirchen verwendet.

Das Studium der Bibel, das sich an gemeinsam aufgestellte Pläne für die tägliche Bibellese hält, trägt dazu bei, daß evangelische und katholische Christen sich im Lesen der Heiligen Schrift zusammenfinden und dabei entdecken, daß das, was sie untereinander verbindet, stärker ist als alles andere, was sie (noch) trennt. Wurde einst die Christenheit gespalten, weil man sich angesichts unterschiedlicher Auslegung zentraler biblischer Texte – vor allem aus den paulinischen Briefen – nicht zu verständigen vermochte, so kommen heute Christen aus den verschiedenen Konfessionen einander nahe, indem sie miteinander auf die ihnen allen geltende Botschaft der Bibel hören.

Jede christliche Predigt geht von einem biblischen Text aus, der der Gemeinde verlesen und ausgelegt wird. Mit der Verlesung des Bibelwortes folgt der Prediger nicht nur altem Brauch, sondern gibt er zu erkennen, daß er einen Auftrag zu erfüllen hat, den er sich nicht selbst gestellt, sondern den er empfangen hat: das Wort Gottes weiterzugeben, damit es gehört und angenommen werden kann. Um diese Aufgabe recht zu erfüllen, muß das biblische Zeugnis so in die Gegenwart hineingesprochen werden, daß es hier und jetzt hörbar wird. Darum ist es gut, wenn Prediger und Gemeinde sich mit besonderer Sorgfalt darum bemühen, genau auf das biblische Wort zu achten. In vielen Gemeinden wird zu Zusammenkünften eingeladen, in denen man sich Gedanken über den Predigttext macht oder im Anschluß an den Gottesdienst ein Nachgespräch hält. In diesen Gesprächskreisen soll ebenso wie in den Bibelstunden zum rechten Umgang mit der Bibel angeleitet werden. Manche Texte bedürfen nur weniger Erklärungen, weil ihre Sprache unmittelbar verständlich ist – wie Gleichnisse Jesu, die Weihnachtsgeschichte oder Erzählungen aus dem Alten Testament. Andere Abschnitte, vornehmlich in den Briefen des Neuen Testaments, enthalten nicht geringe Schwierigkeiten, die sich dem Verständnis entgegenstellen. Gerade solcher Widerstand aber möchte dazu einladen, sich intensiv darum zu bemühen, ihren Sinn zu erfassen.

Lange Zeit besaßen viele Familien kaum andere Bücher neben der Bibel und dem Gesangbuch. Die Bibel diente oft auch als Fibel für die Kinder, aus der sie lesen lernten. Heute ist zwar die Bibel immer noch das Buch, das am weitesten in der Welt verbreitet ist. Aber in der Flut der Massenmedien, Tagesnachrichten und zahllosen Druckerzeugnisse könnte die Stimme der Bibel leiser und vielleicht zu leise werden. Wie kann man auch heute mit der Bibel so umgehen, daß wir aus ihr Gottes Wort für uns vernehmen?

Wer die Bibel aufschlägt, sollte dort weiterlesen, wo er sich angesprochen fühlt – von einem hervorgehobenen Vers, von einer spannenden Geschichte, von einer lockenden Überschrift oder einem tröstenden und ermutigenden Wort. Es lohnt immer, auf eigene Faust eine Entdeckungsreise zu unternehmen und hier oder da in die Fülle hineinzugreifen, die die biblischen Schriften anzubieten haben. Man mag nachschauen, in welchen Zusammenhang der Konfirmationsspruch oder das zur Trauung gesagte Wort hineingehören, und dann aufspüren, wie diese Sätze in der sie rahmenden Umgebung zu stehen kommen. Oder man wird sich an die kurzen Empfehlungen halten, die in vielen Bibelausgaben zu Lesungen bei bestimmten Anlässen oder zu besonderen Fragen gegeben werden. Wer nur wenig Zeit hat und ein gutes Wort für den Tageslauf mitnehmen möchte, findet in den Losungen der Herrnhuter Brüdergemeine einen Spruch aus dem Alten Testament und dazu einen sogenannten Lehrtext aus dem Neuen Testament. Darüber hinaus wird nach dem ökumenischen Bibelleseplan für jeden Tag ein Abschnitt zur fortlaufenden Lektüre empfohlen. Wer sich an diese Ordnung hält, kann sich durch das Bewußtsein gestärkt fühlen, daß eine unübersehbar große Schar anderer Menschen denselben Text liest und bedenkt. So weiß sich der Bibelleser mit der ganzen Christenheit verbunden.

Wer näher mit der Bibel vertraut werden will, wird sich selbst auf die Suche begeben. Möchte er spannende Erzählungen kennenlernen, so kann er sich die Josefsgeschichte (1. Mose 37–50) oder die Berichte von Saul und David vornehmen (1. Samuel 16 bis 1. Könige 2). Nach schweren Lebenserfahrungen wird man zu den Psalmen, dem Buch Hiob oder dem der alttestamentlichen Sprüche greifen. Möchte man wissen, was Jesus verkündigt und gewirkt hat, so wird man eines der Evangelien fortlaufend lesen oder mit einem größeren Zusammenhang wie der Bergpredigt (Matthäus 5–7) den Anfang machen. Bei manchem Satz wird man innehalten, Vergleichsstellen nachschlagen und überlegen, was dieses oder jenes Wort heute zu sagen hat. Wer sich an schwere Lektüre heranwagt, wird einen der paulinischen Briefe aufschlagen und den Römerbrief als eine zusammenfassende Darlegung christlicher Predigt studieren, wie sie der Apostel Paulus abgefaßt hat. Wo immer man beginnt – im Alten oder im Neuen Testament –, immer wird man die Bibel daraufhin befragen, was sie uns über die Botschaft von der Liebe Gottes mitzuteilen hat und wie sie uns helfen kann, unser Leben im Vertrauen auf Gottes Wort zu begreifen und zu gestalten.

Wo kommen wir in den Geschichten der Bibel vor? Unter dieser Fragestellung kann man einen Einstieg in das Verstehen biblischer Texte finden und wird dann auch vernehmen, wie Gott heute zu uns reden will und welche Weisung er uns gibt: daß wir nicht nur Hörer, sondern auch Täter seines Wortes sein sollen. Es wird immer wieder so sein, daß manche Stellen oder auch längere Abschnitte uns fremd vorkommen. Wenn es zu mühsam wird weiterzulesen, dann mag man getrost weiterblättern und auf einer anderen Seite von neuem beginnen. Je mehr man sich in die Bibel hineinliest, um so farbiger werden Worte, Geschichten und Bilder, die sie uns bietet, und um so lebendiger wird der unmittelbare Zusammenhang sichtbar, in dem meine Fragen auf der einen und die vielfältigen Antworten der Bibel auf der anderen Seite zueinander stehen.

Als die Reformatoren den Gemeinden die Bibel in die Hand gaben, hat man von seiten der Altgläubigen eingewandt, die Bibel sei viel zu schwer zu verstehen, als daß ein schlichter Christ mit ihr richtig umgehen könnte. Diesen Einwand aber haben die Reformatoren mit Recht nicht gelten lassen. Zwar läßt sich der Sinn einiger Bibelstellen schwer erfassen und müssen manche Probleme von der Bibelwissenschaft verhandelt werden, um Lösungen zu finden. Aber die entscheidende Botschaft, auf die es zuerst und zuletzt ankommt, kann jeder Christ beim Lesen der Bibel erkennen: das Zeugnis von der Liebe Gottes und die Gültigkeit seiner Gebote. Das Gleichnis vom Verlorenen Sohn oder die Erzählung vom Barmherzigen Samariter reden eine eindeutige Sprache, die heute genauso gilt wie einst. Und die Worte der Propheten und Apostel sind klar und deutlich wie am ersten Tag: »Fürchte dich nicht, denn ich habe dich erlöst; ich habe dich bei deinem Namen gerufen; du bist mein« (Jesaja 43,1); und: »Ist Gott für uns, wer kann wider uns sein? Der auch seinen eigenen Sohn nicht verschont hat – wie sollte er uns mit ihm nicht alles schenken?« (Römer 8,31 f)

Wer die Bibel liest, bleibt nicht allein, sondern steht in der großen Gemeinschaft der ganzen Christenheit, die aus ihrer Botschaft Gottes Wort vernimmt. Er findet darin Trost und Ermutigung für sein eigenes Leben. Er wird aber die Bibel zugleich als Buch der Kirche verstehen lernen, die ihm die Heilige Schrift aufgeschlagen hat. Wer die Bibel liest, wird darum auch aufmerksam auf die Predigt hören und sich von der Predigt wieder zur Bibel zurückführen lassen, um es so zu machen, wie es schon die ersten Christen taten: Als sie die Verkündigung des Evangeliums gehört hatten, »nahmen sie das Wort bereitwillig auf und forschten täglich in der Schrift, ob sich's so verhielte« (Apostelgeschichte 17,11).

Die Bibel begleitet Christen auf ihrem ganzen Lebensweg. Sie hat Worte bereit, die in frohen Tagen daran erinnern, daß wir Gott zu danken haben. Sie weiß aber auch zu trösten, wenn angesichts schweren Leides alle anderen Worte verstummen. Sie sagt uns, was Gott von uns will und was wir zu tun haben. In der Stunde des Todes geht von Worten der Bibel stärkende Kraft aus. Worte, die uns an wichtigen Stationen unseres Lebens zugesprochen wurden, prägen sich dem Gedächtnis ein. Je mehr wir über sie nachdenken, um so lebendiger wird ihre Sprache.

Die Bibel wartet auf uns. Sie hat Zeit und ist immer für uns da wie ein treuer Freund, der sich geduldig für uns bereithält. Die Bibel wünscht sich aufmerksame Leser, die Fragen stellen, Antworten hören und darüber nachdenken. Bibelleser lassen sich nicht entmutigen, wenn sie nicht gleich alles verstehen können, sondern falten die Hände und werden still, damit Gott zu ihnen redet. Dann fragen sie weiter und erkennen, worauf es ankommt: die gute Nachricht von der Barmherzigkeit Gottes.

DIE SCHRIFTEN
DES ALTEN TESTAMENTS

von Siegfried Herrmann

DAS ALTE TESTAMENT ALS WORT GOTTES UND MENSCHLICHES ZEUGNIS

»Die Bibel ist das Wort Gottes.« So lautet die geläufige Rede. Sie bedarf der Erklärung. Unter dem »Wort Gottes« ist nicht die direkte Anrede Gottes an einzelne oder mehrere Menschen zu verstehen, die Gottes Stimme unmittelbar wahrnahmen. Wir können allerdings nicht wissen, in welcher Weise sich Gott einzelnen begnadeten Menschen, etwa den Propheten, einst kundmachte. Das kann in Träumen, Visionen und übersinnlichen Erlebnissen geschehen sein, die wir nicht mehr nachempfinden können. Unter allen Umständen aber ist solchen Menschen Gottes Nähe zur unmittelbaren Gewißheit geworden. Was sie formulierten, entstammte tieferer Einsicht und Erfahrung, die vielfach über das hinausging, was der Mensch normalerweise begreifen und geistig verarbeiten kann. Recht ansprechend formuliert der 2. Petrusbrief (1,21): »Getrieben von dem heiligen Geist haben Menschen im Namen Gottes geredet.« Das bedeutet, daß durch den Mund einzelner Menschen göttliche Kunde in die Welt kam, daß es Menschen waren, die Gott sich in bestimmter Stunde zu Zeugen und Mittlern seines Willens erwählte.

Unter diesen Voraussetzungen ist das »Wort Gottes« auch das Wort von Menschen, denen es als Gotteswort zur Gewißheit wurde, die es aussprachen, formulierten und weitergaben. Es ist deshalb die Aufgabe der Bibelwissenschaft, so weit wie irgend möglich die Zeit und die Umstände zu ergründen, unter denen das Wort der Bibel erfahren und niedergeschrieben wurde. Für die meisten der biblischen Schriften sind wir heute in der Lage, Voraussetzungen und Bedingungen ihrer Entstehung zu ermitteln und sie in bestimmte Zeiträume der Geschichte Israels einzuordnen, in einigen Fällen sogar auf den Tag genau festzulegen. Eine ganze Anzahl von Schriften des Alten Testaments nennt selbst ihre Verfasser oder zumindest die Namen von Männern, denen man ganze Werke oder auch nur einige Texte zuschrieb.

Gleichzeitig aber muß festgestellt werden, daß das biblische Schrifttum als eine Sammlung von Einzelzeugnissen anzusehen ist, die aus einem Zeitraum von rund tausend Jahren stammen, in dem sie auch geordnet und oft überarbeitet oder ergänzt worden sind. Das bedeutet, daß wir in der Regel nicht mehr wissen können, wer zum ersten Mal einzelne Worte und kleinere Texte niederschrieb, bevor sie in den umfangreichen alttestamentlichen Büchern Aufnahme fanden.

Noch am leichtesten scheint es bei den prophetischen Schriften zu sein, die Art ihrer Entstehung festzustellen. An ihrer Spitze steht der Name des betreffenden Propheten und häufig auch der Zeitraum, in dem er auftrat. Es werden die zu seiner Zeit regierenden Könige genannt. Aber der Eindruck ist nicht von der Hand zu weisen, daß in diese Prophetenschriften auch ältere oder jüngere Worte aufgenommen wurden, die nicht unbedingt von jenem Mann stammen müssen, der am Anfang des Buches genannt ist.

Schwieriger wird es, wo große Zusammenhänge und sehr verschiedene Stoffe erfaßt sind, wie etwa in den fünf Büchern Mose, wo es schwerfällt, Mose als Verfasser des ganzen Werkes anzusprechen. Zahlreiche Stilformen und Sprachwandlungen sind festzustellen, die in solcher Vielfalt schwerlich dem einen Mann Mose zugeschrieben werden können. Solche Einzelbeobachtungen sind freilich nur anhand des hebräischen Textes möglich, der deutlicher den Wechsel von einem Verfasser zum anderen zu erkennen gibt.

Es muß zugegeben werden, daß wir vielfach auf Vermutungen angewiesen bleiben. Das gilt aber nicht nur für die Entstehung der biblischen Texte, sondern für zahlreiche Werke des Altertums auch. Die näheren Umstände ihrer Niederschrift bleiben uns verborgen. Die Frage nach Entstehungszeit und Entstehungsort läßt sich auch nicht aus dem Inhalt der Texte ohne weiteres erschließen. Nicht selten werden ältere Ereignisse und Worte zu einer späteren Zeit erneut bedacht, und die biblischen Verfasser beurteilen die ältere Geschichte im Licht inzwischen gewonnener neuer Erfahrungen.

So vielseitig wie das Leben, so vielseitig sind auch die Erlebnisse und Empfindungen der Männer und Frauen gewesen, die im Alten Testament zu uns sprechen. Auf solche Weise ist die Bibel ein wirkliches Buch des Lebens und der Geschichte geworden. Israel hat seinen Gott immer in seiner Nähe gewußt, er hat sein Volk begleitet, und begnadete

Menschen haben dies mit ihren Worten bezeugt. Es ist keine Überheblichkeit, wenn wir die Worte der Bibel genau prüfen und nach ihren Entstehungsverhältnissen fragen. Im Gegenteil, je besser wir die biblischen Verfasser aus ihrer Zeit verstehen, desto deutlicher sprechen sie zu uns. Dann können wir auch ermessen, was sie als von Gott berufene Männer und Frauen bewegte, wie sie die Wirklichkeit Gottes erfuhren und was wir daraus für uns selbst lernen können.

DER AUFBAU DES ALTEN TESTAMENTS
UND DIE ORDNUNG SEINER SCHRIFTEN

Niemand, der heute eine Bibel zur Hand nimmt, sollte glauben, daß die Schriften des Alten Testaments in der Reihenfolge ihrer Entstehung angeordnet sind. Zwar schreitet man in den Geschichtsbüchern in zeitlicher Folge an den Ereignissen entlang. Aber die Aufzeichnungen z. B. über Schöpfung, Sintflut und die Entstehung der Völkerwelt, die wir am Anfang der Bibel lesen, sind keineswegs die nachweislich ältesten Zeugnisse des Alten Testaments. Zwar sprechen sie von längst vergangenen Zeiten, aber doch in einer sehr eindringlichen und präzisen Art, wie sie erst später möglich wurde.

So ist der Schöpfungsbericht in 1. Mose 1 in seiner abgeklärten und objektiven, auch etwas schematischen Darstellung der Schöpfungstage ein relativ junges Zeugnis im Alten Testament, das die Fähigkeit voraussetzt, die Welt und ihre Teile in ihrem Zusammenwirken und ihrem gegenseitigen Angewiesensein zu begreifen. Demgegenüber wirken die Berichte über den Garten Eden, das sogenannte »Paradies«, und den Sündenfall urtümlicher und schlichter, wenn auch inhaltlich sehr plastisch und spannend gestaltet. Durch solche Textvergleiche wird deutlich, daß verschiedene Verfasser aus verschiedenen Zeiten das Wort nahmen.

Unter dem Thema Schöpfung und Mensch sind diese Darstellungen in 1. Mose 1–3 später zusammengestellt worden und enthalten nun in geraffter Form die Grundprobleme des menschlichen Daseins. Wir lesen über die Erschaffung des Menschen und seinen Auftrag, die Erde zu bewahren, aber auch über sein Versagen. Wir lesen von der »Gottebenbildlichkeit« in einer offenbar vollkommen gedachten Welt (Kap. 1) bis hin zum zerstörten Gottesverhältnis, das durch Übertretung der göttlichen Ordnung zustande kam (Kap. 2–3). So verbindet das Alte Testament die schwersten Menschheitsfragen bereits mit den

Tagen der Schöpfung und bereitet die Probleme der Weltgeschichte und besonders der Geschichte Israels vor.

Ausgehend von der Schöpfung wird sodann über die älteste Menschheitsgeschichte gesprochen, die durch die Sintflut eine schwere Störung erfährt. Mit dem Auftreten Abrahams in Kap. 11 und 12 leitet die Darstellung zur Geschichte Israels über und entfaltet diese Geschichte bis zum Tode des Mose im letzten Kapitel des 5. Mosebuches (Kap. 34).

Die folgenden Geschichtsbücher von Josua bis 2. Könige berichten über Israel seit den Tagen des Einzugs in das Gelobte (verheißene) Land Kanaan oder »Palästina«, wie es später genannt wurde. Die Geschichte des seßhaft gewordenen Volkes, seine Staatenbildung unter David und seine schweren Bedrohungen von innen und außen, nicht zuletzt veranlaßt durch die Großmachtpolitik der umgebenden Länder, zuletzt der Assyrer und Babylonier, füllen die Geschichtsbücher bis zum Fall Jerusalems im Jahre 587 v. Chr. und ein wenig darüber hinaus (2. Könige 25).

Nach der Ordnung der Lutherbibel folgen weitere Geschichtsbücher, die nachweislich später verfaßt sind als die Werke von 1. Mose bis 2. Könige. Es sind die Chronikbücher, die sich in der Hauptsache auf die Geschichte des südlichen Königreiches Juda bis zum oben erwähnten Fall Jerusalems beschränken. Die Bücher Esra und Nehemia berichten über Vorgänge nach dem Babylonischen Exil (587–539 v. Chr.), als man daranging, im 5. Jahrhundert v. Chr. die Gemeinde in Jerusalem und Juda wieder aufzubauen und zu ordnen. Das Buch Ester am Ende der Geschichtsbücher ist eine hochdramatische Erzählung aus der Zeit, als man im Perserreich (und auch später) die Juden verfolgte.

An diese »Geschichtsbücher« schließt die Lutherbibel »Lehrbücher und Psalmen« an und versammelt damit in einem einzigen großen Bibelabschnitt die meisten Werke der hebräischen Poesie und »Weisheit«. In ihnen kommen die tiefen religiösen und menschlichen Erkenntnisse und Erfahrungen zum Ausdruck, die die Menschen des Alten Testaments, vor allem aber auch die israelitische Gemeinde, mit Gott gewonnen haben.

Das gilt in außergewöhnlichem Maße auch von dem Menschen Hiob, der um Gottes Gerechtigkeit rang. Von ihm ist in einem umfangreichen »Lehrgedicht« die Rede, das nicht Geschichte mitteilen, sondern in Gesprächsform das Menschheitsproblem des schuldlos Leidenden behandeln will.

Vielstimmig ist die sich daran anschließende Sammlung der »Psalmen«, 150 Dichtungen aus fast allen Epochen des älteren Israel umfassend. Worte der Lebensweisheit und der täglichen Erfahrung sind im Buch der »Sprüche Salomos« und im »Prediger Salomo« enthalten. Das Hohelied ist eine Zusammenstellung von Liedern und Dichtungen, die die Schönheit und Würde der Frau preisen.

Den Abschluß der Lutherbibel bilden die »Prophetenbücher«. An der Spitze stehen die drei großen Prophetenbücher Jesaja, Jeremia und Hesekiel (Ezechiel). Eingeschoben sind die Klagelieder Jeremias. Es folgt der Prophet Daniel, ein Werk eigener Art. Am Ende stehen die Bücher der zwölf sogenannten »kleinen Propheten« von Hosea bis Maleachi, die im Unterschied zu den vorangegangenen »großen« Prophetenbüchern Jesaja, Jeremia und Hesekiel eine viel geringere Anzahl von Kapiteln aufweisen.

Diese Reihenfolge der alttestamentlichen Schriften, der die Lutherbibel folgt, wird auch von den späteren evangelischen deutschen Bibelübersetzungen übernommen. Von ihr unterscheidet sich die Ordnung der Schriften in katholischen Bibelausgaben wie der »Einheitsübersetzung« durch eine Anzahl von Erweiterungen. Was in der Lutherbibel als »Apokryphen« im Anhang zum Alten Testament erscheint, wird in den katholischen Bibeln als ordentliche Bestandteile des Alten Testaments verstanden und in dessen Schriften eingeordnet (Näheres dazu s. u. S. 160).

Die nun folgende Darstellung befaßt sich mit Aufbau und Entstehung der Schriften des Alten Testaments, wie sie im Kanon der Lutherbibel enthalten sind. Zu den sogenannten »Apokryphen« des Alten Testaments s. u. S. 157–196.

1. DIE GESCHICHTSBÜCHER

Die fünf Bücher Mose (Der Pentateuch)

Die fünf Bücher Mose bilden am Anfang des Alten Testaments eine Einheit für sich und sind bereits im frühen Judentum als eine in sich geschlossene Größe behandelt worden. Allerdings hat man schon damals die große Textmasse aus praktischen Gründen in fünf Abschnitte unterteilt. Ein »Buch« sollte jeweils auf einer einigermaßen bequem zu handhabenden Schriftrolle Platz finden.

Die Bezeichnung »Pentateuch« ist griechisch und meint das »aus fünf Büchern bzw. Schriftrollen bestehende Buch«. Dieser Name kam in Gebrauch, nachdem in den letzten Jahrhunderten v. Chr. der hebräische Originaltext ins Griechische übersetzt worden war. Damals wurde auch jedes einzelne Buch des Pentateuch mit einem Titel versehen, der zu den auch heute gebräuchlichen und in die Bibelübersetzungen aufgenommenen Namen Genesis, Exodus, Leviticus, Numeri und Deuteronomium geführt hat. Diese Namen stehen in engem Zusammenhang mit dem Inhalt jedes der fünf Bücher.

Der Pentateuch beginnt mit der Schöpfung der Welt und endet mit dem Tode Moses auf dem Berg Nebo. Der Mittelteil des Pentateuch von 2. Mose 20 bis 4. Mose 10 enthält in breiter Form die für Israel maßgebenden Gesetze, die in Gottes Auftrag von Mose verkündet wurden. Darum heißt der Pentateuch auch in der jüdischen Tradition ganz allgemein »das Gesetz« (hebr. »die Tora«). Umrahmt wird dieses Zentrum des Pentateuch von erzählenden Stoffen, die von den »Erzvätern« oder »Patriarchen« Abraham, Isaak und Jakob und dem Auszug aus Ägypten einerseits und dem Weg durch die Wüste bis an die Grenzen des Heiligen Landes andererseits reichen. Das 5. Buch Mose (Deuteronomium) ist eine Zusammenfassung zahlreicher Gesetze, die am Ende des Pentateuch wie ein Vermächtnis Moses für Israel erscheinen.

Den Inhalt des Pentateuch bringen die oben erwähnten Namen für die fünf Mosebücher stichwortartig zum Ausdruck. Das 1. Mosebuch beginnt mit der Schöpfung der Welt und heißt darum »Genesis« (Entstehung, Werden). Im 2. Mosebuch wird der »Auszug« (»Exodus«) aus Ägypten geschildert. Das 3. Mosebuch heißt »Leviticus«, eigentlich »das levitische Buch«, weil darin die Gesetze für den Dienst der Priester, die dem Stamm Levi zugerechnet wurden, enthalten sind. Am Anfang des 4. Mosebuches werden über die Stämme Israels und ihre Ordnung viele »Zahlen« mitgeteilt; darum der Name »Numeri« (die griechischen Übersetzer sagten in ihrer Sprache »Arithmoi«). Die Zusammenfassung oder Wiederholung des Gesetzes im 5. Mosebuch wurde »Deuteronomium« genannt (wörtlich »das zweite Gesetz«).

Die Quellen des Pentateuch

Die neuere Erforschung des Pentateuch und seiner Ursprünge entzündete sich im 18. Jahrhundert, in der Zeit der »Aufklärung«, an der eigenartigen Beobachtung, daß im hebräischen Originaltext in bestimmten Abschnitten Gott mit seinem hebräischen Eigennamen »Jahwe«* benannt wird, während er anderwärts regelmäßig mit dem normalen Wort für Gott, nämlich »Elohim«, bezeichnet ist. Man schloß daraus, daß da wohl zwei verschiedene Verfasser am Werk gewesen sein könnten. Diese Verfasser nannte man rein hypothetisch nach der Art, welches Wort sie für »Gott« benutzten, den »Jahwisten« (J) und den »Elohisten« (E). Später fand man innerhalb der E zugeordneten Texte einen dritten möglichen Verfasser. Da er sich hauptsächlich mit kultischen und amtlich-statistischen Dingen befaßte, nannte man sein Werk die »Priesterschrift« (P). Eine Sonderrolle spielte demgegenüber die Zusammenfassung der Gesetze im »Deuteronomium«. Danach nannte man seinen Verfasser den »Deuteronomiker« (D). Nur anhand des hebräischen Textes lassen sich diese verschiedenen »Quellenwerke« oder »Quellenschichten« sicher erkennen, an ihrem Stil und an der Wahl der Wörter.

Auf der Grundlage dieser Feststellungen wurde es üblich, sich die Entstehung des Pentateuch als das Werk von vier Hauptautoren vorzustellen, die offenbar älteres Material in ihren Schriften verarbeiteten.

---

* So nach der wissenschaftlich erschlossenen Form. Im hebräischen Bibeltext wurden nur die Konsonanten *jhwh* (zweites *h* als stummer Schlußlaut) geschrieben. Der Name selbst wurde (und wird) im Judentum nicht ausgesprochen; beim Vorlesen tritt dafür das Wort »der Name« oder »der Herr« ein. Aus den Konsonanten *jhwh* und den Vokalen des hebräischen Wortes für »Herr« *(adonaj)* entstand in christlichen Kreisen das Kunstwort Jehova. Deutsche Übersetzungen gebrauchen anstelle des Namens das Wort »Herr«; in der Lutherbibel zur Unterscheidung in der Form Herr.

Am Ende waren es wohl verschiedene Redaktoren oder auch nur ein einziger, die die vorliegenden Texte miteinander verglichen und in Auswahl zu einem einzigen großen geschlossenen Werk vereinigten, das uns heute im Pentateuch vorliegt.

Diese sogenannte »Vier-Quellen-Theorie« beruht nicht auf willkürlichen oder unglaubwürdigen Annahmen. Sie findet ihre Stütze in der Art der Texte selbst und wie sie formuliert sind. Wesentlich sind vor allem Wortschatz, Stil und Redeweise des hebräischen Textes.

Die einzelnen »Quellen« unterscheiden sich aber nicht allein durch sprachliche Eigentümlichkeiten, sondern auch durch ihren Inhalt. Der Jahwist ist ein Erzähler, den der Elohist oft ergänzt. Beide verraten ein selbständiges theologisches Denken. Deutlich hebt sich von diesen beiden Quellen die Priesterschrift ab, die viele Zahlen, Daten und Listen, vor allem aber die Gesetzessammlungen enthält. Sie ist am deutlichsten ein Werk für sich. Das gilt auch für das Deuteronomium, das einen besonders ausgeprägten Stil mit vielen Wiederholungen und feststehenden Redewendungen entwickelt hat.

Um die Eigenart der Ineinanderarbeitung der Quellen noch ein wenig deutlicher zu machen, sei hier wenigstens ein charakteristisches Beispiel gegeben. Die Begründung für den Ausbruch der Sintflut wird in 1. Mose 6 in zwei Abschnitten gegeben. Der erste Abschnitt umfaßt die Verse 5-8 und wird dem Jahwisten (J) zugewiesen, der zweite Abschnitt zeigt die Merkmale der Priesterschrift (P) und reicht von Vers 9 bis zum Ende des Kapitels in Vers 22. Der jahwistische Text (V. 5-8) lautet:

> »Als aber der HERR sah, daß der Menschen Bosheit groß war auf Erden und alles Dichten und Trachten ihres Herzens nur böse war immerdar, da reute ihn, daß er die Menschen gemacht hatte auf Erden, und es bekümmerte ihn in seinem Herzen, und er sprach: Ich will die Menschen, die ich geschaffen habe, vertilgen von der Erde, vom Menschen an bis hin zum Vieh und bis zum Gewürm und bis zu den Vögeln unter dem Himmel; denn es reut mich, daß ich sie gemacht habe. Aber Noah fand Gnade vor dem HERRN.«

Im Mittelpunkt dieser Verse steht die Bosheit der Menschen und die Reue Gottes, die Menschen überhaupt geschaffen zu haben. Er will sie vertilgen, dazu aber auch allerlei Getier vom Erdboden verschwinden lassen. Noah jedoch fand Gnade vor Gott.

Der priesterschriftliche Text (V. 9-13) erwähnt zuerst Noah und sein Geschlecht, ehe er dazu kommt, von der Verderbnis der Erde und allen Fleisches zu sprechen:

> »Dies ist die Geschichte von Noahs Geschlecht. Noah war ein frommer Mann und ohne Tadel zu seinen Zeiten; er wandelte mit Gott. Und er zeugte drei Söhne: Sem, Ham und

Jafet. Aber die Erde war verderbt vor Gottes Augen und voller Frevel. Da sah Gott auf die Erde, und siehe, sie war verderbt; denn alles Fleisch hatte seinen Weg verderbt auf Erden. Da sprach Gott zu Noah: Das Ende allen Fleisches ist bei mir beschlossen, denn die Erde ist voller Frevel von ihnen; und siehe, ich will sie verderben mit der Erde.«

Deutlich zu erkennen ist der neue Einsatz der Erzählung in Vers 9: »Dies ist die Geschichte von Noahs Geschlecht.« Das Interesse an Noahs frommem Wandel und an der Zahl seiner Söhne ist für die Priesterschrift ebenso charakteristisch wie die große, auf die ganze Erde und ihre Bewohnerschaft gerichtete Weltsicht in Vers 12: Gott sah auf die Erde, und alles Fleisch war verderbt.

Viel persönlicher formulierte der Jahwist und richtete seinen Blick auf den Menschen und das Dichten und Trachten seines bösen Herzens. Gott nahm Anteil am Menschen, er bedauerte dessen selbstherrliche Entwicklung. Darum »reute« es ihn, den Menschen geschaffen zu haben. Es sind die oft herausgehobenen »menschlichen« Regungen Gottes, die beim Jahwisten hervortreten, während in der Priesterschrift Sachlichkeit und distanzierte Kühle die Darstellung beherrschen.

Von Vers 14 an folgt in der Priesterschrift eine recht umständliche Aufzählung und Schilderung der Maße und der Bauelemente der Arche, die in der Lutherübersetzung »Kasten« genannt ist. Abermals ist von der Verderbnis allen Fleisches die Rede, vor allem aber von einem Bund Gottes mit der Familie Noahs (V. 18). Ein solcher Bund spielt in 9,8-17 noch einmal eine wichtige Rolle, einem Stück, das ebenfalls zur Priesterschrift zu rechnen ist. Nicht weniger typisch ist die umfassende Aufzählung der Tiere, die in die Arche kommen sollen; man ist an den Schöpfungsbericht in Kap. 1 (P) erinnert. Daß die Tiere paarweise mitgenommen werden, weist schon auf die Zeit nach der Flut voraus. Sie sollen fruchtbar sein und sich mehren, wie es schon in 1,28 Gott dem Menschen auftrug.

Wie man sieht, läßt sich selbst am deutschen Text vom Inhalt her etwas von der Eigenart der sehr geschickt verbundenen älteren »Quellen« erkennen. Es ist also berechtigt, sich die Entstehung des Pentateuchtextes als Komposition verschiedener Texte aus verschiedenen Zeiten vorzustellen.

Trotz dieser Zusammenfassung vieler und verschiedener Überlieferungen im Pentateuch macht er doch keinen verwirrenden Eindruck. Im Gegenteil – er stellt sich in seiner heutigen Gestalt als ein kunstvolles Werk von großer Geschlossenheit dar, ohne dabei seine geschichtliche Entwicklung über mehrere Jahrhunderte hinweg zu verleugnen.

Es soll hier nicht übergangen werden, daß die »Quellenscheidung« im Pentateuch seit ihrem Aufkommen bis zum heutigen Tage von manchen Gelehrten, aber auch Glaubensgemeinschaften, in Frage gestellt wird. Man sagt beispielsweise, daß es schwer vorstellbar sei, daß dieses große Werk aus verschiedenen Einzelstücken »wie mit Schere und Kleister« zusammengesetzt worden sei. Aber das ist eine allzu schematische und mechanische Vorstellung. Sie verkennt den Geist, aus dem große Werke der Antike entstanden. Das Interesse war, möglichst viele Einzelüberlieferungen zu ein und demselben Thema zu Worte kommen zu lassen. Darum sammelte man die entsprechenden Texte, um dasselbe Geschehen aus verschiedenen Blickwinkeln zu sehen und zu würdigen. Nicht der logisch-folgerichtige Ablauf war dabei entscheidend, sondern das Bemühen, die verschiedenen Überlieferungen möglichst vollständig zu berücksichtigen. Man wollte lesen oder hören, was aus der Tradition bekannt war, selbst wenn es dabei zu logischen Widersprüchen kam.

Die Vereinigung der Quellen zu einer Gesamtdarstellung

Unter Berücksichtigung der einzelnen Quellen und ihrer Eigenart wird man sich die Entstehung der Endgestalt des Pentateuch etwa so vorzustellen haben. Die jüngste Überlieferungsschicht, die Priesterschrift, die frühestens nach dem babylonischen Exil (587–539 v. Chr.) gegen Ende des 6. Jahrhunderts zusammengestellt wurde, bildete den großen Rahmen des Pentateuch. Sie lieferte gleichsam das Gerüst, in das die älteren Quellenzeugnisse eingeordnet wurden. Sie setzt mit der Schöpfung in 1. Mose 1 ein und endet mit dem Tode Moses (5. Mose 34). Zur Priesterschrift werden die meisten der gesetzlichen Texte gerechnet, die die Mitte des Pentateuch ausmachen, hauptsächlich das 3. Mosebuch und der Anfang des 4. Mosebuches. Das Gesetz wurde, so will es die Darstellung, den Israeliten am Gottesberg in der Wüste übermittelt. Ehe Israel aber dahin gelangte, bedurfte es einer längeren Vorgeschichte.

Deshalb war es notwendig, die Zeit von der Schöpfung bis zum Wüstenaufenthalt am Gottesberg zu überbrücken und darzustellen. So werden im *1. Mosebuch* von Kap. 12 an die »Erzväter« oder »Patriarchen« geschildert, Abrahams Kommen aus Mesopotamien, Isaaks Brunnenkämpfe im Süden Israels und Jakobs Schicksale; seine Söhne werden zu Stammvätern des späteren Volkes Israel.

An diesen Überlieferungen sind die drei Quellenschichten J, E und P beteiligt. Speziell J bringt eine Reihe sehr bekannter Erzählungen, teils vermischt mit elohistischen Elementen. So enthält die bekannte Geschichte von der Jakobsleiter oder Jakobstreppe (1. Mose 28,10-22), die Jakob am Heiligtum zu Bethel zu sehen bekommt, deutlich jahwistische und elohistische Sprachformen. Eigenen Charakter hat Kap. 22, die Erzählung von »Isaaks Opferung«, und der geheimnisvolle Kampf Jakobs am Flusse Jabbok (32,23-33), beides dem E zuzuweisende Erzählungen.

Zusammengehalten werden alle diese Väterüberlieferungen durch die Verheißung des Landes, die in gleichem Wortlaut jedem der Patriarchen zuteil wird. Sie und ihre zahlreichen Nachkommen sollen das Land zum Besitz erhalten und darin wohnen.

Das 1. Mosebuch endet mit den Schicksalen des Jakobsohnes Josef, der nach Ägypten verkauft wird und später Jakob und seine Söhne dahin nachkommen läßt. Damit ist eine neue Ausgangslage geschaffen.

Das 2. Mosebuch setzt mit dem großen Überlieferungskreis ein, der sich um Israel in Ägypten und seinen Auszug von dort gruppiert. Beherrscht wird er von dem Gedanken, daß das Volk der Fronarbeit in Ägypten erfolgreich unter Moses Führung entkam, weil Gott es so wollte. J und E lieferten hier die wichtigsten Quellenstücke. Die Israeliten erreichten schließlich den Gottesberg Sinai (J) oder Horeb (E). Sie waren damit an jenem Ort angekommen, an dem das Gesetz verkündet werden sollte. Also wurden hier auch jene umfangreichen gesetzlichen Materialien in den Erzählungsverlauf eingefügt, die P gesammelt hatte (3. Mosebuch und Teile des 4.).

Erst im 4. Mosebuch kommt von Kap. 10 an die Wanderung Israels durch die Wüste wieder in Gang. Es sind sehr vielfältige Überlieferungen, die zwischen Gottesberg und verheißenem Land in Kap. 10–36 zusammengefaßt sind und an denen alle Quellenschriften Anteil haben. Dazu gehören die bekannte Geschichte von den Kundschaftern und dem tapferen Verhalten Kalebs (Kap. 13 und 14) und die Erzählung über Bileam, jenen auswärtigen Propheten, der Israel segnen mußte (Kap. 22–24).

Inzwischen ist das Volk vor den Toren des verheißenen Landes angekommen, und noch einmal ergreift Mose das Wort, um ein zweites Mal das Gesetz vorzutragen und den Seinen einzuprägen. Das geschieht im 5. Mosebuch, dem »Deuteronomium«, dem »zweiten Gesetz«, einem weitgehend selbständigen Traditionsblock. Nur an wenigen Stellen sind die anderen Quellen in sehr geringem Umfang beteiligt.

Die Überlieferungen sind also im Pentateuch so miteinander verflochten, daß die Hauptlinien der Pentateuchdarstellung und ihr theologisches Ziel deutlich hervortreten. Es soll gezeigt werden, wie die Verheißungen an die Väter bezüglich Land und Nachkommenschaft schrittweise ihrer Erfüllung sich nähern und die Gesetze, die Israel im verheißenen Land leiten sollen, durch Mose verkündet und in Kraft gesetzt werden. *Das Land und das Gesetz,* die Grundpfeiler israelitischen Lebens und Denkens, sind im Pentateuch zusammengefaßt. Er vereint die ältesten ebenso wie die jüngeren Traditionen, die, ehe sie niedergeschrieben wurden, wohl durchweg als mündliche Überlieferung im Umlauf waren. So enthält der Pentateuch das vielgestaltige Zeugnis Israels, in dem sich Geschichtsdenken, Glaubensüberzeugung und Gesetzesverpflichtung fast zwanglos miteinander verbinden.

Über die zeitliche Ansetzung der einzelnen Quellen und über ihre Vorgeschichte herrscht freilich keine übereinstimmende Meinung unter den Fachleuten. Das Werk des J wird in der Regel der frühen Königszeit, also etwa dem 10. bis 9. Jahrhundert v. Chr. zugeschrieben und entstand wahrscheinlich in Juda. Der Elohist (E) zeigt die Merkmale der mittleren Königszeit, stammt also etwa aus dem ausgehenden 9. oder 8. Jahrhundert. Diese Quellenschrift steht dem Propheten Hosea nahe. Darum ist sie wahrscheinlich im Nordreich Israel verfaßt worden. Das 5. Mosebuch (D = »Deuteronomium«) ist in der Hauptsache ein Werk des 7. Jahrhunderts, verarbeitet aber nachweislich ältere Traditionen und fand seine endgültige Form im 6. Jahrhundert. Die Priesterschrift (P) und die Endfassung des Pentateuch gehören in die nachexilische Zeit. Spätestens im 4. Jahrhundert, als Alexander der Große den Vorderen Orient eroberte, war der Pentateuch abgeschlossen.

Rechtssammlungen im Pentateuch

Da für alle Überlieferungen des Pentateuch, ehe sie in den Quellenschriften verarbeitet wurden, ein mündliches Vorstadium anzunehmen ist, läßt sich die genaue Entstehungszeit einzelner Verse und Textsammlungen schwer bestimmen. Das gilt insbesondere für die Rechtstraditionen und für Einzelverordnungen des gottesdienstlichen Lebens und der Opferpraxis. Auch wenn sie als Bestandteile der Priesterschrift beurteilt werden können, ist ein höheres Alter nicht auszuschließen.

Ein schönes Beispiel bietet aufgrund von Ausgrabungen neuerdings der Text des Aaronitischen Segens in 4. Mose 6,24-26, mit dem auch christliche Gottesdienste abgeschlossen werden. Es handelt sich um eine Segensformulierung, die bislang zur Priesterschrift gerechnet wurde. Aber der Text hat sich, wenn auch in teilweise verkürzter Form, auf Gefäßscherben eines Militärstützpunktes im nordöstlichen Sinai, in Kuntilled Adschrud, und auf Silberplättchen in einem Grab nahe der Altstadt von Jerusalem gefunden. Das bedeutet, daß der Wortlaut des Segens bereits in der israelitischen Königszeit bekannt war. Denn die Archäologen datieren ihre Fundstücke in die Zeit zwischen dem 9. und dem 7. Jahrhundert v. Chr. Das schließt nicht aus, daß der Segenstext sogar noch älter sein kann. Damit wird nicht nur die Zuverlässigkeit der Überlieferung bestätigt, sondern auch ihr Alter.

Als das älteste israelitische Rechtsbuch gilt das sogenannte »Bundesbuch« (2. Mose 20,23–23,33), eine Sammlung von Rechtssätzen, von denen einige vielleicht sogar bis in die Wüstenzeit Israels zurückreichen; teilweise müssen sie aber auch jüngeren Datums sein. Erkennbar ist das an einer Reihe von Gesetzen, die das Wohnen im besiedelten Kulturland sowie Haus- und Grundbesitz voraussetzen.

In diesem Zusammenhang ist es eine schwerwiegende Frage, ob die Zehn Gebote, der sogenannte »Dekalog« (2. Mose 20,1-17 und 5. Mose 5,6-21), wirklich in der jetzigen Form bereits am Gottesberg in der Wüste verkündet wurden oder ob es sich um eine knappe Gebotsreihe handelt, die erst im Lande nach der Seßhaftwerdung Israels vollendet wurde. Die Verbote von Mord, Ehebruch und Diebstahl können durchaus in die älteste Zeit zurückreichen. Was jedoch über Hausbesitz und Elternverehrung gesagt ist, setzt feste Lebensverhältnisse voraus. Das gilt mindestens für den Zusatz zum Elterngebot. Die Achtung und Verehrung der Eltern soll ein langes Leben auf dem angestammten Boden im Lande garantieren. Sicherlich sind einige Kurzgebote, wie etwa das Sabbatgebot, erweitert worden. Das zeigt dessen unterschiedliche Begründung in 2. Mose 20,11 im Vergleich mit 5. Mose 5,15.

Älteres ebenso wie jüngeres Recht sind in der Priesterschrift in einer Reihe kleinerer Sammlungen zusammengefaßt, die sich aus dem heute vorliegenden Text mühelos herauslösen lassen, weil sie jeweils um ein bestimmtes Thema kreisen:

1. An erster Stelle sei das sogenannte *Stiftshüttengesetz* genannt. Es umfaßt 2. Mose 25–31; eine erzählerisch gestaltete Ausführung dieses Gesetzes folgt in 2. Mose 35–40. Die Grundlage dieser Anweisungen bildet das Wüstenheiligtum, das die Israeliten als heiliges Zelt vor der Landnahme besaßen und das ursprünglich wohl leer war. Erst zu einem späteren Zeitpunkt hat man auch die Lade Gottes (Bundeslade) in das Zelt verlegt. Die prachtvolle Ausstattung der ganzen Anlage ist

in der im 2. Mosebuch beschriebenen Form so nie ausgeführt worden. Möglicherweise sind Einzelheiten davon im Salomonischen Tempel verwirklicht gewesen.

2. Das 3. Mosebuch beginnt mit einer *Sammlung von Opfergesetzen* (3. Mose 1–7). Es ist die einzige die Opfer betreffende Gesetzgebung, die wir im Alten Testament besitzen. Nacheinander werden das Brandopfer (Kap. 1), das Speisopfer (Kap. 2) und das Schlachtopfer (Kap. 3) behandelt. Die Kapitel 4 und 5 befassen sich mit dem Sündopfer und dem Schuldopfer, zwei Sonderformen der Opferpraxis, die der Sühnung dienen sollten. Alle diese Opferarten werden in Kap. 6 und 7 in knapper Form noch einmal zusammengefaßt. Am Ende von Kap. 6 steht der bekannte Text des Segens, mit dem Aaron die Gemeinde segnen sollte (sogenannter »Aaronitischer Segen«).

3. In 3. Mose 11–15 finden sich *Reinheitsgebote* verschiedener Art, die wiederum in kleinere getrennte Sammlungen zerfallen und sich mit der Reinheit und Reinhaltung bei Mensch und Tier befassen.

4. In 3. Mose 16 stehen die Anweisungen für den jährlichen *Großen Versöhnungstag,* dessen hebräischer Name »Jom Hakkippurim« lautet und in der Kurzform »Jom Kippur« in das allgemeine Bewußtsein eingedrungen ist, weil an diesem Tag des Jahres 1973 in Israel der nach ihm benannte Krieg ausbrach. Am Versöhnungstag wird die Schuld des alten Jahres beseitigt; dann kann das »Laubhüttenfest« folgen. Wir stehen in 3. Mose 16 vor der Endredaktion einer ganzen Reihe von Einzelverfügungen.

5. Die letzte dieser kleineren Sammlungen ist das sogenannte *Heiligkeitsgesetz* (3. Mose 17–26), benannt nach der darin wiederholt vorkommenden Formel »Ihr sollt heilig sein, denn ich bin heilig, der HERR, euer Gott« (vgl. 3. Mose 19,2; 20,8.26 u. ö.). Es muß sich um eine in nachexilischer Zeit komponierte Sammlung handeln, die in sich Gesetze nach Art des Deuteronomiums, aber fast noch mehr der Priesterschrift ähnliche Weisungen vereinigt. Älteres und jüngeres Recht sind aufgenommen, ohne daß man sagen kann, das »Heiligkeitsgesetz« sei vom Deuteronomium oder der Priesterschrift direkt abhängig. Es ist eine Größe für sich.

So zeigt sich, daß auch die Gesetze im Pentateuch aus sehr verschiedenen Stücken zusammengesetzt sind, die je ihre eigene Geschichte hatten, ehe sie in Sammlungen und Quellenschriften Aufnahme fanden. Daß es so ist, macht die Größe und Besonderheit des Pentateuch und seiner Gesetze aus. Wäre er das Produkt eines einzigen Schaffensvorganges gewesen, dann wäre er vielleicht einfacher, vor allem aber einförmiger ausgefallen. So, wie er uns nun vorliegt, ist er zu einem Zeugnis der verschiedensten Zeiten geworden und spiegelt die Vielfalt israelitischen Lebens lebendiger und überzeugender wider, als eine einzige geschlossene Tradition es hätte darbieten können. Im Blick auf die vielen Gesetze sollte man daran denken, daß jede Gesetzgebung bis in unsere Tage prinzipiell das Ergebnis längerer Rechtsentwicklung ist, weil neue Erfahrungen auch das Recht bereichern. Der Pentateuch macht darin keine Ausnahme.

Von Josua bis zum 2. Buch der Könige

An die fünf Mosebücher schließt sich eine ganze Reihe von Geschichtsbüchern sehr verschiedenen Inhalts an. Ohne nähere Kenntnis des Verlaufs der Geschichte Israels sind diese Bücher nicht leicht zu verstehen. Doch wollen sie selbst Geschichte erzählen und weitergeben, so daß sie sich durchaus fortlaufend lesen lassen und ein eindrückliches Bild geschichtlicher Vorgänge vermitteln.

Den ersten großen Erzählungszusammenhang bilden die Bücher Josua und Richter, die beiden Samuel- und die beiden Königsbücher. Aus inhaltlichen Gründen ist das selbständige kleine Buch Rut seit der Septuaginta vor das 1. Samuelbuch gestellt. Berichtet wird über den Einzug Israels in das verheißene Land (Buch Josua), die Selbstverteidigung des Volkes gegen feindliche Nachbarn (Buch der Richter), über die Entstehung des Königtums und die ersten Könige Saul, David und Salomo (1. und 2. Samuel und 1. Könige 1–11). Von 1. Könige 12 an wird die Geschichte der beiden getrennten Königreiche Juda und Israel und das Ende dieser beiden Staatswesen, die Eroberung Samarias im Jahre 722/1 und die Zerstörung Jerusalems 587/6 v. Chr., beschrieben.

Somit enthalten diese Geschichtsbücher in lückenloser Folge eine Gesamtdarstellung der Geschichte Israels von der Einwanderung in das Land bis zum Beginn des Babylonischen Exils im 6. Jh. v. Chr.

Anders verfahren die beiden Bücher der Chronik, an die sich die Bücher Esra und Nehemia unmittelbar anschließen. Sie beginnen ihre fortlaufende Geschichtsdarstellung erst mit dem Tode Sauls (1. Chronik 10) und behandeln sodann nur die Geschichte des Südreiches Juda. Die Bücher Esra und Nehemia führen diese Geschichte bis in die nachexilische Zeit weiter. Das Buch Ester ist eine Erzählung aus dem Perserreich, die wahrscheinlich erst nach dem Jahre 300 v. Chr. abgefaßt wurde.

Der große Komplex der Geschichtsbücher von Josua bis 2. Könige ist für den Bibelleser nicht sofort als ein einziges Werk erkennbar. Die einzelnen Bücher wirken wie Größen für sich. Tatsächlich aber verhält es sich mit ihnen wie mit den Büchern des Pentateuch. Die große, ursprünglich zusammenhängende Textmasse ist etwa zur selben Zeit, als sie aus dem Hebräischen ins Griechische übersetzt wurde, nachträglich in einzelne überschaubare Bücher aufgegliedert worden. Aus der Art der Geschichtsdarstellung ergab sich diese Gliederung fast von selbst.

Am Anfang steht das Buch Josua und schildert den Einzug Israels in das verheißene Land unter Führung Josuas, der Israel nicht nur ein gutes Stück auf seinem Weg in das Westjordanland hinein begleitete, sondern auch eine umfangreiche Landverteilung vorgenommen haben soll, die die einzelnen Stämme angemessen berücksichtigte. Am Ende des Buches hält Josua kurz vor seinem Tode zwei längere zusammenfassende Reden, die wie sein Vermächtnis an Israel wirken (Josua 23 und 24).

Das Land bedurfte sehr bald der Verteidigung gegen die Übergriffe durch zahlreiche Nachbarvölker. Gegen sie haben als maßgebende Persönlichkeiten politischen und militärischen Charakters die sogenannten »Richter« die Stämme Israels angeführt. Ihr Amt bereitet das spätere Königtum vor. Das Buch der Richter beschreibt ausführlich diese Gestalten und ihre Taten.

Mit dem 1. Samuelbuch setzt die Geschichte der Könige ein. Ausführlich wird über Samuel gesprochen, der maßgebend an der Wahl des ersten Königs Saul beteiligt war. In die Vorgeschichte des Königtums, genauer gesagt, in die Geschichte der Ahnen Davids, gehört auch Rut hinein, die unter die Stammütter des Hauses Davids zu rechnen ist (Rut 4,13–22). Darum wurde das kleine Buch Rut vor das 1. Samuelbuch gestellt, in dem auch Davids Geschichte beginnt. Mit dem Tode König Sauls endet das 1. Samuelbuch, während das 2. Samuelbuch von der Gestalt Davids beherrscht wird.

Die beiden Königsbücher setzen mit der Thronerhebung Salomos ein, berichten über die Reichsteilung (1. Könige 12) und behandeln die Geschichte der beiden Königtümer Juda und Israel bis zu ihrem Ende. Der Einschnitt zwischen 1. und 2. Königsbuch erscheint ein wenig willkürlich; vermutlich wollte man den beiden Königsbüchern einen annähernd gleichen Umfang geben.

Wenn sich auch in diesen Büchern von Josua an der Fortgang der Geschichte Israels gut verfolgen läßt, bleibt dennoch die Frage, woran man heute noch erkennen kann, daß diese geschichtlichen Bücher von Josua bis 2. Könige wirklich als ein einheitliches Gesamtwerk entworfen und ausgeführt wurden. In erster Linie sind es bestimmte sprachliche Merkmale, die die Einheitlichkeit des Werkes beweisen. Es kommen aber verschiedene sachliche Gesichtspunkte hinzu, die selbst ohne Kenntnis des Hebräischen erkannt werden können.

1. Die grundlegende Voraussetzung für die Geschichtsdarstellung ist, daß Israel als Ganzes unter der Führung seines eigenen und einzigen Gottes steht, der sich nach dem Auszug aus Ägypten am Gottesberg Horeb offenbart hat. Der von allen gemeinsam gegangene Weg durch die Wüste setzt sich im verheißenen Land fort, wo Josua ihnen ihre künftigen Wohnsitze anweist. Zwar weiß man noch um das anfängliche Eigenleben der Stämme; aber diese sind nun fest eingebunden in ein geschlossenes Volksganzes, dem sich alle gleichermaßen verpflichtet fühlen und das sich als »Israel« versteht. Wir wissen heute, daß die geschichtliche Wirklichkeit komplizierter war, daß Israels Anfänge in den Wüsten- und Steppenzonen rings um das verheißene Land zu suchen sind, wo sich kleinere Verbände vereinigten, und sich Israels Einheit erst im Lande beiderseits des Jordans vollendete.*

2. Die zweite Voraussetzung dieser Geschichtsdarstellung ist die Überzeugung, daß Israel seine Existenz und sein Schicksal allein dem einen Gott verdankt, wie er in 5. Mose 6,4 in dem Satz beschrieben ist: »Höre, Israel, der HERR ist unser Gott, der HERR allein« (Luther). Etwas deutlicher gibt die Einheitsübersetzung den Text wieder: »Höre, Israel! Jahwe, unser Gott, Jahwe ist einzig.« Gemeint ist, daß der Gott Israels ein einziger und unvergleichlicher Gott ist, der die Fülle göttlicher Eigenschaften in sich vereinigt und die Verehrung aller anderen Götter strikt ausschließt.

So erklärt sich im Buch der Richter, aber auch anderwärts die entschiedene Ablehnung der Kulte fremder Götter in Israel, denen die Israeliten im Laufe ihrer Seßhaftwerdung und ihres Hineinwachsens in die Lebensformen von Ackerbauern immer wieder zuneigten. Dazu gehörte vor allem die Verehrung des kanaanäischen Fruchtbarkeitsgottes Baal und der Göttin Aschera, deren Kulte und Symbole auch für Israeliten anziehend waren.

* Vgl. dazu den Band »Geschichte Israels von Abraham bis Bar Kochba« von Siegfried Herrmann und Walter Klaiber in derselben Buchreihe, S. 30–37.

3. Eine dritte Voraussetzung im Rahmen der Geschichtsdarstellung von Josua bis 2. Könige ist der Grundsatz, daß es nur *einen* Ort geben soll, an dem der Gott Israels legitim durch blutige Opfer kultisch zu verehren sei. Gedacht ist an die Kultzentralisation, wie sie erst durch König Josia in Jerusalem verwirklicht wurde. Darum tadeln die Königsbücher alle Könige, die die Kulte auf dem Lande, besonders die sogenannten Höhenheiligtümer, nicht abschafften und mancherlei Fremdkulte zuließen, wenn nicht sogar förderten.

Diese hier knapp umrissenen drei Grundsätze der Geschichtsbetrachtung und der Geschichtsbewertung entsprechen genau den Vorstellungen, die im 5. Buch Mose (Deuteronomium) entfaltet sind: das eine Volk, der eine Gott, das eine Heiligtum. Das sind sozusagen die Grundpfeiler des Selbstverständnisses Israels, wie es im Deuteronomium zum ersten Mal konsequent zusammengefaßt ist. Sie sind der Maßstab für die Beurteilung Israels und seiner Geschichte. Daran haben sich auch die Sammler und Redaktoren der älteren Traditionen in dem Geschichtswerk von Josua bis 2. Könige gehalten. So ist es üblich geworden, in der wissenschaftlichen Debatte, aber auch in Bibelausgaben, vom »Deuteronomistischen Geschichtswerk« zu sprechen (häufig abgekürzt: Dtr).

Wie kam es zu diesem großen Geschichtswerk, in das in so konsequenter Weise die Grundsätze des Deuteronomiums eingearbeitet wurden?

Im Jahre 622 v. Chr. hatte der judäische König Josia (Joschija; 639–609 v. Chr.) ein im Tempel aufgefundenes Buch zur Grundlage seiner Regierungsgeschäfte gemacht und seine Forderungen möglichst umfassend zu verwirklichen versucht (sogenannte Josianische Reform). Er hatte das Volk von Juda in einem besonderen Akt auf die Einhaltung der Forderungen dieses Buches verpflichtet (2. Könige 23,1-3). Auffallend ist ferner, daß er alle Fremdkulte im Lande rigoros beseitigte und die Darbringung der Tieropfer auf den Jerusalemer Tempel beschränkte. Schon seit der Zeit der Alten Kirche in den ersten Jahrhunderten n. Chr., besonders aber seit den Tagen der europäischen Aufklärung, ist man davon überzeugt, daß das Gesetzbuch des Josia das Deuteronomium gewesen sein muß, zumindest einen Teil der deuteronomischen Gesetzgebung enthalten hat.

Die Prinzipien deuteronomischen Denkens wurden auch auf andere Gebiete übertragen, die nichts mit Tempel und Kult zu tun hatten. Man erkannte im Deuteronomium einen Maßstab, an dem alles Leben in Israel zu messen war. Nach dem Fall Jerusalems und Judas im Jahre

587 v. Chr. suchte man den Grund für diese Katastrophe sehr wesentlich in der Mißachtung des Gesetzes Gottes durch die Jahrhunderte hindurch. Israels Könige und das ganze Volk hatten dem Gesetz im Sinne des Deuteronomiums nicht entsprochen. So begann man während des Exils Quellen, Erzählungen, Berichte und Dokumente aus früheren Zeiten zusammenzustellen und sie auf ihr Verhältnis zu den deuteronomischen Vorschriften und Idealen zu überprüfen.

Wir mögen angesichts eines solchen Verfahrens eine gewisse Einseitigkeit empfinden. Der Vorwurf konnte erhoben werden, daß die »Deuteronomisten« mit ihren strengen Vorstellungen der geschichtlichen Wirklichkeit nicht immer gerecht geworden seien. Aber glücklicherweise sind die Autoren des Geschichtswerkes nicht so rigoros vorgegangen, daß sie ältere Quellen regelrecht umgeschrieben oder gar verfälscht hätten. Im Gegenteil, sie sind behutsam mit den alten Überlieferungen umgegangen und haben sie, soweit dies noch erkennbar ist, in ihrer ursprünglichen Gestalt belassen. Aber es ist andererseits an einigen Stellen deutlich zu sehen, wo diese Autoren eingegriffen haben und mit eigenen Worten Vergangenheit und Gegenwart Israels ins Auge faßten. Dort sieht man auch, wie sie die Geschichte beurteilten und wo sie Israels Verfehlungen sahen.

Am meisten fällt in dieser Hinsicht der Text 2. Könige 17,7-41 auf, der als ein regelrechtes »Schlußwort« des deuteronomistischen Verfassers nach dem Untergang des Nordreiches Israel zu beurteilen ist. Zu Beginn des Richterbuches (2,11-23) findet sich im Vorblick eine ähnlich grundsätzliche Perspektive. Hier wird vorausgeschaut auf die Zeit, die Israel im neu gewonnenen Land zu bestehen hatte. Es ist gesagt, warum immer neue »Richter« auftreten mußten, um Israel aus der Hand seiner Feinde zu reißen: weil das Volk seinem Gott von Mal zu Mal untreu wurde. Der hier erhobene Vorwurf der Baal-Verehrung verrät deuteronomistisches Denken.

Weit häufiger noch sind Überlegungen und Erfahrungen der Geschichte in den Mund großer Männer gelegt, die an Wendepunkten der Entwicklung Reden halten. In diese Reden sind vielfach die Grundsätze des deuteronomistischen Denkens eingeflossen. Solche programmatischen Ansprachen in entscheidenden Augenblicken der Geschichte hielten Josua (Josua 1; 23; 24), Samuel (1. Samuel 8 und 12) und Salomo (das sog. »Tempelweihgebet« 1. Könige 8). Von vergleichbar entscheidender Bedeutung sind auch die Worte des Propheten Nathan über die Fortdauer der davidischen Dynastie (2. Samuel 7) und die Worte Josias aus Anlaß der Verpflichtung auf das aufgefundene

Buch (2. Könige 23,1-3; vgl. auch 23,21-25). Denn diese Reform des Königs Josia, die er auf der Grundlage des Deuteronomiums vornahm, prägte das Selbstverständnis Israels für alle Zeiten.

Diese deuteronomistischen Redeabschnitte geben unwillkürlich dem Deuteronomistischen Geschichtswerk eine ganz selbständige Gliederung. Denn wo sie stehen, tragen sie dazu bei, das Verständnis der Geschichte Israels auch unter theologischen Gesichtspunkten zu vertiefen. Josuas Reden umrahmen den Erwerb des Landes, der Abschnitt über die »Richter« (Richter 2) erklärt die Probleme der vorstaatlichen Zeit; Samuel umreißt mit seinen Worten die Lasten des Königtums; Salomo sieht sich bei Errichtung des Tempels auf dem Höhepunkt seines Wirkens; Josia führt das Gesetzbuch ein und schafft damit neue Perspektiven für die Zukunft, nachdem das Nordreich Israel bereits gescheitert war. Die Gründe für dieses Scheitern bietet in großer Breite und in deuteronomistischer Sprache 2. Könige 17.

Gern hat man gefragt, warum in 2. Könige 25 nicht das ganze Geschichtswerk durch ein großes Wort am Schluß beendet wurde. Nach dem Untergang Jerusalems mochten alle Hoffnungen dahingeschwunden sein. Aber oft ist darauf hingewiesen worden, daß wohl die letzten Verse in 2. Könige 25,27-30, die von der Begnadigung des Königs Jojachin im Exil durch den babylonischen König Ewil-Merodach (babylonisch: Awil-Marduk, 562–560 v. Chr.) sprechen, das Schlußwort des Deuteronomistischen Geschichtswerks sind. Hier leuchtet Hoffnung auf über die Katastrophen hinaus. Der inhaftierte König von Juda wird begnadigt. Ein »Silberstreif am Horizont« wird sichtbar, der auch für das Schicksal der Exilierten und der Judäer daheim einen Neuanfang verheißt.

Diese Schlußbemerkung wird gewöhnlich auch zu der Feststellung benutzt, daß vom Zeitpunkt der Begnadigung Jojachins an mit der Vollendung des Geschichtswerkes gerechnet werden kann. In den fünfziger Jahren des 6. Jahrhunderts v. Chr. wird es abgeschlossen worden sein. Denn von den später aufkommenden Persern ist darin noch nicht die Rede.

Dieser einleitenden Übersicht über das Deuteronomistische Geschichtswerk als Ganzes soll nun eine kurze Beurteilung der einzelnen Bücher folgen.

Das Buch Josua

Nachdem im letzten Kapitel des Pentateuch (5. Mose 34) der Tod Moses auf dem Berg Nebo im nordöstlichen Randgebirge des Toten Meeres mitgeteilt war, schließt sich das Buch Josua unmittelbar an dieses Ereignis an. Josua übernimmt nun die Führung des Volkes, damit es unter seiner Leitung vom verheißenen Land Besitz ergreife. In Josua 1 wird zunächst in einer Gottesrede dieses Ziel klar umrissen, und Josua gibt dem Volk entsprechende Anweisungen. Wenn freilich hinzugefügt wird (V. 8), daß das Gesetzbuch Moses seinem Nachfolger Josua stets gegenwärtig sein solle, so zeigt sich deutlich, daß hier das Ideal einer Frömmigkeit verfolgt wird, wie es später besonders vom Deuteronomium vertreten wurde. Es ist der Deuteronomist, der Schöpfer des ganzen Geschichtswerkes, der sich in diesen Reden Gottes und Josuas in Josua 1 zu Wort meldet. Er will sagen, unter welchen Voraussetzungen er Israels Weg in sein Land und sein Wohnen dort für alle Zukunft gesichert sehen möchte, und er gibt damit zugleich dem geschichtlichen Verlauf eine tiefere theologische Deutung.

Nun aber, von Josua 2 an, wird die Einnahme des Landes nicht weiter aus der Feder des Geschichtsschreibers in großen Zügen erzählt. Nicht er selbst ergreift das Wort, sondern er bedient sich für seine Darstellung der älteren Überlieferung, die er vorgefunden hat. Es sind kürzere oder längere Episoden, die ihm bekannt waren und die nun zu einer einzigen fortlaufenden Handlung zusammengefaßt sind.

Es verhielt sich in Israel wie bei anderen Völkern auch. Über ihre Frühzeit weiß man oft nicht mehr als das, was älteste mündliche Überlieferung zu berichten hatte. Erst in späterer Zeit sammelte man diese Episoden und Anekdoten und machte daraus eine längere Geschichte. Man denke an die vielen Episoden des Nibelungenliedes oder an so manche Sage unserer Heimat. Das sind älteste Erinnerungen, die später in größere Zusammenhänge eingeordnet und uns dadurch erst voll verständlich wurden. Die Überlieferung solcher Einzelerzählungen verleiht den Vorgängen hohe Glaubwürdigkeit. Denn sie beruhen ja auf ältesten Traditionen, auch wenn sie später zuweilen sagenhaft ausgeschmückt und erweitert wurden. Aber ihr Kern spiegelt zuverlässige Erinnerungen und kann nicht als reine Erfindung späterer Überlieferung verworfen werden.

Zu solchen Einzeltraditionen gehören im Josuabuch die Erzählung von der Aussendung der Kundschafter nach Jericho (Kap. 2), die breite Darstellung des Jordanüberganges (Kap. 3 und 4), Passa und Be-

schneidung in Kanaan und die Begegnung Josuas mit einem Gottes-
boten an einem unbekannten Heiligtum (Kap. 5), die Eroberung
Jerichos (Kap. 6), Achans Diebstahl und die Eroberung der Stadt Ai
(Kap. 7 und 8). Im Raum um Gibeon, auf der Bet-Horon-Straße und
in der Ebene von Ajalon treffen die Israeliten auf größere Teile der
kanaanäischen Bevölkerung und auf militärischen Widerstand, der im
südlichen Ephraim und am Rande der Küstenebene nicht anders zu erwarten war (Kap. 9 und 10).

Bis hierher läßt sich der Weg der Israeliten in das Land recht gut verfolgen. Vom Jordantal steigen sie über Jericho und Ai in das Gebirge
auf, haben übrigens in Gilgal für längere Zeit ein Standquartier
bezogen, zu dem sie mehrfach zurückkehren. Mit den Gibeoniten
im Großraum nördlich von Jerusalem kommt es zu vertraglichen
Abmachungen. Über die Bet-Horon-Straße wird die Ebene von
Ajalon erreicht, wo es zur Auseinandersetzung mit den Kanaanäern
kommt.

Soweit ist es dem Geschichtsschreiber gelungen, von Josua 2 bis
10,28 Einzeltraditionen zu sammeln und zu verwerten, die in einem bestimmten Raum ein allmähliches Vordringen Israels überzeugend erkennen lassen. Es ist das Stammesgebiet von Benjamin, in dem dies
alles spielt. Für andere Räume des Westjordanlandes standen solche
Berichte nicht in vergleichbarer Geschlossenheit zur Verfügung. Nur
zwei größere Überlieferungsgruppen ließen sich finden, welche die Eroberungen im Süden (10,29-41) und im galiläischen Norden enthielten
(Kap. 11). Im Norden versammelten sich die kanaanäischen Könige
und wurden von den Israeliten am Wasser von Merom geschlagen; ferner fiel die Stadt Hazor nördlich des Sees Genezareth, von der es heißt,
daß sie »vorher die Hauptstadt aller dieser Königreiche« war (11,10).
In einer umfangreichen Liste faßt Kap. 12 die geschlagenen Könige
ganz Kanaans zusammen, die Könige im Ost- und im Westjordanland,
ohne Rücksicht darauf, wann und in welcher Reihenfolge sie besiegt
wurden.

Mit Josua 12 ist der erste Teil des Josuabuches abgeschlossen, der
Erzählungen aus der Zeit der Einnahme des Landes enthält. Mit einiger Mühe ist es dem Geschichtsschreiber gelungen, die älteren Traditionen so zu ordnen, daß der Eindruck einer umfassenden Inbesitznahme, mindestens des Westjordanlandes, entstehen konnte. Aber der
Schein trügt. Über die Besiedlung des ephraimitischen Gebirges in der
Mitte des Westjordanlandes fehlt so gut wie jede Nachricht.

Solche Lücken auszufüllen dient nun der zweite Teil des Josuabuches, die Kapitel 13–21, eine trockene und vom Nichtfachmann kaum mit Gewinn zu lesende, aber doch recht genaue Übersicht über die Verteilung des Landes an die Stämme Israels und einzelne seiner Stammesgruppen. In Form von Grenzbeschreibungen und Ortslisten werden die Gebiete umrissen, wie sie unter der Autorität Josuas den einzelnen Stämmen zugewiesen wurden, wobei dies teilweise durch Losentscheid geschah.

Diese Mitteilungen bilden die Grundlage für die Festlegung der israelitischen Stammesgebiete, wie sie oft auch auf biblischen Landkarten dargestellt sind. Es unterliegt keinem Zweifel, daß in diesen schwer zugänglichen Kapiteln sehr altes, aber auch jüngeres Material verarbeitet ist. Mit Recht fragt man, wann und wozu diese Listen aufgestellt wurden. Wenigstens zum Teil handelt es sich vermutlich um Listen zu Verwaltungszwecken, die die Zugehörigkeit zu bestimmten Verwaltungsbezirken amtlich festlegen sollten oder auch Besitzansprüche im einzelnen festschreiben oder legitimieren.

Schwerlich gehen diese Listen bis in die Zeit Josuas zurück. Nicht den Anfang, sondern das Endstadium nach der Inbesitznahme der einzelnen Gebiete wollten sie festhalten. So ist beispielsweise nicht auszuschließen, daß die Grenzbeschreibung Judas und die Aufzählung seiner Städte in Josua 15 erst aus der Zeit des Königs Josia stammt, also vom Ende der Königszeit im Ausgang des 7. Jahrhunderts. Der Geschichtsschreiber hat sich einer Überlieferung bedient, die zu seiner Zeit aktuell und gültig war.

Das ist verständlich. Der Deuteronomist sah in König Josia den großen Reformer, den maßgebenden Gestalter eines künftigen Israel. Kein Wunder also, wenn er die Verhältnisse unter Josia durch die Landverteilung unter Josua bereits vorgeprägt und legitimiert wissen wollte. Auch die deutschen Bundesländer basieren schließlich auf einer Bevölkerungsverteilung, wie sie im wesentlichen seit den Zeiten der Völkerwanderung besteht, von zeitbedingten Verschiebungen abgesehen. So bestimmten auch in Israel ältere Verhältnisse die Besitzansprüche späterer Zeiten.

Erst gegen Ende des Josuabuches (Kap. 22–24) treten wieder erzählende und berichtende Abschnitte hervor. Sie stehen sehr deutlich unter dem maßgebenden Einfluß des Deuteronomiums und der deuteronomistischen Schule.

Unübersehbar ist dies zunächst in Kap. 22, wo es um die ostjordanischen Stämme Ruben und Gad und die dort ansässige Hälfte des Stammes Manasse geht. Praktisch hatten ja diese Stämme schon ihre

Wohngebiete erreicht, vorausgesetzt, daß Israel von Osten her auf das Kulturland zukam. Sie mußten den Jordan eigentlich gar nicht überschreiten. Aber für den Deuteronomisten bestand nun einmal der Gedanke, daß bei der Einnahme des ganzen Landes auch alle Stämme mithelfen mußten. Deshalb wird bereits in Josua 1,12-16 verfügt, daß Frauen und Kinder von Ruben, Gad und dem halben Stamm Manasse sogleich nach ihrer Ankunft in ihren Wohnsitzen im Osten bleiben durften, daß aber ihre bewaffneten Männer zunächst mit den anderen Stämmen mitziehen sollten, um ihnen bei der Eroberung des Westjordanlandes behilflich zu sein. In Kap. 22 kehren nun diese Männer, nachdem sie ihre Aufgabe im Westen erfüllt hatten, nach Hause in ihre ostjordanischen Wohnsitze zu ihren Familien zurück.

Streit gibt es um einen Altar, den sie am Jordan errichten wollen. Aber es soll kein Brandopferaltar werden, sondern nur eine Art Mahnmal zur Erinnerung daran, daß auch die ostjordanischen Stämme zum ganzen Israel hinzugehören. Die Opfer sollten allein auf *dem* Altar dargebracht werden, den Gott dafür vorsehe. Hier wirkt deutlich der deuteronomische Gedanke der »Kultzentralisation« nach, die Anordnung aus 5. Mose 12, wonach Gott nur *eine* Opferstätte im Lande zulassen werde. König Josia bezog diese Verfügung im Rahmen seines Reformwerkes auf den Tempel in Jerusalem. Die reichlich theoretisch wirkenden Entscheidungen in Josua 22 haben also rechtliche Hintergründe. Sie wollen nicht nur sicherstellen, daß die ostjordanischen Stämme auch zum »ganzen Israel« gehören, sondern auch dokumentieren, daß diese zugunsten Jerusalems auf eine eigene Opferstätte verzichten.

Die deuteronomistische Konzeption, die Josua 22 beherrscht, kommt in Kap. 23 noch einmal in der Rede Josuas nach Abschluß der Landverteilung zum Ausdruck. Josua warnt nachhaltig vor dem Abfall zu fremden Göttern und stellt damit die Hauptforderung des Deuteronomiums in den Mittelpunkt, den Gott Israels nicht zu verlassen. Den eigentlichen Abschluß des Josuabuches bringt aber erst der sogenannte »Landtag zu Sichem« (Kap. 24), auf dem Josua das Volk auf die Verehrung des Gottes Israels im neugewonnenen Land verpflichtet. Er selbst tat das mit dem bekannten Satz: »Ich aber und mein Haus wollen dem HERRN dienen« (24,15). Nach der ausdrücklichen Zustimmung des Volkes vermittelt Josua einen Bund zwischen Gott und dem Volk und legt dies alles in dem »Buch des Gesetzes Gottes« nieder, wie es der deuteronomistischen Idealvorstellung entsprach. Das Volk ist nun verpflichtet, in dem Land, in dem es wohnt, dem Gesetz Gottes zu dienen.

Damit hat die Einnahme des Landes auch in sakraler Hinsicht einen vor Gott gültigen Abschluß gefunden. Was in den Reden Gottes und Josuas in Kap. 1 angekündigt war, ist nun vollendet.

Ganz am Schluß (24,29-33) sind die drei Grabtraditionen Josuas, Josefs und des Aaron-Sohnes Eleasar hinzugefügt. Diese Verse schauen noch einmal auf den Pentateuch zurück und sichern auch Josef, der Jakob und seine Söhne in Ägypten rettete, und dem Priestergeschlecht Aarons ihre Heimstätten im verheißenen Land zu. Mit der Seßhaftwerdung in Kanaan haben sich auch die Landverheißungen des 1. Mosebuches, die dort an die Patriarchen ergangen waren, erfüllt.

Man hat zuweilen aus eben diesen sachlichen Gründen das Buch Josua zum Pentateuch hinzurechnen und von einem »Hexateuch«, also einem »Sechsrollenbuch«, sprechen wollen. Man ist jedoch wieder davon abgekommen. Aber der Gedanke ist verständlich, denn das Buch Josua enthält die Erfüllung der im Pentateuch den Vätern und Mose zuteil gewordenen Landverheißung. So wirkt Josua 24, besonders auch durch Aufnahme der drei Grabtraditionen, wie der organische Abschluß des gesamten mit 1. Mose 12 eröffneten heilsgeschichtlichen Programms.

Das Buch der Richter

Dem überzeugenden Abschluß des Josuabuches folgt am Anfang des Richterbuches keine ebenso überzeugende Einleitung der nun folgenden Epoche der Geschichte Israels. Richter 1 wirkt wie ein Rückfall in die Zeit der Einnahme des Landes und berichtet von Einzelschicksalen der Stämme, ohne dabei Josua zu erwähnen. Erst in 2,6 hat man den Eindruck, daß sich der Text an Josua 24,28 anschließt. In einer Art Übergangsstück wird in 2,6-10 noch einmal Josuas Tod samt seiner Begräbnisstätte erwähnt und das Ende der Generation Josuas festgestellt. Ihr folgt eine neue Generation, die freilich die Wohltaten der Vergangenheit nicht mehr zu schätzen weiß. Damit setzt erst in 2,11 das eigentliche Thema des Richterbuches ein.

Der Anfang des Buches 1,1–2,5 enthält eine Reihe von Sonderüberlieferungen und kurzen anekdotenhaften Nachrichten über die Besetzung des Landes. Sie wirken wie Nachträge zum Josuabuch. In 1,1-21 werden einige Szenen aus der Landnahmeüberlieferung der Stämme Simeon und Juda und einiger kleinerer Stämme des Südens (Otniel und Kaleb) mitgeteilt. Daran schließt sich in 1,22-26 eine Episode über die Einnahme von Bethel an. Den Schluß des Kapitels bildet in 1,27-36 eine Aufzählung solcher Städte, die Israel zunächst nicht einnehmen konnte und die vorerst in den Händen der Kanaanäer blieben. Für dieses Stück hat sich die eigenartige, aber zutreffende Bezeichnung »negatives Besitzverzeichnis« eingebürgert.

Diese locker gefügten Abschnitte in Kap. 1 haben für das geschichtliche Verständnis der Einnahme des Landes hohen Wert. Sie machen deutlich, daß neben den Berichten, die das Josuabuch enthält, auch noch die Überlieferungen anderer Stämme bekannt waren, namentlich was den Süden des Landes angeht. Über die Besetzung Judas und des mittleren Westjordanlandes hatte das Josuabuch kaum gesprochen. Hier in Kap. 1 wird das nun in Form recht altertümlich wirkender Berichte sozusagen »nachgetragen«. Das »negative Besitzverzeichnis« läßt erkennen, daß besonders in den Ebenen, wo Kanaanäer und Philister saßen, Israel zunächst nicht Fuß fassen konnte. Dazu gehörten auch Festungen am südlichen Rand der Jesreel-Ebene im Norden des Landes (1,27) und eine Anzahl befestigter Orte zwischen der Küste und dem nach Jerusalem ansteigenden gebirgigen Vorgelände (1,35), darunter auch die berühmte Festung Geser (1,29). Diese ganze Ortsliste zeigt, wo Israel künftig mit den Einwohnern des Landes in engerer Berührung blieb.

Diese Kontakte bilden nun auch die Voraussetzungen für künftige Konflikte, wie sie im Richterbuch geschildert werden. Zunächst hat der Geschichtsschreiber, also der Deuteronomist, in Richter 2,11-23 in ganz schematischer Form gesagt, was wiederholt geschehen sei: Israel fiel von seinem Gott zu den einheimischen Göttern der Kanaanäer ab, hauptsächlich Fruchtbarkeitsgöttern wie Baal und Astarte. Zu ihrer Strafe ließ Gott die Israeliten von Fremdvölkern der Nachbarschaft überfallen. Aber Gott sorgte durch »Richter«, die er berief, dafür, daß Israel von seinen Bedrückern befreit wurde. Dann freilich sollen die Israeliten von neuem abgefallen sein, so daß ein anderes Fremdvolk sie bedrohte. Dies sei mehrfach geschehen. So bekam der Geschichtsschreiber die Möglichkeit, einen »Richter« nach dem anderen auftreten zu lassen und seine Taten zu schildern.

Es ist schwer vorstellbar, daß die Geschichte einen so schematischen Verlauf genommen haben soll. Was aber hinter diesen Überlieferungen und der Form ihrer Darstellung steht, ist leicht zu erkennen. Israel ist in der Zeit nach seiner Landnahme von fast allen seinen Nachbarn bedroht worden, weil auch sie zu einem Teil Landsuchende waren und ähnlich wie die Israeliten aus dem Osten und dem Südosten vorstießen. Das galt besonders für die Ammoniter, Moabiter und späterhin auch für die Edomiter. Geht man den Hauptteil des Richterbuches durch, der in 3,7–16,31 die eigentlichen Richter-Geschichten bringt, so kann man feststellen, daß jeder Landesteil, den die Israeliten besetzt hatten, von außen bedroht war. Aber in jedem Falle, so wird berichtet, stand ein »Richter« auf, der das Volk in der Nähe der Haupteinbruchsstelle sammelte und den Angreifer zurückschlug.

Unter den »Richtern« versteht das Richterbuch in erster Linie von Gott berufene Männer, die die Fähigkeit besaßen, ein militärisches Aufgebot anzuführen. Zumeist werden sie mitten aus ihrem normalen Leben als Bauern und Hirten herausgerissen und mit dieser einmaligen großen Aufgabe betraut, vergleichbar etwa den römischen »Diktatoren«. Man hat deshalb die »Richter Israels« wegen ihrer besonderen, ihnen von Gott verliehenen Gaben auch »charismatische Führer« genannt. Neben ihnen haben wir jedoch auch Nachrichten über »Richter«, die keine militärischen Aufgaben bekamen, sondern als regelrechte Richter juristische Funktionen ausübten. Sie sind in zwei kurzen Listen zusammengefaßt: Richter 10,1-5 und 12,8-15. Man nennt sie gern die »kleinen Richter« im Unterschied zu den »großen Richtern«, unter denen man die charismatischen Führer versteht. Die beiden Listen werden gesprengt durch die breite Erzählung über Jeftah, der die Funktionen eines kleinen und eines großen Richters in einer Person vereinte.

Die Liste der »großen Richter« umfaßt die folgenden Personen; hinzugefügt sind hier ihr Herkunftsort und die Gegner, gegen die sie kämpften:

1. Ehud aus Benjamin gegen die Moabiter (3,12-30)
2. Barak aus Naftali, inspiriert von Debora aus Ephraim, gegen die Kanaanäer der Ebenen (4 und 5)
3. Gideon aus Manasse gegen die Midianiter (6–8)
4. Jeftah aus Gilead gegen die Ammoniter (10,6–12,7)
5. Simson aus Dan gegen die Philister (13–16)

Nur ganz knappe Mitteilungen haben wir über:

6. Otniel, wohl aus Juda, gegen die Aramäer (?) (3,7-11)
7. Schamgar, wohl aus Bet-Anat, gegen die Philister (3,31)

Die »kleinen Richter« in den beiden Listen 10,1-5 und 12,8-15:

8. Tola aus Issachar
9. Jaïr aus Gilead
10. Ibzan aus Bethlehem
11. Elon aus Sebulon
12. Abdon aus Ephraim.

Die großen und die kleinen Richter zusammen umfassen insgesamt zwölf Personen, eine Zahl, die sicher nicht ohne Absicht gewählt ist.

Man wird sich die Entstehung dieser Berichte so vorzustellen haben, daß durch mündliche Überlieferung Richtergestalten aus den einzelnen Teilen des Landes bekannt waren, deren Taten man sich erzählte. Zuweilen wurden sie sagenhaft ausgestaltet oder ins Übermenschliche gesteigert. Besonders deutlich ist das im Falle Simsons, der ohne militärische Unterstützung seine Erfolge allein errang.

Eine herausragende Rolle spielt auch die Richterin Debora, die Barak aus Naftali zum Kampf gegen die Kanaanäer in den Ebenen aufbot. Darüber ist in Kap. 4 berichtet; das gleiche Geschehen wird jedoch in Kap. 5 noch einmal in einem höchst altertümlichen Gedicht besungen, das Debora in den Mund gelegt ist. Dieses »Debora-Lied« ist einer der ältesten Texte, die das Alte Testament in seiner originalen Gestalt aufbewahrt hat. Das läßt sich besonders an der bildhaften Sprache und der schwierigen hebräischen Textgestalt erkennen.

Eine besondere Persönlichkeit stellt auch Abimelech in Kap. 9 dar, der erfolglos gegen eine aristokratische Stadtherrschaft in Sichem kämpfte und dort die Königswürde anstrebte, eigentlich kein Richter, sondern ein gescheiterter Usurpator.

Der Leser hat den Eindruck, jeder der großen Richter habe »das ganze Israel« zum Kampf gegen den jeweils eingebrochenen Feind aufgeboten. Dieser Eindruck geht aber auf die Darstellungsweise des Deuteronomisten zurück, dessen Interesse es war, an jeder Aktion das ganze einheitlich vorgestellte Volk Israel beteiligt zu sehen. Darum hat er jede der ihm bekannten Einzelerzählungen als Berichte über gesamtisraelitische Unternehmungen darzustellen versucht. Richtig daran ist, daß tatsächlich an vielen Abwehrkämpfen, die die Richter anführten, mehrere Stämme beteiligt waren. In der Schlacht, die das Deboralied besingt, sollen sieben Stämme mitgekämpft haben; sie erhalten besonderes Lob, während die ferngebliebenen drei Stämme getadelt werden. Zu dem »ganzen Israel« mögen also damals zehn Stämme gerechnet worden sein, wenn man die im Deboralied genannte Anzahl der Stämme so verstehen darf.

Es ist ganz offenkundig, daß im Richterbuch alte und älteste Stammes- und Lokaltraditionen verarbeitet sind. Auch wenn sie der Geschichtsschreiber in einen sehr straffen Rahmen gepreßt hat und möglicherweise nur eine Auswahl von zwölf Richtergestalten traf, war es doch seine Absicht, Israels erste Zeit nach der Einnahme des Landes als eine gefahrvolle und bedrohliche darzustellen. Nicht nur feindliche

Übergriffe, auch die Neigung zum Kult fremder Götter bestand und hätte für Israel einen Verlust seiner Eigenart bringen können. Aber alle Erzählungen zeugen auch von der sieghaften Kraft des Gottes Israels, der sich durchsetzte und der nach dem Zeugnis des Deboraliedes sogar vom Himmel herab für sein Volk mitkämpfte (5,20).

Die Kapitel 17–21 gelten als ein Anhang zum Richterbuch. Verschiedene Erzählungen werden durch die Formel zusammengehalten, daß sie sich zu einer Zeit abspielten, »als es noch keinen König in Israel gab« (18,1; 19,1), und 21,25 fügt dem sogar hinzu: »Jeder tat, was ihm recht dünkte.« Das heißt, daß diese Erzählungen von Vorgängen berichten wollen, die den Richtern zeitlich nahe standen, aber doch noch nicht die feste Ordnung der Monarchie kannten.

Tatsächlich scheinen die einzelnen Erzählungen aber ursprünglich eine ganz selbständige Bedeutung gehabt zu haben. Kap. 17 und 18 berichten aus der Frühgeschichte des Stammes Dan, der aus seinen ursprünglichen Wohnsitzen westlich Jerusalems aufbrach, nach dem hohen Norden Israels bis an den Fuß des Hermon zog und dort neue Wohnsitze fand. Die Kap. 19–21 berichten über anstößige Ereignisse aus der Frühzeit des Stammes Benjamin, wohl um zu zeigen, daß es des Rechtes und der Ordnung in Israel bedurfte. Noch war ein König nicht da, der der Willkür Grenzen setzte. Es sollte gerade der Stamm Benjamin sein, aus dem Israels erster König Saul hervorging.

So führt das Richterbuch bis hart an die Königszeit heran, genauer gesagt, an die Samuelbücher, die die Entstehung des Königtums in Israel ausführlich erzählen.

Das Buch Rut

Im hebräischen Kanon steht das Buch Rut* im letzten Teil des Alten Testaments. In der griechischen ebenso wie in der lateinischen Bibelübersetzung und ihnen folgend in den meisten neueren Bibelausgaben ist das Buch zwischen das Buch der Richter und die Samuelbücher eingefügt. Am Anfang (1,1) wird die Zeit der Richter angesprochen; am Schluß erfahren wir, daß Rut als die Frau des Boas in die Reihe der

---

* Die ungewohnte Schreibweise des Namens ohne auslautendes End-*h* (Ruth) geht auf eine Vereinbarung zwischen der evangelischen und der katholischen Kirche in Deutschland über die gemeinsame Schreibung biblischer Namen zurück, die auch in der revidierten Lutherbibel großenteils Anwendung findet (sog. »Loccumer Richtlinien zur einheitlichen Schreibung biblischer Namen«; vgl. in dieser Buchreihe den Band »Namen und Orte der Bibel«, Einführung).

Ahnen Davids gehört. So hat denn das Buch Rut aufgrund seines Eigenzeugnisses seinen Platz erhalten.

Erzählt wird von Noomi (No'omi; griech.: Na'emi) aus Bethlehem und ihrer Schwiegertochter Rut, einer Moabiterin. Rut – der Name bedeutet etwa »Gefährtin« oder »Freundin« – bleibt bei der Rückkehr aus Moab nach Bethlehem ihrer Schwiegermutter treu und bekennt sich mit ihr zu dem Gott Israels und zu seinem Volk. Sie arbeitet in Bethlehem auf den Feldern des Boas, eines Verwandten ihres verstorbenen Schwiegervaters.

Hier spätestens schlägt die Erzählung einen fest vorgezeichneten Weg ein. Es geht um die Sicherung der Nachkommenschaft des verstorbenen Mannes der Noomi und um die Erhaltung des Familienbesitzes. Im Interesse dieses Zieles gibt Noomi ihre Ratschläge und handelt auch Rut. Zwei dem israelitischen Recht geläufige Vorschriften sollen angewandt werden. Die erste ist die Einrichtung der sogenannten »Schwagerehe« oder »Leviratsehe« (von lat. *levir* »der Schwager«). Der Bruder des Verstorbenen soll die Witwe heiraten; der aus dieser Ehe hervorgehende erste Sohn soll als Kind des Verstorbenen gelten (vgl. 1. Mose 38; 5. Mose 25,5-10). Dieser Anweisung nahe steht die andere Vorschrift (3. Mose 25,25), daß der nächste Verwandte eines Verarmten, der seinen Besitz verkaufte, ein Rückkaufsrecht besitzt, ein Recht der »Lösung« oder »Auflösung«, so daß das verkaufte Gut der Familie erhalten bleibt.

In eigenartiger und übrigens nicht in jedem Punkt ganz durchschaubarer Weise verbinden sich in der Rut-Erzählung beide Rechte in situationsbedingter Zuspitzung. Boas heiratet nicht Noomi, die ihres Alters wegen keine Nachkommen mehr haben kann, sondern er heiratet Rut und erwirbt auf der Grundlage des Lösungsrechtes den Besitz von Noomis Mann. Ruts Sohn wird von Noomi als ihr eigener Sohn anerkannt und kann somit im Sinne der Leviratsehe das Erbe an Boas übertragen, das damit in der Familie bleibt. Somit sind die Rechte der Schwagerehe und der Lösung hier auf eine nicht unkomplizierte Weise miteinander verbunden. Das ist freilich der einzige Fall dieser kombinierten Rechtsanwendung, den wir aus dem Alten Testament kennen.

Familiengeschichte und Erbrecht bestimmen also im Buch Rut die Handlung. Das macht die Beurteilung der Entstehungsverhältnisse dieser kleinen Schrift schwierig. In der Regel wird ihre Endfassung für nachexilisch gehalten und auf das Ende des 5. oder den Anfang des 4. Jahrhunderts v. Chr. datiert. Das schließt aber nicht aus, daß eine ältere Familientradition aus Bethlehem dahintersteht.

Der für die Bedeutung des Buches so wichtige Schluß 4,17-22, der Rut und Boas als Urgroßeltern Davids nennt, wird oft als späterer Nachtrag verstanden. Er sei dadurch veranlaßt, daß der Großvater Davids Obed hieß und hier mit dem angenommenen Sohn der Noomi gleichgesetzt wurde. Damit war eine Verbindung zwischen Noomi, Rut und Boas einerseits und dem davidischen Geschlecht andererseits hergestellt. Da wir heute nicht mehr in der Lage sind, die Verwandtschaftsverhältnisse in den Sippen Bethlehems zweifelsfrei aufzuhellen, ist ein tatsächlicher Zusammenhang zwischen Boas und dem davidischen Haus nicht grundsätzlich auszuschließen.

Die Samuelbücher

Die beiden Bücher Samuel können ebenso wie die Königsbücher zusammen besprochen werden. Sie bilden inhaltlich eine Einheit, auch wenn sie aus sehr verschiedenen Quellen zusammengewachsen sind. Der Deuteronomist hat seine Vorlagen zu einer einzigen großen Geschichtsdarstellung zusammengefaßt, die sich in den Samuelbüchern mit den Königen Saul und David, in den Königsbüchern mit der nachfolgenden Geschichte des Königtums bis zu seinem Ende, der Zerstörung Jerusalems durch die Babylonier (587 v. Chr.), befaßt. Man versteht durchaus, daß die griechische Übersetzung des Alten Testaments, die Septuaginta, die Samuelbücher als erstes und zweites Königsbuch bezeichnet und unsere Königsbücher als drittes und viertes Königsbuch zählt.

Das Königtum ist für Israel eine relativ späte Einrichtung. Die Ablösung der ursprünglichen Stämmeverfassung durch die Monarchie war kein einfacher Vorgang. Im Grunde blieb immer eine gewisse Distanz der Stämme zu ihren Königen. Es bedurfte eines Vermittlers, der die Wahl des ersten Königs einleitete und bewerkstelligte. Diese Rolle fiel Samuel zu, der eine Autorität im Stamme Benjamin und darüber hinaus war. 1. Samuel 7,15-17 schildert ihn wie einen »kleinen Richter«, der Funktionen der Rechtsprechung wahrnahm und Entscheidungen im Namen Gottes traf. Dieser Samuel gab den Samuelbüchern seinen Namen, mit seiner Geschichte beginnt das 1. Samuelbuch.

Im übrigen läßt sich das, was die beiden Samuelbücher enthalten, in die folgenden vier Großabschnitte gliedern:

1. 1. Samuel 1–15:
   Samuel und die erste Zeit der Regierung Sauls
2. 1. Samuel 16 bis 2. Samuel 6 und 8:
   Die Geschichte vom Aufstieg Davids
3. 2. Samuel 7 und 9–20, fortgesetzt in 1. Könige 1,1–2,11:
   Die Geschichte der Thronfolge von David auf Salomo
4. 2. Samuel 21–24:
   Verschiedene Zusätze zur Geschichte Davids

Diese gut überschaubaren Themenkreise setzen sich aus verschieden großen Einzelüberlieferungen zusammen. Diese lagen dem Geschichtsschreiber vor, und er stellte sie in passender Weise nebeneinander. So entsteht zwar der Eindruck einer großen Gesamtdarstellung, aber sie beruht auf in sich geschlossenen kleineren Erzählungseinheiten. Es ist hier nicht anders als im Josua- und Richterbuch auch. Ursprünglich sehr kurze Geschichten, Episoden, Erinnerungen, Listen und Berichte aus älterer und jüngerer Zeit sind zusammengefügt. Sie ergeben darum keine bruchlos verlaufende Erzählung, in der sich der Handlungsablauf immer Schritt für Schritt verfolgen läßt. Aber sie berichten, was aus der Tradition bekannt war.

Die biblischen Geschichtsbücher sind Sammlungen von Einzelstücken je eigener Herkunft. Das mag für den Leser ein Nachteil sein, weil er sich oft fragen muß, wie das eine mit dem anderen zusammenhängt; für die Glaubwürdigkeit des Berichteten ist es ein Vorteil. Denn man gewinnt den Eindruck, daß nicht ein einziger Verfasser spricht, sondern aus mehreren Quellen, durch vieler Zeugen Mund, berichtet wird, was sich einst zutrug.

Besonders deutlich ist das, wo in den Geschichtsbüchern des Alten Testaments über dieses oder jenes Geschehen zwei Berichte oder zwei Auffassungen mitgeteilt werden, offenbar, weil sie beide überliefert waren und beide zur Gesamteinschätzung des Vorganges beitrugen.

Über die kleineren Textsammlungen ist nun zu sprechen.

a) 1. Samuel 1–15

Dem Bericht über Samuels Jugend am Heiligtum zu Silo (Schilo; Kap. 1–3) folgen die sogenannten »Lade-Erzählungen«, in deren Mittelpunkt der Verlust der Bundeslade an die Philister und ihre Heimkehr nach Israel steht (Kap. 4–6). Samuels Wirken als Richter wird in Kap. 7 in Gestalt einiger Episoden berührt. Die Kapitel 8–12 befassen sich mit Samuels Auftrag, den Israeliten einen König zu geben. Hier sind die Traditionen sehr gesprächig und erzählen auf verschiedene Weise, wie der König gefunden und schließlich in sein Amt gebracht wurde. Die Entstehung des Königtums hat sich also dem alten Israel nicht eindeutig, sondern in Gestalt mehrerer Traditionen eingeprägt, die jeweils einen anderen Schwerpunkt setzten. In Kap. 12 faßt Samuel in einer Rede sein kritisches Verhältnis zum Königtum zusammen. Aber die Annahme ist berechtigt, daß hier ebenso wie in Kap. 8 in die Reden Samuels die Kritik des Geschichtsschreibers eingeflossen ist.

Die Kapitel 13–15 schildern den jungen König Saul im Kampf gegen Philister und Amalekiter. Sauls Ungehorsam (Kap. 15) wird zum Wendepunkt seines Schicksals im 1. Samuelbuch. Denn von nun an beginnt sich Gott von dem erwählten ersten König Israels abzuwenden. Ein anderer steigt neben ihm auf: David.

b) 1. Samuel 16 bis 2. Samuel 6 und 8

Die »Geschichte vom Aufstieg Davids« wird diese Kapitelfolge in der neueren Bibelwissenschaft genannt. Sie setzt ein mit Davids Salbung durch Samuel in Bethlehem, als David noch ein Junge war, und setzt sich fort mit seiner Sendung zu König Saul, um dessen Schwermut zu vertreiben und sein Waffenträger zu werden (1. Samuel 16). Die berühmte Begegnung zwischen David und Goliat schließt sich in Kap. 17 an. Da ist jedoch David für Saul noch ein Unbekannter. Das scheint unvereinbar mit Kap. 16. Dies ist ein Beispiel für zwei verschiedene Traditionen, die man wohl kannte und die man hier beide, obwohl miteinander unvereinbar, für mitteilenswert hielt. Nach einer anderen Tradition soll ein gewisser Elhanan aus Bethlehem den Goliat geschlagen haben (2. Samuel 21,19). Dieser Elhanan wird neben mehreren Männern erwähnt, die sich in Kriegen gegen die Philister auszeichneten (21,15-22). Man sieht, daß Heldensagen und Heldengeschichten auch im Alten Testament eine große Rolle spielten. Dabei konnte es vorkommen, daß man die Großtaten eines Mannes auch auf einen anderen Helden übertrug. So geschah es, daß man den Sieg über Goliat dem David, aber auch einem anderen Mann aus Bethlehem zuschrieb.

In 1. Samuel 18–26 verbinden sich verschiedene Motive miteinander, die letztlich durch Sauls Schwermut und seine Eifersucht auf David ausgelöst sind. Zu ihr trug der Freundschaftsbund zwischen David und Jonatan bei, vor allem aber das Ansehen, das David dank seiner militärischen Erfolge genießen konnte. Saul stellte David im ganzen Lande nach, aber der kluge und wendige Krieger, der eine eigene Truppe befehligte, konnte sich allen Nachstellungen entziehen. Schließlich trat David in die Dienste eines Philisterkönigs (Kap. 27), durfte jedoch nicht gegen Saul kämpfen, als die Philister zur großen Entscheidungsschlacht ansetzten, in der Saul schließlich den Tod fand (Kap. 28–31).

Auch Jonatan war gefallen. Auf ihn und Saul stimmte David ein großes Klagelied an (2. Samuel 1), gewann dann bald die Macht über Juda und wurde schließlich auch König über das Nordreich Israel, nachdem dort Sauls Nachfolger ermordet worden war (Kap. 2–5). Mit der Eroberung von Jerusalem krönte David seinen Aufstieg. Er machte die Stadt zu seinem Regierungssitz und überführte dahin die Lade Gottes, für die er freilich noch keinen Tempel zu bauen in der Lage war (Kap. 6). Jedoch festigte er sein Reich nach innen und außen. Über seine Siege, die seine Macht weit über Israels Grenzen hinaustrugen, besitzen wir nur die knappe Liste 2. Samuel 8.

Auch wenn der Verlauf der Geschichte in diesen Kapiteln recht genau nachgezeichnet zu sein scheint, ist doch unverkennbar, daß sich die Darstellung weniger am Ablauf des Geschehens selber orientiert als an einzelnen Personen und ihren Schicksalen. Sie alle stehen in einer Beziehung zu David. So hat sich um diese eine Gestalt die Tradition gruppiert, und dies ist das typische Merkmal ursprünglich mündlicher Traditionsbildung. Diese Traditionen waren erzählender Art, sie begeisterten sich an den Taten und Schicksalsschlägen führender Persönlichkeiten. Die abstrakte Geschichtswissenschaft, wie wir sie kennen, möchte Hintergründe, Strukturen, treibende historische und soziologische Kräfte entdecken. Das ist nicht die Art dieser alten Traditionen. Sie wollen ein Geschehen plastisch beschreiben, und die Geschichte besteht für sie aus dem Hervortreten von Menschen und ihrer Tatkraft. Davon legt das Alte Testament hier Zeugnis ab, ohne daß Gottes Mitwirkung immer betont ist.

c) 2. Samuel 7 und 9–20, fortgesetzt in 1. Könige 1,1–2,11

Zwar sind es auch in dieser Kapitelfolge Personen, die die Hauptrolle spielen. Aber die Personen, die im Mittelpunkt stehen, sind Söhne Davids, die Anspruch auf den Thron erheben können und ihn auch durchzusetzen versuchen. Im Hinblick darauf hat man diese Kapitel die »Geschichte von der Thronnachfolge Davids« genannt.

2. Samuel 7 leitet die dramatischen Ereignisse ein. Der Prophet Nathan verheißt David, daß aus seinem Hause die künftigen Herrscher hervorgehen sollen. Es ist die Verheißung einer »Dynastie Davids«. Von den Söhnen Davids, die den Thron für sich gewinnen möchten,

bleiben zuletzt drei: Absalom, Adonija und Salomo. Absalom macht einen Aufstand gegen den König und fällt im Kampf (Kap. 15–19); als Adonija in der Nähe Jerusalems sich zum König ausrufen lassen will, kommt ihm David zuvor: Er läßt Salomo salben (1. Könige 1). Damit endet die Thronnachfolgegeschichte, die durch zahlreiche dramatische Einzelheiten erweitert und ausgebaut wurde.

Es sollte nicht zweifelhaft sein, daß diese Geschichte, mag sie nicht ohne politische und apologetische Tendenz geschrieben sein, dem Gang der Ereignisse sehr nah auf der Spur ist. Die näheren Umstände ließen sich wohl tendenziell verbiegen, schwerlich aber die Tatsachen, die am Ende zu einem bestimmten Ziel führten. Davids Söhne haben durch jeweils andere Umstände die Gunst des Vaters verfehlt. Allein der Sohn aus der fragwürdigen Verbindung mit Batseba (2. Samuel 11 f), gerade er, wird der Thronerbe. Mag man da viel zwischen den Zeilen lesen, hier erreicht alttestamentliche Geschichtsdarstellung einen Höhepunkt. Nicht nur die Ereignisse, auch die Motive der handelnden Personen lassen sich rekonstruieren. Mögen, wie man oft gesagt hat, zur Zeit Salomos politische Gründe dazu beigetragen haben, die Nachfolge Davids durch Salomo mit diesen Berichten zu rechtfertigen, und mögen sie also erst zur Zeit Salomos endgültig formuliert und niedergeschrieben worden sein – sie vermitteln zumindest ein vorstellbares Bild von den Spannungen am Jerusalemer Hof zur Zeit des alternden David.

d) 2. Samuel 21–24

Ein wenig störend und den dramatischen Fluß der Ereignisse um die Thronfolge unterbrechend, sind in den Schluß des 2. Samuelbuches einige Einzelüberlieferungen unzusammenhängend aufgenommen, die die Davidtraditionen ergänzen. Kap. 21 schaut zurück auf die Geschichte Sauls und die Philisterkriege. Kap. 22 übernimmt vollständig, was wir noch einmal in Psalm 18 lesen. 23,1-7 bringt eine jüngere Dichtung, die als »die letzten Worte Davids« bezeichnet ist, deren Herkunft wir aber nicht kennen. Eine Liste der verdienten Soldaten und Söldner Davids beschließt das 23. Kapitel. Im Mittelpunkt von Kap. 24 steht Davids Kauf der Tenne des Arauna, des späteren Tempelplatzes. Mit diesem legendär ausgeschmückten Stück, das mit einer Volkszählung, genauer gesagt, einer Zählung der heerbannpflichtigen Männer verbunden ist, findet das 2. Samuelbuch seinen Höhepunkt und Abschluß. Aber die Geschichte Davids ist damit noch nicht zu Ende.

Die Königsbücher

Das 1. Königsbuch setzt die Überlieferungen über David zunächst fort. Die Bestimmung Salomos zum Nachfolger, seine Salbung, Davids letzte Verfügungen und sein Tod beschließen in 1. Könige 1,1–2,11 die Davidzeit.

Es ist nun auffällig, daß nach den breit ausladenden Erzählungen über Saul, vor allem aber über David, die Berichterstattung über die Regierungszeit Salomos merklich kürzer ist (1. Könige 2,12–11,43). Was dann aber ab Kap. 12 folgt, erreicht keineswegs mehr die Ausführlichkeit der Darstellung, wie sie über Saul, David und Salomo vorliegt. Dafür gibt es mehrere Gründe.

Die überlieferten Traditionen über die ersten drei Könige waren nun einmal reicher und ausführlicher als alles, was über die folgenden Könige vorlag. Der Deuteronomist konnte zu deren Darstellung nicht mehr auf ein so ausgeprägtes Überlieferungsgut zurückgreifen. Er hatte aber auch mit Salomo und dem Tempelbau für seine Absicht den wichtigsten geschichtlichen Haftpunkt erreicht. Es kam ihm auf den Tempel, jenes Heiligtum des Gottes Israels, an, das für ihn der zentrale Ort des israelitischen Opfergottesdienstes war und an das sich die Hoffnungen der Judäer ebenso hefteten wie an die Fortdauer der davidischen Dynastie. Mit der Nathanverheißung zu Davids Zeit (2. Samuel 7) und dem Tempelbau zu Salomos Zeit (1. Könige 6–8) waren nach deuteronomistischer Auffassung die Grundlagen für die Zukunft Israels und besonders des Jerusalemer Gemeinwesens gelegt. Was auf Salomos Tod folgte, waren die Folgen einer unglücklichen Entwicklung, die mit dem Exil endete.

Die Geschichte des Nordreiches Israel, wo die beiden goldenen Kälber in Bethel und Dan aufgestellt wurden (1. Könige 12), betrachtete der Deuteronomist als eine Geschichte des Abfalls und der Irrtümer. Alle Könige, die judäischen übrigens ebenso wie die israelitischen, beurteilte er danach, in welchem Umfang sie den kanaanäischen Göttern gedient hatten. Die Könige von Jerusalem fanden als die Hüter des Tempels im allgemeinen ein milderes Urteil als die israelitischen. So läuft denn die Darstellung der Königsbücher darauf hinaus, hauptsächlich die Geschichte des Nordreiches Israel und seiner Könige nach Salomos Tod als eine Geschichte von Fehlentscheidungen und äußeren und inneren Bedrohungen des Landes zu beurteilen.

Um so leuchtender erscheinen die Propheten Elia und Elisa, die auch im Nordreich den wahren Glauben an Israels Gott zu retten suchten. In Juda treten namentlich zwei Könige positiv hervor und werden als Reformkönige dargestellt: Hiskia (2. Könige 18–20), vor allem aber in den Kapiteln 22–23 Josia, der das Volk auf das Gesetzbuch verpflichtete (23,1-3) und damit die Grundlage einer neuen Lebensordnung auf deuteronomischer Grundlage schaffen wollte, die sich freilich erst später durchsetzte.

Die Königsbücher enthalten viel Quellenmaterial, aber sie sagen selbst, daß sie nur eine Auswahl bieten. Wiederholt wird auf »die Bücher der Könige von Israel und Juda« verwiesen, wo man über die einzelnen Könige mehr erfahren könne. Nicht die lückenlose Geschichtsdarstellung ist das Ziel des Deuteronomisten. Er will die vergangene Geschichte Israels und Judas im Lichte der rechten Gottesverehrung sehen, und er möchte nach der Katastrophe des Jahres 587 v. Chr., der Zerstörung Jerusalems, das Volk zur Umkehr rufen, um ein neues Leben zu ermöglichen.

Im einzelnen gliedern sich die Königsbücher so:

1. Könige 1,1–2,11:	Das Ende der Thronnachfolgegeschichte Davids
1. Könige 2,12–11,43:	Die Geschichte Salomos
1. Könige 12–2. Könige 17:	Die Geschichte der getrennten Reiche Juda und Israel, jeweils im Wechsel, bis zum Untergang des Nordreiches Israel 722/21 v. Chr.
2. Könige 18–25:	Die Geschichte Judas bis zum Untergang Jerusalems 587 v. Chr.

Das Gerüst der Darstellung bilden die Nachrichten über die Regierungszeiten der Könige. Diese Nachrichten sind verbunden mit einer sogenannten »relativen Chronologie«, d. h. der Regierungsantritt eines Königs in Juda wird verbunden mit der Angabe darüber, wie viele Jahre zu diesem Zeitpunkt parallel mit ihm der König des Nordreiches schon regierte. Dasselbe gilt umgekehrt: Der Regierungsantritt im Nordreich wird unter Angabe der Jahre des regierenden Königs in Jerusalem/Juda datiert. In jedem Fall wird sodann die Gesamtheit der Jahre hinzugefügt, die der betreffende König an der Macht war (Beispiele: 1. Könige 15,1f; 15,9f; 15,25). So wird es möglich, die Könige von Israel und Juda in ihrem gegenseitigen Verhältnis zeitlich recht genau festzulegen.

Schwieriger ist es dagegen, diese Regierungszeiten in die Jahre unserer Zeitrechnung, also in die »absolute« Chronologie, zu übertragen. Wir wissen beispielsweise nicht genau, wann der Tod Salomos anzusetzen ist, ob um das Jahr 932 v. Chr. oder 926/25 v. Chr. Danach richtet sich jedoch die zeitlich genaue Festlegung der folgenden Könige in beiden Reichen. Das ist aber nur eine der Schwierigkeiten. Lösbar sind sie zum Teil dadurch, daß wir bestimmte Ereignisse des Alten Testaments mit genauen Angaben aus assyrischen und babylonischen Quellen vergleichen können. So wissen wir z. B. aus der »Babylonischen Chronik«, einer keilschriftlichen Quelle, sehr genau, daß die erste Einnahme Jerusalems am 16. März 597 v. Chr. erfolgte. Aber es bleibt umstritten, ob die zweite Einnahme und Zerstörung Jerusalems in den Sommer des Jahres 587 oder 586 v. Chr. fällt, weil gerade in der Auflistung dieser Jahre die Babylonische Chronik eine Lücke hat.

Die Nachrichten über die einzelnen Könige sind oft sehr knapp und schematisch. Vielfach wird auf die »Tagebücher« der Könige verwiesen, wo man mehr über sie lesen könne. Dabei muß es sich um Chroniken handeln, die bei Hof geführt wurden. Aber keines dieser Tagebücher ist auch nur in Bruchstücken erhalten.

Offensichtlich erfahren wir nur dort mehr, wo Könige in größere und weitreichendere Ereignisse verwickelt waren, in kriegerische Auseinandersetzungen, in Schwierigkeiten beim Thronwechsel oder auch in öffentliche Bautätigkeiten, schließlich, wo sie in kultische Angelegenheiten eingriffen. Der Deuteronomist hat sich erlaubt, über die Könige Urteile zu fällen, indem er sagt, welche von ihnen Gott gefielen und welche nicht. Uneingeschränkt positive Urteile erhalten nur die Könige Hiskia und Josia, weil sie das Kultwesen in Jerusalem reformierten.

An einigen Stellen sind in die Darstellungen größere selbständige Erzählungen aufgenommen worden. Dabei handelt es sich um Nachrichten über die beiden Propheten Elia und Elisa, die sich im Nordreich nachhaltig für den Gott Israels einsetzten und kanaanäisches Kultwesen bekämpften (Elia: 1. Könige 17–19 und 21; 2. Könige 1,1–2,18; Elisa: 2. Könige 2,19–9,1). Breit ausgeführt sind auch die Ereignisse um Jerusalem im Jahre 701 v. Chr., als die Stadt zur Zeit Hiskias von den Assyrern unter Sanherib bedroht war. Die lange Erzählung, in deren Mittelpunkt König Hiskia und der Prophet Jesaja stehen (2. Könige 18,13–20,21), hat in einer sogar noch erweiterten Form auch im Buch Jesaja Aufnahme gefunden (Jesaja 36–39). Gegen Schluß des 2. Königsbuches hat natürlich das Reformwerk des Königs Josia eine ausführliche Darstellung und Würdigung erfahren (22,1–23,30).

Die Geschichte der geteilten Reiche in den Königsbüchern scheint zwar in einem festen chronologischen Gerüst recht vollständig beschrieben zu sein, aber innerhalb dieses Rahmens sind deutlich Akzente gesetzt und nur solche Erzählungen und Nachrichten aufgenommen worden, die der Absicht des Deuteronomisten entgegenkamen. Diese bestand darin, anhand geschichtlicher Daten das Abirren Israels und Judas vom Wege Gottes zu zeigen, genauer: ihr Abweichen von jenen Vorschriften und Vorstellungen, die das Deuteronomium entwickelte. Die Zeit des Exils von 587 v. Chr. an hat den Geschichtsschreiber zu dieser Beurteilung der Entwicklung in den beiden Reichen geführt. Er hielt damit seinem Volk einen Spiegel vor, wollte aber mit seiner Kritik auch einen Weg weisen, der Israels Fortbestand sichern konnte. Indem das Deuteronomium zum Maßstab erhoben wurde, begann sich Israel immer fester an das Gesetz (hebr.: die Tora) zu halten, das ihm fortan Hilfe und Halt versprach. Die für das spätere Judentum so wichtige Gesetzesbindung hat hier eine ihrer Wurzeln.

DAS »CHRONISTISCHE GESCHICHTSWERK«

Die beiden Bücher der Chronik bilden ein ebenso geschlossenes Werk wie die Samuel- und Königsbücher. Ihre Aufteilung in zwei Bücher erfolgte erst in der griechischen Übersetzung des Textes. Eine vielverhandelte Frage ist, ob die Bücher Esra und Nehemia die organische Fortsetzung der Chronikbücher bilden und somit das 1. und 2. Chronikbuch zusammen mit Esra und Nehemia als ein einziges geschlossenes »Chronistisches Geschichtswerk« anzusprechen sind. Darüber wird später im Zusammenhang mit den Büchern Esra und Nehemia mehr zu sagen sein.

Die Bücher der Chronik

Die beiden Chronikbücher scheinen auf den ersten Blick eine gewaltige Geschichtsdarstellung von Adam bis zum Ende der Babylonischen Gefangenschaft, genauer gesagt, bis zum Edikt des Perserkönigs Kyrus im Jahre 538 v. Chr. zu bieten. Der Kirchenvater Hieronymus sprach von einer »Chronik der ganzen göttlichen Geschichte« *(chronicon totius divinae historiae)*, womit die Geschichte Israels unter göttlichem Geleit gemeint war, wenn nicht sogar noch mehr: die Geschichte der Herrschaft Gottes auf Erden. Von Hieronymus übernahm Luther für seine Übersetzung den Ausdruck »Chronik«. Die griechische Übersetzung des Alten Testaments (Septuaginta) nannte die Bücher »Paraleipomenon I« und »Paraleipomenon II«; diese Bezeichnung übernahm auch die lateinische Übersetzung als »Paralipomenon liber I et II«. Das griechische Wort *paraleipomena* heißt eigentlich »das Übergangene, Ausgelassene«. Was in der Chronik steht, wird damit als Ergänzung zu den Samuel- und Königsbüchern verstanden. Der hebräische Name, der in lateinischen Ausgaben zuweilen auch benutzt und als »Verba dierum« übersetzt ist, bedeutet so viel wie »Tagebücher«, was der Bezeichnung »Chronik« nahekommt.

Alle diese Namen meinen etwas Richtiges. Es handelt sich tatsächlich bei der »Chronik« um »Geschichtsbücher«, die aber nicht vollständig sind, die eigene Schwerpunkte setzen und auch manches auslassen, was uns aus den Samuel- und Königsbüchern bekannt ist. Die Chronik beschränkt sich in ihrer erzählenden Darstellung von 1. Chronik 10 an, beginnend mit dem Tode Sauls, auf die Geschichte des Südreiches Juda und hat ihren eigentlichen Mittelpunkt bei David und Salomo und dem Bau des Tempels. Die Geschichte des Nordreiches Israel bleibt ganz beiseite. Nur dort wird sie erwähnt, wo es unumgänglich ist, z. B. bei der Reichsteilung (2. Chronik 10 = 1. Könige 12,1-24).

Diese besondere Auswahl der Stoffe hängt mit der Absicht und der Entstehungszeit der Chronik zusammen. Es ist offensichtlich ein relativ spät geschriebenes Werk; vermutlich ist es erst um das Jahr 300 v. Chr. vollendet gewesen. Zusätze können auch noch später eingefügt worden sein. Die Autoren verfolgten das Ziel, ausgehend von Judas erstem König David, Jerusalem als den eigentlichen Mittelpunkt sakralen Lebens in Israel darzustellen. David selbst soll den Tempelbau bis in seine Einzelheiten vorbereitet haben. Die Tempelbaupläne übergab er Salomo, der den Bau ausführen ließ.

Aber nicht nur die Tempelanlage, sondern auch die Tempelorganisation entwarf David und vertraute sie Salomo an (1. Chronik 23–27). Das bedeutet, daß das gesamte Tempelpersonal, besonders die Leviten, die Priester, die Sänger und Torhüter sowie die levitischen Beamten mit ihren verschiedenen Funktionen von David bereits bestimmt wurden. Genannt werden ganze Familien, die an diesen Diensten teilhaben sollten. Natürlich geht dieses breit ausgeführte Listenmaterial nicht bis auf die Zeit Davids zurück. Wir haben Aufzeichnungen vor uns, die die Verhältnisse in nachexilischer Zeit beschreiben und die nicht alle zum selben Zeitpunkt verfaßt worden sind. Nicht ganz zu Unrecht wird angenommen, daß diese Listen Ergebnis längerer Prozesse sind, in denen sich bestimmte Familien erst durchgesetzt haben. Überhaupt ist die Betonung der Leviten ein besonderes Merkmal dieser Überlieferungen. Die Leviten kämpften in nachexilischer Zeit um ihre Rechte am Tempel, nachdem ihnen trotz der Reform des Königs Josia (622/21 v. Chr.) der Tempeldienst in Jerusalem nicht offenstand und ihnen nur untergeordnete Funktionen zugedacht waren.

Neben David und Salomo werden im 2. Chronikbuch wie schon im 2. Königsbuch die beiden judäischen Könige Hiskia und Josia (Joschija) wegen ihres Reformeifers besonders herausgestellt, aber auch der König Joschafat, der sich besondere Verdienste um das Gesetz erwarb (2. Chronik 17,7-9; 19,4-11).

Anhand dieser Einzelheiten läßt sich mit einem hohen Grad an Sicherheit über Herkunft, Geist und Struktur der Chronik urteilen. Sie ist ein Werk judäischer Geschichtsschreibung, deren Interesse weniger an den realen Tatsachen der Geschichte als solchen haftet, sondern vielmehr an der Begründung der Sonderstellung Judas, Jerusalems und des Königs David samt seiner Dynastie. Die Chronik ist ein Werk, das die sakralen Ordnungen ihrer eigenen Zeit beschreibt, wie sie am Tempel praktiziert wurden, aber zurückverlegt in die Zeit Davids, damit sie ausgestattet mit der Autorität Davids ihre volle Gültigkeit erhalten und bewahren sollten.

Es ist ein Gewinn, daß wir parallel zur Chronik die Samuel- und Königsbücher besitzen, die uns ein umfassenderes Bild der Geschichte Israels bieten, in das die Geschichte des Nordreiches Israel einbezogen ist. Hätten wir allein die Chronikbücher, so wäre unser Wissen über den Gesamtverlauf der Geschichte Israels weit begrenzter. Allerdings hat der Autor der Chronikbücher vielfach die Samuel- und Königsbücher als Quelle benutzt, sie aber stellenweise auch verkürzt oder aus anderen, uns unbekannten Quellen erweitert.

Für die meisten Bibelleser unergiebig und kaum verständlich sind die Anfangskapitel 1. Chronik 1–9, die ausnahmslos Listen ohne nähere Begründungen enthalten. Betrachtet man das Material aber genauer, so zeigt sich auch hier der Geist der Chronik und ihre klare Tendenz. Es sind vorrangig Stammbäume und Verwandtschaftszusammenhänge dargeboten, die etwas mit Juda zu tun haben. Ganz zu Anfang aber sind auch die ältesten Überlieferungen der Menschheitsgeschichte berücksichtigt. Am Anfang stehen Adam, Set und Enosch mit ihren Nachkommen, es folgen Genealogien (Stammbäume) von Abraham und seinen Söhnen und eine Liste der Könige der Edomiter. In Kap. 2 schließt sich eine Genealogie des Stammes Juda und in Kap. 3 der Stammbaum des Hauses David an. Kap. 4 bringt hauptsächlich Ergänzungen zur judäischen Stammesüberlieferung und bietet die Genealogie des Südstammes Simeon. Erst die Kapitel 5–8 befassen sich mit Stämmen außerhalb des judäischen Raumes. Unter dem Stichwort »Levi« ist in 5,27–6,66 eine große Liste über priesterliches Personal und dessen verwandtschaftliche Zusammenhänge sowie über die levitischen Sänger eingebaut. 6,39–66 nennt die sogenannten »Levitenstädte« unter weitgehender Wiederaufnahme von Josua 21. Kap. 9 vereinigt verschiedene Listen, die zumeist ebenfalls Parallelen in anderen Büchern des Alten Testaments haben.

Dieses ganze die Chronik einleitende Material muß an dieser Stelle und in der vorliegenden Form einen Zweck haben, der nur dann erkannt werden kann, wenn man diese Listen in einem engeren Zusammenhang mit dem Aufbau der beiden Chronikbücher versteht.

Deren Inhalt faßt man in der Regel in vier Teilen zusammen:

1. Teil:	Genealogien	1. Chronik 1–9
2. Teil:	Die Geschichte Davids	1. Chronik 10–29
3. Teil:	Die Geschichte Salomos	2. Chronik 1–9
4. Teil:	Die Geschichte der Könige Judas von Rehabeam bis Zedekia	2. Chronik 10–36

Das Zentrum der Chronik, die David- und Salomoüberlieferungen, ist also in einen festen Rahmen eingepaßt. Am Anfang werden die Vorfahren Judas aufgeführt, wobei die Nordstämme nicht übergangen sind (1. Chronik 1–9), am Ende wird die Geschichte Judas nach dem Tode Salomos beschrieben, also nach dem Abfall der Nordstämme (2. Chronik 10–36).

Der Sinn dieser Darstellung ist recht eindeutig, nämlich die Jerusalemer Kultgemeinde in nachexilischer Zeit dadurch zu legitimieren, daß man in den Genealogien von Urbeginn an ihre Abkunft von den ältesten Menschheitsgenerationen feststellt und später den Abfall der Nordstämme begründet. Man möchte also einerseits das Volk Israel mittels der Genealogien in seiner ursprünglichen Ganzheit erfassen, aber auch die spätere, geschichtlich nicht zu leugnende Abspaltung des Nordreichs vom Südreich Juda erwähnen, um den Fortbestand Judas um so deutlicher hervortreten zu lassen. Sein Weiterbestehen über das Exil hinaus wird schließlich durch das Kyrus-Edikt, das den Wiederaufbau des Tempels erlaubte, in den letzten Versen der Chronik garantiert. 1. Chronik 1–9 ist also nicht nur eine »genealogische Vorhalle« zur Chronik, wie man gern sagt, sondern ein fester Bestandteil des ganzen Werkes, der sagen will, aus welchen Wurzeln Israel hervorging und wer nun zu ihm gehört.

Auf die zahlreichen Veränderungen in der Geschichtsdarstellung der

Chronikbücher, die gegenüber den Samuel- und Königsbüchern zu beobachten sind, kann hier im einzelnen nicht eingegangen werden. Da die Chronik kein Geschichtswerk im Sinne moderner Geschichtsschreibung ist, sondern ein Werk, das geschichtliche Einzelheiten in Auswahl benutzt, um die Vorrangstellung Jerusalems und seines Tempels in nachexilischer Zeit zu begründen, sollte man das Werk nicht der bewußten Geschichtsfälschung bezichtigen. Es stellt vielmehr den legitimen Versuch dar, alle jene Traditionen zu sichten und zu ordnen, die für Jerusalem als Mittelpunkt des nachexilischen Gemeinwesens sprechen und seine kultischen Ordnungen beschreiben und rechtfertigen. Dies war wohl auch deshalb nötig, um ähnliche Ansprüche der konkurrierenden Gemeinde der Samaritaner im ehemaligen Nordreich Israel, die dort nach dem Exil einen selbständigen Kult betrieb, abzuweisen.

Für die Theologie der Chronik ist schließlich noch bedeutsam, daß ihr Verfasser vielfach noch genauer als die Samuel- und Königsbücher die Sünden verschiedener Könige nennen kann, durch die sie sich schuldig machten und dadurch in großes Unglück stürzten. So beispielsweise bei den Königen Asa (2. Chronik 16,7-12), Joschafat (20,35-37), Joasch (24,17-25), Amazja (25,14-28) und Usija (26,16-23). Man spricht deshalb davon, daß die Chronik den Gedanken der Vergeltung Gottes stärker hervorhebe als die anderen Geschichtsbücher.

Umgekehrt können aber auch die Wohltaten eines Königs betont werden, wenn er sich recht verhält und kultisch korrekt verfährt. Dann belohnt ihn Gott, und das klingt zuweilen so wunderbar, daß man das Erzählte schwer für möglich halten kann. So soll Gott selbst dafür gesorgt haben, daß die Judäer zur Zeit des Königs Joschafat gegen die eingefallenen Moabiter und Ammoniter überhaupt nicht zu kämpfen brauchten, sondern diese sich gegenseitig unter wundersamer Einwirkung umbrachten. Dem Geschehen ging das Gebet der Judäer voran, und eine Prozession nach Jerusalem stand an seinem Ende (20,1-30).

Hier sind ganz offenkundig Idealvorstellungen in einen geschichtlichen Bericht eingetragen, wie sie den Hoffnungen der Zeit entsprachen, in der die Chronik entstand. Sie sind geprägt von der Tempelfrömmigkeit und getragen von der Erwartung, daß Gott Wunder wirken möge gegen übermächtige Feinde. Solche Erwartungen werden verständlich, wenn man bedenkt, wie ohnmächtig die Judäer nach dem Ende der Perserherrschaft im 4. Jahrhundert v. Chr. waren, als die Griechen unter Führung Alexanders des Großen ins Land kamen und nach dessen Tode (323 v. Chr.) Judäa zuerst unter ägyptische und später unter syrische Oberhoheit kam. Das ist die Zeit, in der die Chronik entstand und die Menschen in Judäa alle ihre Hoffnungen auf Gottes Eingreifen und auf einen wirkungsvollen Gottesdienst setzten.

So sind die Bücher der Chronik tatsächlich nicht nur Geschichtsbücher, sondern auch Glaubenszeugnisse ihrer eigenen Zeit voller Zuversicht und Erwartung.

Die Bücher Esra und Nehemia

Die beiden Bücher tragen ihre Namen nach den Persönlichkeiten, die in ihnen die Hauptrolle spielen. Esra und Nehemia haben, soweit wir unterrichtet sind, das größte Verdienst um den Wiederaufbau der judäischen Gemeinde in Jerusalem und Juda um die Mitte des 5. Jahrhunderts v. Chr., also erst rund hundert Jahre nach dem Babylonischen Exil. Beide lebten zunächst jedoch nicht in Jerusalem, sondern waren Abkömmlinge einst nach Babylonien deportierter Familien, die es in der persischen Staatsverwaltung zu hohen Ämtern gebracht hatten. Der eine, Esra, war Priester, arbeitete in der »Provinz Babylonien« (Esra 7,16) und trug den Titel eines »Schreibers des Gesetzes des Himmelsgottes«. In den Urkunden der Perserzeit war »Himmelsgott« die übliche Bezeichnung für den Gott Israels. Unter einem »Schreiber« verstand man regelmäßig einen hohen Beamten. Man wird den Titel des Esra so verstehen dürfen, daß er eine Art Hochkommissar für die religiösen Belange Israels innerhalb der persischen Staatsverwaltung war. Der andere, Nehemia, war Beamter in der unmittelbaren Umgebung des persischen Großkönigs und diente bei Hofe in Susa als Mundschenk.

Nach der Darstellung des Esrabuches gelangte Esra früher als Nehemia nach Jerusalem. Es sei im 7. Jahr des Perserkönigs Artahsasta gewesen, den wir aus der griechischen Überlieferung als Artaxerxes kennen. Es gab freilich drei Könige dieses Namens. Aller Wahrscheinlichkeit nach kam Esra unter Artaxerxes I. Longimanus (465–424 v. Chr.) mit einer Gruppe von Judäern nach Jerusalem, also im Jahre 458 (Esra 7,6-10). Er erschien im Auftrag des persischen Königs und hatte Vollmachten, die in einem königlichen Beglaubigungsschreiben enthalten waren. Dessen Wortlaut ist in aramäischer Sprache in Esra 7,11-26 überliefert. Esra sollte sich um die religiösen Belange in Jerusalem kümmern. Besonders mißfielen ihm jene Mischehen, die vornehmlich gehobene judäische Kreise mit Frauen der Nachbarvölker eingegangen waren, nicht zuletzt mit dem Gedanken, auf diese Weise aus bevölkerungspolitischem Interesse die Einwohnerschaft in Jerusalem und Juda aufzufrischen.

Etwas anders verhielt es sich mit Nehemia, der am Hof in Susa von den desolaten Verhältnissen in Jerusalem, vor allem von der noch immer zerstörten Stadtmauer gehört hatte und selbst den Wunsch äußerte, nach Jerusalem zu reisen, um dort nach dem Rechten zu sehen. Darüber berichtet er selbst in Nehemia 1,1–7,5, den sogenannten »Nehemia-Memoiren«, wie man den Text gern nennt. Sogleich nach seiner Ankunft in Jerusalem, wahrscheinlich noch im Jahre 445 v. Chr., umritt er nachts die Stadt und stellte die erhebliche Zerstörung der Stadtmauer fest, deren Wiederherstellung zu einem seiner größten Verdienste werden sollte. Von den zahlreichen Schwierigkeiten, die ihm dabei gemacht wurden, berichtet das Nehemiabuch ausführlich. Es läßt aber auch in Nehemia 8–10 die Gestalt Esras noch einmal stark hervortreten, der bei einer großen Volksversammlung vor dem Wassertor in Jerusalem von einem eigens dazu errichteten Holzgerüst aus »das Buch des Gesetzes Moses« verlas (um welche Teile des Pentateuch es sich dabei handelte, wissen wir nicht) und das Volk darauf verpflichtete (8,1-8).

Es unterliegt also keinem Zweifel, daß das Wirken Esras und Nehemias entscheidenden Anteil daran hatte, Jerusalem und Juda während der Perserzeit äußerlich wiederherzustellen und das Gemeinwesen, seine Verwaltung und den Gottesdienst im Tempel neu zu organisieren. Was die Bücher Esra und Nehemia darüber berichten, muß nun allerdings auf den Bibelleser verwirrend wirken. Die Ereignisse werden nicht fortlaufend in chronologisch exakter Ordnung dargeboten. Vielmehr sind es Einzeldokumente, Erzählungen und Listen, die locker aneinandergefügt sind und den Leser oft zwingen, selbständig zu kombinieren und zu rekonstruieren, wie die Mitteilungen zeitlich richtig zueinander gehören. Die wichtigsten überschaubaren und in sich abgerundeten Überlieferungen sind: die Amtsanweisung für Esra (Esra 7,12-26; aramäisch); der armäische Abschnitt Esra 4,8–6,18, in dessen Mittelpunkt Dokumente für und wider den Aufbau der Stadt Jerusalem und ihres Tempels stehen, darunter das berühmte »Kyrus-Edikt« Esra 6,3-5. Einen geschlossenen Abschnitt bilden die im Ich-Stil verfaßten Memoiren des Nehemia (auch »Rechenschaftsbericht« des Nehemia genannt; Nehemia 1,1–7,5), mit dem auch gern die Abschnitte Nehemia 11,1f und 12,27–13,31 in Verbindung gebracht werden.

Um den Überblick über das ganze Material zu erleichtern, wird hier der Inhalt der einzelnen Kapitel knapp zusammengefaßt:

Der Leser der Bücher Esra und Nehemia gewinnt nicht den Eindruck einer geschlossenen fortlaufenden Darstellung geschichtlicher Ereignisse. Eher glaubt man, eine nicht gut geordnete Quellensammlung vor Augen zu haben. Ähnlich verhält es sich freilich auch in den Chronikbüchern; aber sie machen doch einen besser überschaubaren Eindruck.

Längst ist aufgefallen, daß die letzten Worte des 2. Chronikbuches (36,22f) mit dem Anfang des Esrabuches (Esra 1,1-3) übereinstimmen. So konnte die Meinung entstehen, daß die Bücher Esra/Nehemia die unmittelbare Fortsetzung der beiden Chronikbücher darstellten und mit ihnen zusammen das »Chronistische Geschichtswerk«, dem »Deuteronomistischen Geschichtswerk« vergleichbar, bildeten. Aber nicht zu übersehen ist, daß die Art, wie Esra/Nehemia mit ihren Quellen umgehen, eine andere ist als in den Chronikbüchern.

Immerhin ist folgendes vorstellbar: Die in Esra/Nehemia locker zusammengefügten Quellenstücke, die durchaus verschiedener Herkunft sein können, wurden von den Verfassern der Chronik als geeignet angesehen, die Geschichte Israels über das Babylonische Exil hinaus fortzusetzen und insbesondere die Maßnahmen zu schildern, die sich auf den Wiederaufbau des Tempels einerseits und den Mauerbau in Jerusalem andererseits bezogen. Hinzu kamen die Anstrengungen um den Aufbau des jerusalemisch-judäischen Gemeinwesens. In Esra 1–6 sind darum hauptsächlich Nachrichten über den Tempelbau zusammengestellt, der bereits zur Zeit des Perserkönigs Darius im Jahre 515 v. Chr. abgeschlossen war.

In Esra 7–10 wird Esra eingeführt, der erst viel später unter Artaxerxes I. nach Jerusalem kam. Seine ersten Entscheidungen werden beschrieben. An dieser Stelle nun sind in die Geschichte Esras die »Memoiren« Nehemias (Nehemia 1,1–7,5) als ein geschlossenes Werk eingefügt worden. Danach setzen die Kapitel Nehemia 8–10 Esras Wirken fort, während die Kapitel 11–13 neben Statistiken auf das Werk Nehemias zurückkommen.

So ist innerhalb der Bücher Esra/Nehemia doch noch so etwas wie ein geschichtlicher Verlauf erkennbar geworden. Es ist allerdings damit zu rechnen, daß Esra und Nehemia nicht in einem strengen Nacheinander aufgetreten sind, sondern eine Zeitlang nebeneinander wirkten. Am ehesten ist Esras Gesetzeslesung ein Akt gewesen, an dem beide, Esra und Nehemia, gleich stark beteiligt waren.

Dieses ganze Material, das die Bücher Esra und Nehemia über die nachexilischen Entwicklungen enthalten, verbanden die Verfasser der Chronik mit ihrem eigenen Werk und schufen durch Wiederholung der letzten Worte von 2. Chronik in Esra 1,1–3 einen überzeugenden Übergang von dem einen Werk zum anderen. So haben wir in den Büchern Esra/Nehemia vermutlich ein ursprünglich selbständiges Werk vor uns, das sich aus verschiedenen Einzelüberlieferungen zusammensetzt, das aber nachträglich mit den beiden Chronikbüchern verbunden wurde, um die Geschichte Jerusalems und Judas mit einer Reihe von Dokumenten bis in das 5. Jahrhundert v. Chr. weiterzuverfolgen.

Unter der Voraussetzung, daß die Chronikbücher erst um das Jahr 300 v. Chr. abgeschlossen waren, kann auch die Verbindung mit den Büchern Esra/Nehemia nicht früher erfolgt sein. Jedoch sind die meisten Quellen, die in Esra/Nehemia verarbeitet sind, zweifellos älter und reichen, zu einem Teil wenigstens, bis in das 5. Jahrhundert zurück.

Das Buch Ester

Obwohl das Buch Ester noch unter die Geschichtsbücher des Alten Testaments eingereiht ist, weil es von geschichtlichen Ereignissen berichten will, baut es doch im einzelnen nicht auf nachweisbaren geschichtlichen Vorgängen auf. Allerdings darf angenommen werden, daß sich in dieser Erzählung Stimmungen spiegeln, die in der Zeit nach dem Babylonischen Exil, also frühestens nach dem Jahre 539 v. Chr., im Perserreich aufkommen konnten und die sich gegen die Judenschaften richteten, die dort seßhaft geworden waren. Der Name des Königs Ahasveros (Ester 1,1) ist uns aus der griechischen Überlieferung besser bekannt in der Form Xerxes. Aller Wahrscheinlichkeit nach handelt es sich hier um Xerxes I. (486–465 v. Chr.), so daß unsere Erzählung frühestens um die Mitte des 5. Jahrhunderts entstanden sein kann. Nicht auszuschließen ist, daß sie sogar erst nach dem Ende des Perserreiches aufgeschrieben wurde, als die Perser keine Gefahr mehr darstellten, also frühestens zur Zeit Alexanders des Großen (gest. 323).

Den Hintergrund bildeten hauptsächlich zwei Tatsachen, die in der Estergeschichte eine Rolle spielen und wohl zu ihrer Entstehung beigetragen haben. Die eine war ein zunehmender Haß gegen die Juden im Perserreich, dessen Gründe wir nicht genau kennen. Vermutlich war die Abneigung gegen die Juden aufgrund ihrer Religion und Lebensart vielerorts gewachsen. Die andere Tatsache ist, daß es Juden oftmals zu bedeutenden Stellungen in der Verwaltung des Großreiches brachten und sie maßgebenden Einfluß auf Angelegenheiten der Regierung gewannen. Esra und Nehemia standen bekanntlich als hochrangige Beamte in persischen Diensten. Im vorliegenden Fall ist es eine jüdische Frau, die den Weg ins Königshaus findet. Dies waren die äußeren Voraussetzungen der Erzählung, die das bekannte Motiv entfaltet, daß es einem einzigen Menschen, der unter besonderen Umständen zu Ehre und Ansehen aufgestiegen ist, gelingt, das eigene Volk vor den Gefahren und Feindseligkeiten einer mißgünstigen Umgebung zu retten.

Über das Esterbuch hat man gesagt, es sei eine »Diaspora-Novelle«, d. h. eine Erzählung, die in der jüdischen Diaspora spielt und von Schicksalen zu berichten weiß, die das jüdische Volk »in der Zerstreuung«, also außerhalb des Heiligen Landes, erfuhr, und davon, wie es aus großen Gefahren durch den Einsatz weniger Menschen befreit wurde.

Die Erzählung selbst scheint auf den ersten Blick etwas kompliziert, weil verschiedene Motive und Persönlichkeiten ineinanderspielen. In aller Kürze läßt sie sich so zusammenfassen:

Waschti, die Gemahlin des Königs Ahasveros, der in seinem Palast in der persischen Hauptstadt Susa ein Gelage veranstaltete, weigerte sich, vor den versammelten hochrangigen Gästen zu erscheinen und ihre Schönheit zu zeigen. Daraufhin verstieß sie der König. Kurz danach ließ er die ansehnlichsten Jungfrauen des Landes in seinen Palast kommen, um eine von ihnen zur Königin zu machen. Seine Wahl fiel auf Ester, ohne daß der König wußte, daß sie eine Jüdin war.

Ester war die Pflegetochter des Mordechai, der angeblich aus einer Familie stammte, die im Jahre 597 v. Chr. von dem babylonischen König Nebukadnezar aus Jerusalem ins Exil geführt wurde. Diesem Mann gelang es zur Zeit der Erhebung Esters zur Königin, eine Verschwörung gegen den König Ahasveros aufzudecken. Wenig später weigerte sich Mordechai vor Haman, einem vom König begünstigten Wesir, nach höfischer Sitte niederzufallen. Als Haman erfuhr, daß er es mit einem Juden zu tun hatte, beschloß er nicht nur Mordechais Tod, sondern die Vernichtung aller Juden im Lande. Durch das Los (= hebr. *pūr*) wurde der 13. Tag des 12. Monats, des Monats Adar (Februar/März) dazu bestimmt (Ester 3,7). Der König erteilte Haman die nötigen Vollmachten.

Mordechai unterrichtete Ester von Hamans Absicht. Ungerufen trat sie vor den König, um für die Rettung der Juden einzutreten. Sie lud den König und Haman zu zwei Gastmahlen ein, die sie an zwei Tagen für beide ausrichtete. Als nach dem ersten Mahl Mordechai wiederum dem Haman seine Ehrenbezeugung verweigerte, war dieser entschlossen, ihn am nächsten Tag hinrichten zu lassen. Noch bevor er mit dem König sprach, wurde der Galgen für Mordechai aufgerichtet. Doch gerade da wurde der König durch Verlesung der königlichen Chronik an die Verschwörung erinnert, die Mordechai aufgedeckt hatte. Von Haman verlangte er deshalb, Mordechai die höchsten Ehren zu erweisen.

In Anwesenheit Hamans flehte Ester den König um die Verschonung ihres Volkes an. Haman habe die Vernichtung der Juden beschlossen. Während einer kurzen Abwesenheit des Königs wirft sich Haman vor Ester nieder, um Gnade zu erbitten. Der zurückkehrende König deutet die Szene als den Versuch, Ester Gewalt anzutun. An dem für Mordechai bestimmten Galgen findet Haman sein Ende. Ester erhält das Erbe Hamans, Mordechai wird sein Nachfolger. Auf Esters Betreiben erläßt der König ein Edikt, das den Juden erlaubt, am 13. Adar alle niederzumachen, die sich gegen sie erheben würden. Ein riesiges Blutbad am 13. und 14. Adar war die Folge. Tausende von Menschen wurden in Susa und im ganzen Perserreich von den Juden umgebracht. Der 15. Adar (in den Provinzen der 14.) wurde zum Festtag erklärt. Mordechai und Ester verpflichteten die gesamte Judenschaft zur Feier des »Purim-Festes«, dessen Datum durch das Los *(pūr)* einst zur Vernichtung der Juden bestimmt worden war.

Auch im frühen Judentum muß das Buch Ester umstritten gewesen sein. Es gehört zu den letzten Schriften, die in die Bücher des Alten Testaments aufgenommen wurden. Die dramatisch aufgebaute, wenn auch grausam endende Erzählung hat sich großer Beliebtheit erfreut. Der Hauptgrund für ihre Aufnahme unter die heiligen Schriften ist wohl das Purim-Fest, das sich weithin verbreitete und für das sie die sogenannte »Festlegende« lieferte. Der Text des Esterbuches wurde beim Fest verlesen. Auch heute noch wird »Purim« nach dem jüdischen Kalender im Monat Adar begangen und ist ein Freudenfest, ein sehr weltliches Fest mit viel Essen und Trinken. Teilweise hat es karnevalistische Züge (Spaßmacher, Verkleidungen).

Der Ursprung des Purim-Festes ist nicht jüdisch. Er liegt wahrscheinlich in Mesopotamien oder Persien, also in den Ländern, in denen viele Juden vom 6. Jahrhundert an verstreut wohnten. Sie haben das Fest übernommen, ihm aber eine Bedeutung gegeben, die zu ihrem eigenen Schicksal paßte. Noch in vorchristlicher Zeit fand es seinen Weg auch zu den Judenschaften in Palästina. Dies darf aus 2. Makkabäer 15,36f geschlossen werden, wo vom »Mordechai-Fest« die Rede ist.

Für das jüdische Volk ist das Purim-Fest von der großen Freude erfüllt, daß alle seine Gegner – Haman steht für sie wie eine Symbolfigur – zu Fall kommen werden. Die so oft Verfolgten ersehnen den Tag ihrer Befreiung aus aller Bedrängnis. Man sollte, und das gilt besonders für christliche Leser, die Estererzählung als ein Beispiel für die verschlungenen Wege verstehen, auf denen böse Absichten vereitelt und in ihr Gegenteil verkehrt werden können. Hier ist es die Entschlossenheit einer Frau, die alles zum Besseren zu wenden vermag. Die Geschichte erinnert an Josef, Jakobs Sohn, der entgegen allen Erwartungen am Ende seine Brüder, die das Böse an ihm taten, in Ägypten aufnahm und sie rettete. Aber während Gottes Mitwirkung in der Josefsgeschichte offen ausgesprochen ist, bleibt sie im Esterbuch verborgen. Nicht ein einziges Mal kommt das Wort »Gott« darin vor.

2. DIE LEHRBÜCHER UND DIE PSALMEN

Das Buch Hiob (Ijob)

Das Buch Hiob bietet die umfangreichste und gewaltigste Dichtung im Alten Testament. Der Mann Hiob ist keine historische Gestalt, aber der Typ einer Persönlichkeit, die auch in anderen Dichtungen des Alten Orients, in Mesopotamien und Ägypten, vorkommt. Es ist der Mensch, der zu Unrecht leidet, aber von Gott für sich Gerechtigkeit verlangt, der, überzeugt von seiner Unschuld, nicht nur einen irdischen Richter anruft, sondern den höchsten Richter, den Schöpfer der Welt. Das Buch Hiob behandelt nicht nur das Schicksal eines einzelnen Menschen, es befaßt sich mit einem Menschheitsproblem.

Wegen seiner Länge und seiner streckenweise schwierigen Gedankenführung ist das Hiobbuch nicht leicht zu durchschauen. Seine Entstehung hat sicher einen größeren Zeitraum beansprucht. Zahlreich sind die Fragen, die das Buch aufwirft. Sie beginnen schon beim Namen des Titelhelden, der in den Bibelübersetzungen verschieden geschrieben wird.

Der geläufige Name »Hiob« geht auf Luthers Übersetzung zurück. Im katholischen Raum war die lateinische Namensform »Job« verbreitet, die neuerdings durch die ökumenische Schreibung »Ijob« abgelöst ist.* Der Name war auch außerhalb Israels verbreitet, vor allem in den Steppen- und Wüstengegenden im Südosten Palästinas. Dort sucht man auch das Land Uz (vgl. Jeremia 25,20; Klagelieder 4,20), aus dem Hiob stammen soll, sofern man mit einem historischen Vorbild für ihn rechnen darf.

Schon die Einleitung in Hiob 1,1, die man getrost beginnen könnte mit »Es war einmal ...«, deutet auf eine alte Erzählung aus unbestimmter Zeit hin. Sie berichtet zunächst über Hiobs Glück und seinen Wohlstand. Doch er wird all seiner Habe beraubt. Die sprichwört-

---

* Sie kommt der hebräischen Form »Ijjob« am nächsten. Zur ökumenischen Schreibung Ijob vgl. in dieser Buchreihe den Band »Namen und Orte der Bibel« (Einführung); Luther hat aus lautlichen Gründen ein H vorangestellt.

lichen »Hiobsbotschaften« treffen ein; er verliert sogar seine Kinder. Das geschieht, weil in einer himmlischen Szene (Goethe nahm sie im Prolog zum Faust als Vorbild) Gott dem Satan erlaubte, Hiobs Frömmigkeit durch Katastrophen und Krankheit auf die Probe zu stellen. Doch Hiob bleibt standhaft und klagt Gott nicht an.

Dieser Anfangsteil des Hiobbuches (1,1–2,10) wird der alten »Volkserzählung« zugerechnet, die erst in 42,11-17 ihr Ende findet, wo Hiob all seine Habe zurückerhält. So findet diese Erzählung am Schluß eine glatte und zufriedenstellende Lösung.

Dazwischen aber, im Hauptteil des Buches (2,11–42,10), ist die Stimmung eine ganz andere. Drei Freunde Hiobs tauchen auf, die beschlossen haben, ihn zu trösten. Nun aber ist Hiob keineswegs mehr der stille Dulder, der ehrfürchtig und ohne Frage Gottes Handeln erträgt, sondern er begehrt auf, er verflucht den Tag seiner Geburt. Er ist überzeugt von seiner Unschuld und verlangt eine Erklärung für sein Schicksal. Nacheinander sprechen die Freunde mit Hiob, und jeder bekommt eine ausführliche Antwort. Zuerst spricht Elifas, dann Bildad, dann Zofar. Drei vollständige Gesprächsgänge dieser Art finden statt (Kap. 3–14; 15–21; 22–27); im dritten Durchgang fehlt Zofars Rede.

Die Reden der Freunde erschöpfen sich. Immer weniger sind sie überzeugt, Hiob trösten und seine Anklage gegen Gott beschwichtigen zu können. Schon in Kap. 27 hatte Hiob eine Art Schlußrede begonnen, der ein selbständiges Gedicht über die Weisheit Gottes folgt (Kap. 28). Dann aber wendet er sich an Gott selbst, verteidigt seinen Standpunkt und beschwört in einem Reinigungseid seine Unschuld. Schließlich aber fordert er Gottes Antwort heraus (31,35): »O hätte ich einen, der mich anhört ... Der Allmächtige antworte mir!«

Diese ersehnte Antwort folgt aber zunächst nicht. Abermals folgen Reden, und zwar von einem bisher nicht genannten vierten Freund namens Elihu. Er vertritt einen ganz anderen Standpunkt als jene drei Freunde, die bisher mit Hiob sprachen. Die Elihu-Reden stören den Handlungsablauf und den Gedankengang und wirken wie ein Rückfall in die bereits vorher erledigten Themen.

Die eigentliche Fortsetzung der Handlung, Gottes Antwort an Hiob, beginnt in Kap. 38. In einer ersten Rede (38,1–40,2) spricht Gott aus einem Wettersturm; Hiob demütigt sich vor Gott (40,3-5). Es folgt eine zweite Rede Gottes (40,6–41,26); Hiobs Antwort (42,1-6) enthält seinen Widerruf und seine Reue. Unterbrochen wird dieser Dialog zwischen Gott und Hiob durch die Schilderung zweier großer und kraftvoller Tiere, die Gottes rätselhaftes Walten in der Schöpfung symbolisieren sollen. Das eine Tier, Behemot, wird gern als Nilpferd gedeutet (40,15-24), das andere, Leviatan, als Krokodil (40,25–41,26). Anhand der Schilderung dieser Tiere soll Hiob Gottes unbegrenzte Möglichkeiten, aber auch sein geordnetes Walten im Überströmen natürlicher Kräfte begreifen.

In 42,1-6 beugt sich Hiob vor Gottes Größe und bekennt sich schuldig, mit seiner Herausforderung Gottes zu weit gegangen zu sein. Gott selbst wendet sich nun aber auch an die drei Freunde (42,7-9) und erklärt ihre Antworten für unrecht; Hiob aber habe im Vergleich zu ihnen recht geredet. Damit werden Hiobs Reden in ihrem Wahrheitsgehalt anerkannt. Mit 42,10 findet der umfangreiche Mittelteil des Hiobbuches seinen Abschluß. Hiob bittet für seine Freunde und erhält seinen Besitz doppelt zurück.

Das Auftreten der Verwandten, ihr Trost und eine genaue Aufzählung dessen, was Hiob zurückerhält (42,11-17), wirken nach 42,10 überraschend und überflüssig. Es ist der zweite Schluß des Hiobbuches, der die »Volkserzählung« der ersten beiden Kapitel am Anfang des ganzen Buches abschließt und mit den Freundesreden nichts mehr zu tun hat. Der Sinn der Volkserzählung ist geradlinig und einfach· Der Schuldlose, der Gerechte wird geschlagen. Er muß unverdient leiden, aber er besteht dieses Leid und wird schließlich von Gott belohnt. Die Freundesreden hingegen sind anderer und tieferer Art. Sie setzen sich theologisch mit der Frage nach Gottes Gerechtigkeit auseinander.

Die Freunde sind davon überzeugt, daß nie ein Mensch, der so ins Elend gerät wie Hiob, schuldlos vor Gott war. Auch Hiob muß von Schuld belastet sein, wenn er so hart getroffen ist. Die Freunde stehen auf dem Standpunkt des alten Vergeltungsglaubens, daß Leid unter allen Umständen Strafe für Schuld sei. Hiob aber ist von seiner Unschuld überzeugt und fordert Rechenschaft. Zu den Freunden sagt er (6,24f): »Belehrt mich, so will ich schweigen, und worin ich geirrt habe, tut mir kund.« Doch die Freunde können Hiob nicht zufriedenstellen und nicht überzeugen. Er drängt auf eine Antwort, die Gott ihm selbst geben soll.

Aber diese Antwort kann nicht anders ausfallen, als daß Gott auf die Grenzen dessen aufmerksam machen muß, was ein Mensch begreifen kann. »Wo warst du«, fragt Gott, »als ich die Erde gründete? Sage mir's, wenn du so klug bist!« (38,4) Das ist der Hinweis auf die Unergründlichkeit der Wege Gottes. Nicht mehr als eine Ahnung kann der Mensch vom Sinn des Leidens und der Gerechtigkeit Gottes bekommen. Auch die Freunde müssen das begreifen. Der Mensch kann nicht mehr tun, als Fragen an Gott zu richten. Ihn wirklich zu verstehen, liegt außerhalb seiner Möglichkeiten. Ja, selbst Gottes Gerechtigkeit aus menschlicher Sicht verteidigen zu wollen, wie es die Freunde versuchten, kann Gott nicht billigen. Es gibt keinen Menschen, der wissen könnte, was richtig ist vor Gott. Damit wird letztlich auch das Vergeltungsdogma gesprengt, das die Freunde verteidigen wollten.

Auf diesem Hintergrund erkennt man aber auch den ganz anderen Charakter der Reden des Elihu in Kap. 32–37. Hier wird der Versuch unternommen, eine theologische »Lösung« des Leidensproblems auf intellektuelle Weise herbeizuführen. Elihu behauptet, daß Leiden einen erzieherischen Wert habe, daß dadurch der Mensch geläutert und in seinem Hochmut gedemütigt werden solle. An solchen Überlegungen zeigt sich deutlich ein späteres Stadium gedanklicher Arbeit. Man hatte das Hiobproblem weiter bedacht und einen Ausweg gesucht, der unserem logischen Denken Befriedigung verschaffen sollte. Aber damit wird der tiefere Sinn des Hiobbuches verfehlt. Bezeichnenderweise hat man die Elihu-Reden vor Gottes Antwort von Kap. 38 gestellt. So behält nach wie vor Gott im Hiobbuch das letzte Wort.

Der Verfasser der großen Hiobdichtung in den Wechselreden der Freunde und Hiobs ist uns ebenso unbekannt wie der Schöpfer der »Volkserzählung«, von den Elihu-Reden ganz zu schweigen. Zweifellos bildete die »Volkserzählung« den Ausgangspunkt und lieferte das Thema, das in Hiobs Reden mit den Freunden zum großen, Gott und Welt umspannenden Problem gesteigert und ausführlich entfaltet wurde. Wie in der griechischen Philosophie, etwa in den Dialogen Platons, wird auch hier in Form langer Gespräche um das Problem gerungen. Dabei steht der Hiobdialog auf einem weiteren zeitgeschichtlichen Hintergrund.

Fragen der persönlichen Verantwortung und der Gerechtigkeit Gottes brachen spürbar im und nach dem Babylonischen Exil auf. Israels Schicksal ließ auch das Schicksal jedes einzelnen in ein neues Licht treten. In dieser Zeit innerer und äußerer Auseinandersetzung erhielt das Hiobbuch seine Endgestalt. Seine ganze Problematik paßt in die nachexilische Zeit und hat Generationen beschäftigt. Auch sprachliche Anklänge an das Aramäische sprechen für eine späte Entstehungszeit, wahrscheinlich zwischen 6. und 3. Jh. v. Chr. In einer großen Dichtung im apokryphen Buch Jesus Sirach, dem sogenannten »Preis der Väter«, ist das Buch Hiob erwähnt (Sirach 49,9; vgl. Tobias 2,12). Daraus ist zu schließen, daß das Hiobbuch vor dem Jahre 200 v. Chr. vollendet gewesen ist. Wer es vollendet hat, wird uns für immer verborgen bleiben.

Der Psalter (Psalmen)

Das Buch der Psalmen ist wohl das meistgelesene und bekannteste Buch des Alten Testaments. In dieser großen Gedichtsammlung stehen jene Worte der Bibel, die am stärksten zu Herzen gehen, weil sich darin einzelne fromme Menschen mit ihren Empfindungen und Erfahrungen selbst äußern, Erfahrungen, die ihnen das Leben brachte und die sie im Aufblick zu Gott zu verstehen und zu bewältigen versuchten. Es sind zugleich die Erfahrungen der Gemeinde Israels, die sie mit ihrem Gott durch viele Jahrhunderte hindurch gemacht hat. Man hat den Psalter das Gebetbuch, ebenso aber auch das »Gesangbuch« der israelitischen Kultgemeinde genannt. Daran ist richtig, daß es sich um Dichtungen aus verschiedenen Lebenslagen und verschiedenen Zeiten handelt. Aber es ist nicht einfach, Zeit und Umstände näher zu bestimmen, aus denen die einzelnen Psalmen hervorgegangen sind.

Die hebräische Bezeichnung für die ganze Sammlung lautet »Buch der Gesänge« oder einfach »Gesänge«. Dem entspricht die griechische Bezeichnung »Buch der Psalmen« (so auch Lukas 20,42 und Apostelgeschichte 1,20) oder kurz »Psalmen« (griechisch *psalmoi*). So hat sich bei uns das sonst unbekannte Wort »Psalmen« eingebürgert. Einige griechische Handschriften sprechen von einem *psalterion*, worunter man ein Saiteninstrument, aber ebenso eine Liedsammlung verstehen kann. Von daher stammt unsere Bezeichnung »Psalter« für das ganze Buch.

Nach der uns geläufigen Zählung umfaßt der Psalter 150 selbständige Dichtungen sehr verschiedener Länge. In der ins Griechische übersetzten Bibel (Septuaginta) gibt es 151 und in der syrischen Bibel sogar 155 Psalmen. Daran sieht man, daß unser Psalter offenbar nur eine Auswahl von Psalmen enthält. Tatsächlich kommen auch anderwärts im Alten Testament Dichtungen vor, die durchaus auch im Psalter hätten Aufnahme finden können. Hingewiesen sei beispielsweise auf das sogenannte Lied Moses in 5. Mose 32,1-43, das mit Psalm 78 vergleichbar ist. Zu nennen wäre auch die erweiterte Fassung des Mirjam-Liedes von 2. Mose 15,21, das in 2. Mose 15,1-18 als ein Lobgesang Moses und der Israeliten überliefert ist. Dem Charakter der Psalmen entsprechen auch Davids Klagelied über Saul und Jonatan (2. Samuel 1,17-27) und der Lobgesang Hannas (1. Samuel 2,1-10).

Lieder und Gedichte nach Art der Psalmen sind also über die ganze Breite der alttestamentlichen Überlieferung verteilt. Mit einiger Sicherheit kann man sagen, daß der Psalter in der Form, wie er heute vorliegt, nicht vor dem 4. Jahrhundert v. Chr. seinen Abschluß fand. Vielleicht sind sogar einige Psalmen erst im 2. Jahrhundert v. Chr. entstanden, als die Widerstandsbewegung der Makkabäer sich erhob.

Die allermeisten Psalmen tragen Überschriften, die über den Verfasser oder über besondere Umstände ihrer Entstehung Auskunft zu geben scheinen. Aber diese Überschriften sind nachträglich hinzugesetzt worden und gehen auf die Sammler einzelner Gruppen von Psalmen zurück. Es ist in diesem Zusammenhang wichtig zu bedenken, daß die meisten Schriften des Alten Testaments anonym überliefert sind; wo einzelne Namen auftauchen, die wie Verfassernamen erscheinen, beruht dies darauf, daß man diese Schriften aufwerten wollte, indem man sie der Autorität oder der Tradition einer anerkannten großen Persönlichkeit widmete oder nachträglich zuschrieb. Es gibt auch in unserem Gesangbuch Beispiele ähnlicher Art. So ist etwa die Herkunft des sogenannten »Ambrosianischen Lobgesangs« von dem Mailänder Bischof Ambrosius (gest. 397) nicht gesichert. Das viel ältere »Te Deum laudamus« wurde später von Bischof Niketas bearbeitet. Gerade in Dichtung und Musik älterer Zeit kommt es häufig vor, daß die wirklichen Verfasser in Vergessenheit geraten, aber spätere Generationen einen bestimmten Urheber kennen wollen.

Es ist gleichfalls spätere jüdische und altkirchliche Tradition gewesen, die den Psalter in fünf Bücher einteilte; die Fünfzahl ist vermutlich von den fünf Büchern Mose des Pentateuch übernommen.

Das erste Buch umfaßt die Psalmen 1–41. Während die Psalmen 1 und 2 ohne Überschriften überliefert sind, werden 3–41 sämtlich mit David in Verbindung gebracht. »Ein Psalm Davids« oder gar »Von David« lautet die Überschrift in der Regel, manchmal durch kleine Zusätze ergänzt. Auf den ersten Blick muß der Eindruck entstehen, David habe diese Psalmen selbst verfaßt. Aber nach Stil und Sprache ist das wenig wahrscheinlich. Diese Psalmen wollen in der Tradition Davids verstanden werden. David galt als eine Art »Lieder- und Dichterfürst«, als »Schulhaupt« aller Dichter und Sänger Israels. Ihm wollen diese Psalmen huldigen, ihm sollen sie gewidmet sein. Daß einige dieser Psalmen sehr alt sein können, ist möglich. Aber wir sind nicht mehr in der Lage festzustellen, ob tatsächlich auch nur einer dieser Psalmen bis auf David unmittelbar zurückgeht.

Das zweite Buch (42–72) vereinigt Dichtungen aus verschiedenen Traditionen. Die Psalmen 42–49 werden durch die Überschrift mit den »Söhnen Korachs« in Verbindung gebracht. Darunter sind Angehörige eines Geschlechts von Tempelsängern zu verstehen. Sie werden in

2. Chronik 20,19 erwähnt. Jedenfalls handelt es sich nicht um Leute der sogenannten »Rotte Korach« aus 4. Mose 16, einer aufrührerischen Gruppe aus der Mosezeit. Psalm 50 ist ein Psalm Asafs, eines Tempelsängers, der auch in 1. Chronik 25,1 mit anderen zusammen erwähnt ist. Soweit angegeben, sind die Psalmen 51–65 und 68–70 wieder mit David in Verbindung gebracht, Psalm 72 sogar mit Salomo.

Eine Mischung aus verschiedenen Traditionen bietet auch das dritte Buch (73–89). Die Psalmen 73–83 sind Asaf-Psalmen, 84–85 sind korachitisch, 86 ist davidisch, 87 und 88 sind wiederum korachitisch, 89 ist Etan, dem Esrachiten, zugeschrieben.

Im vierten Buch, umfassend die Psalmen 90–106, haben nur die wenigsten Psalmen Überschriften – wenn überhaupt, dann in Verbindung mit Eigennamen. Psalm 90 wird gar dem Mose zuerkannt. Psalm 92 ist ein Psalm für den Sabbattag, 101 und 103 sind davidisch, 102 trägt die umfangreiche Überschrift »Ein Gebet für den Elenden, wenn er verzagt ist und seine Klage vor dem HERRN ausschüttet«.

Ungleich vielseitiger ist das fünfte Buch, umfassend die Psalmen 107–150, wo es besonders deutlich wird, daß kleinere Sammlungen, hauptsächlich kultischen Charakters, zusammengestellt wurden. Psalm 107 trägt zwar keine Überschrift, beginnt aber mit dem bekannten »Danket dem Herrn; denn er ist freundlich, und seine Güte währet ewiglich«. So freilich beginnt auch Psalm 106, der mit einem »Halleluja« anhebt und schließt. Die Bucheinteilung ist also nicht in jeder Hinsicht durchschaubar. Die Psalmen 108–110 sind davidisch; die kleine Sammlung 111–117 wird bisweilen »Das große Hallel« genannt, weil ein »Halleluja« (zu deutsch: »Lobet den Herrn«) jeden dieser Psalmen eröffnet und schließt. Psalm 118 ist ein Danklied.

Der 119. Psalm ist mit seinen 176 Versen ungewöhnlich lang. In seinem Mittelpunkt steht der Preis des Gesetzes Gottes. Die wirkliche Besonderheit dieses Psalms kann nur am hebräischen Text erkannt werden. Es sind immer jeweils acht Verse, die mit dem gleichen Buchstaben beginnen, und dies in der Reihenfolge des hebräischen Alphabets. Es handelt sich hier, wie die Fachsprache sagt, um einen »alphabetisch-akrostichischen« Psalm, d. h. alphabetisch jeweils an der Spitze *(akra)* des Verses *(stichos)*. In einer Übersetzung läßt sich eine solche Eigentümlichkeit poetischer Komposition, die ganz an die Originalsprache gebunden ist, leider nicht nachahmen. Die in Ausgaben der Lutherübersetzung dem Psalm zusätzlich gegebene Überschrift »Das güldene ABC« bleibt unverständlich, wenn man nicht weiß, daß der Text in seinen Anfangszeilen dem hebräischen Alphabet folgt.

Die Psalmen 120–134 bilden die Gruppe der »Wallfahrtslieder«. Das entsprechende hebräische Wort meint das »Hinaufsteigen« zum Heiligtum, also die Wallfahrt oder ganz allgemein den Besuch einer heiligen Stätte.

Ältere Ausgaben des Luthertextes überschreiben diese Psalmen mit »Ein Lied im höhern Chor«. Der Sinn des hebräischen Ausdrucks ist nicht zweifelsfrei geklärt. Man dachte an die fünfzehn Stufen im Tempel zwischen dem Vorhof der Frauen und dem der Männer, auf denen die Sänger beim Laubhüttenfest standen und auf je einer dieser Stufen einen der fünfzehn Psalmen sangen. Jedoch läßt sich diese Auffassung nicht bestätigen. Sie geht auf jüdische Ausleger und die Kirchenväter zurück.

Das Buch der Psalmen schließt mit sehr unterschiedlichen Dichtungen, die teilweise anderen Sammlungen entnommen und hier zusammengestellt sind. Psalm 135 beginnt und schließt mit »Halleluja«. Psalm 136 ist eine Art Litanei; jeder Vers endet mit der Wendung »Denn seine Güte währet ewiglich«, was man sich als Antwort der feiernden Gemeinde vorstellen kann. Die Psalmen 138–145 sind davidisch; 146–150 sind sämtlich Hymnen, die mit »Halleluja« beginnen und schließen (sogenanntes »kleines Hallel«).

Diese kurze Übersicht zeigt die Vielfalt der Psalmen. Anfänglich kleinere Sammlungen wurden später zu dem großen Psalmbuch heutiger Gestalt zusammengefaßt. Besonders bedauerlich ist, daß wir nicht wissen, wann und wo diese Psalmen ihre Verwendung fanden, ob sie nur gesprochen oder auch gesungen wurden. In einer Reihe von Überschriften findet sich die Bemerkung, die Luther mit »Vorzusingen« wiedergegeben hat, was ebenso mit »Für den Musikmeister« oder »Für den Vorsänger« übersetzt werden könnte. Alle Bemühungen, Genaueres über die einstige Aufführungspraxis der Psalmen zur Zeit ihrer Entstehung in Erfahrung zu bringen, scheiterten. Wir haben dafür weder im Text noch aus anderen Quellen Hinweise, die weiterhelfen. Auch das erst in christlicher Zeit von den jüdischen Überlieferern dem hebräischen Text hinzugefügte Akzentsystem erlaubt keine Rückschlüsse auf den liturgischen Gesang.

Die neuere alttestamentliche Wissenschaft hat sich bemüht, die Psalmen anhand des Inhaltes in einzelne »Gattungen« einzuteilen. Durch Beobachtung gemeinsamer Merkmale wurde die Überzeugung gestützt, daß die meisten Psalmen im Gottesdienst an den Heiligtümern und in den Vorhöfen des Tempels in Jerusalem eine Rolle spielten. Insbesondere dürften diejenigen Psalmen, die Gott preisen und die Gemeinde zum Lob Gottes auffordern, Gesänge der Gemeinde gewesen sein. Schwieriger sind solche Psalmen zu bestimmen, die ein persönliches Schicksal beklagen und um Gottes Hilfe für einen einzelnen Menschen bitten. Verschiedene Psalmen haben den Rang selbständiger Dichtungen und sind vielleicht nicht im Gottesdienst verwendet worden. Ihre Sprache ist zu individuell. Dennoch fanden sie als außergewöhnliche Bekenntnisse Aufnahme im Psalter. Dazu gehören zum Beispiel die Psalmen 23 und 139.

Die wichtigsten Gattungen, die man herausgefunden hat, sollen hier mit einigen Beispielen genannt sein:

1. Hymnen, die vor, während oder nach dem Gottesdienst vorgetragen oder gesungen wurden; Beispiele: 150; 148; 100; 113
2. Hymnen über die Schöpfung: 104; 19,2-7; 8; 29
3. Hymnen, in denen die Geschichte eine Rolle spielt: 114; 48; 103
4. Neujahrslieder: 98; 47; 93; 149; 46
5. Danklieder: 50; 118; 136
6. Königspsalmen: 20; 21
7. Gebete: 65; 74; 90; 42/43; 26; 51
8. Priesterliche Weisungen: 24; 15
9. Gottesworte, d. h. Psalmen, in denen besondere Entscheidungen und Weisungen Gottes enthalten sind: 2; 110; 89; 81

Dies sind einige Beispiele gattungsbezogener Näherbestimmung. Zuweilen kann man sich fragen, ob in einem Psalm mehrere Gattungen verarbeitet sind. Tatsächlich ermöglicht die Gattungsforschung eine Art von Klassifikation der Psalmen und führt zugleich auch ein wenig näher heran an die Umstände und Lebensverhältnisse der israelitischen Menschen, die in vieler Hinsicht den unseren gleichen. Denn in Freude und Leid, in ihren Wünschen und ihren Schmerzen, war und ist die Menschheit immer die gleiche geblieben. Tatsächlich ermöglicht die Gattungsforschung aber auch Tiefblicke in die Auseinandersetzungen der Menschen untereinander. Sie hilft Empfindungen aufzudecken, die in bestimmten Lebenslagen bei den Menschen aller Zeiten hervorbrechen und uns Situationen vergegenwärtigen, in denen die Beter und Heimgesuchten Gottes Antwort erwarten.

Gerade diese Allgemeingültigkeit der Psalmen ist es aber auch, die es so schwer macht, die Entstehungszeit dieser Dichtungen richtig zu bestimmen. Die meisten Psalmen sind sehr stark persönlich geprägt und weisen in eine Zeit, in der persönliches Schicksal tiefer empfunden und reflektiert wurde. So erweisen sich die meisten Psalmen von ihrem

Inhalt her als Schöpfungen einer späteren Zeit, die zu einer differenzierteren Ausdrucksweise fand. Dies ist im wesentlichen erst die Zeit nach dem Babylonischen Exil, also vom 6. Jahrhundert v. Chr. an.

Der Psalter ist die Antwort der Menschen, die sich von Gott angesprochen, getragen und getröstet fühlten. Aber auch das Reden derer wird hörbar, die durch Verfolgung und Mißachtung, durch Beschimpfung und Überheblichkeit bedroht und gekränkt waren. Sie alle hofften auf Gott, der »eine Hilfe ist in den großen Nöten, die uns getroffen haben« (Psalm 46,2).

Die Sprüche Salomos (Sprichwörter)

Was soeben über die Entstehung und die Sammlung der Psalmen gesagt wurde, trifft zumindest formal auch für das Buch der Sprüche Salomos zu. Es handelt sich um eine Sammlung sehr verschiedener Texte aus verschiedenen Zeiten, die hauptsächlich Lebensweisheit in Spruchform enthalten. Relativ spät sind sie aus kleineren Sammlungen, deren Entstehungszeit kaum mehr zu ermitteln ist, zusammengestellt worden.

Ebenso wie viele Psalmen David gewidmet oder ihm später zugeschrieben wurden, so sind die Sprüche gleichfalls Autoritäten unterstellt und dadurch mit der Würde hohen Alters versehen worden. Der größte Teil der Sprüche wird Salomo zugeschrieben, weil man ihn in Israel nicht nur für den exemplarisch klugen und mit Weisheit gesegneten Regenten hielt, wie es in der Geschichte vom Salomonischen Urteil (1. Könige 3,16-28) zum Ausdruck kommt, sondern auch für den Urheber vieler Weisheitssprüche. Dabei konnte man sich auf 1. Könige 5,9-14, aber auch auf die Begegnung Salomos mit der Königin von Saba berufen (10,1-10.13.23 f).

Welcher Art die 3000 Sprüche waren, die Salomo laut 1. Könige 5,12 verfaßt haben soll, ist freilich schwer zu sagen. Jedenfalls war es nicht das, was wir im Buch der Sprüche Salomos, wie es jetzt vorliegt, lesen. Die ältere Weisheit war nur zum Teil Lebensweisheit; es handelte sich, wie wir besonders aus der altorientalischen Weisheit aus Israels Umgebung wissen, in den meisten Fällen um die Aufzählung und Beschreibung von Personen, Gegenständen, Pflanzen und anderen Dingen dieser Welt, die in Listenform erfaßt und nach Sachgruppen geordnet wurden. Daß man auch diese Form von »Weisheit«, die fast schon ein Stück »Wissenschaft« war, in Israel kannte, schimmert in der Formulierung über Salomos Weisheit in 1. Könige 5,13 noch durch.

Das uns vorliegende Buch der »Sprüche Salomos«, das nach der lateinischen Übersetzung auch »Proverbien« genannt wird, besteht aus kleineren Einzelsammlungen, die sich anhand des Textes dank eingeschobener Zwischenüberschriften noch recht gut erkennen lassen. Durchweg handelt es sich nicht um Formen der älteren Weisheit mit ihren Naturbeschreibungen, sondern um Lebensweisheit in Sprüchen, wie sie im Alten Orient vornehmlich in Ägypten und Mesopotamien gepflegt wurde. Schlechthin alle Bereiche des menschlichen Lebens werden erfaßt. Es ist Erfahrungsweisheit, wie sie unter uns noch heute im Gebrauch ist, nicht selten gestützt auf biblische Formulierungen, besonders gerade aus dem Buch der Sprüche. »Wenn dich die bösen Buben locken, so folge nicht« (Sprüche 1,10) mag manchen als Bibelwort überraschen. Charakteristisch für die Form vieler Sprüche ist ihr Aufbau als Gegensatzpaar, wie etwa 14,34: »Gerechtigkeit erhöht ein Volk, aber die Sünde ist der Leute Verderben.« Oft haben die Sprüche auch belehrenden Charakter: »Wer zugrunde gehen soll, der wird zuvor stolz; und Hochmut kommt vor dem Fall« (16,18).

Von den Auslegern wird gern der »weltliche Zug« vieler Sprüche hervorgehoben, als ob sie nur Weltweisheit verkündeten und das Göttliche vernachlässigten. Das mag streckenweise so sein. Es hängt zusammen mit der Übernahme vieler Sprüche aus der täglichen Erfahrungswelt. Doch zeigen die Sprüche nicht selten ein hohes Maß an theologischer Tiefe, wie z. B. 16,9: »Des Menschen Herz erdenkt sich seinen Weg; aber der HERR allein lenkt seinen Schritt.« Schließlich aber ist die ganze Sammlung unter das berühmte Wort gestellt: »Die Furcht des HERRN ist der Anfang der Erkenntnis« (1,7), bekannter noch in Anlehnung an 9,10 in der Fassung: »Die Furcht des HERRN ist der Weisheit Anfang.«

Es unterliegt keinem Zweifel, daß im Buch der Sprüche Material übernommen wurde, das aus verschiedenen Weisheitsbüchern stammt, die nachweislich nicht allein Israel ihren Ursprung verdankten. Das bekannteste Beispiel ist Sprüche 22,17–23,12, ein Abschnitt, der sich ganz eng an die ägyptische Weisheitslehre des Amenemope anlehnt, die um 1000 v. Chr. in ägyptischer Sprache niedergeschrieben wurde. Die neuerdings wiederholte Annahme, daß es sich bei dem ägyptischen Text um eine Übersetzung aus dem Hebräischen handeln könnte, ist wohl nicht zutreffend. Die Abhängigkeit des Buches der Sprüche von außerisraelitischen Vorbildern ist eher wahrscheinlich als der umgekehrte Weg. Auch die aus Mesopotamien bekannte »Lehre des Achikar« hat vermutlich auf den hebräischen Text eingewirkt. Achikar

VI,82 läßt sich mit Sprüche 23,13f vergleichen. Die Spruchweisheit hat nun einmal internationalen Charakter. Darum sollten Entlehnungen, die auch in das Alte Testament eindrangen, nicht erstaunen.

Die in den Text eingestreuten Zwischenüberschriften markieren deutlich den Anfang von insgesamt sieben ursprünglich selbständigen Sammlungen. Sie sollen hier kurz charakterisiert werden:

1. Sammlung: 1,1–9,18 »Sprüche Salomos«

Verknüpft sind Einzelsprüche mit kleinen Gedichtsammlungen, die oft lehrhaften Charakter haben. Mehrfach spricht ein Vater (Lehrer) zu seinem Sohn (Schüler) und erteilt ihm Ermahnungen (1,10-19; 2,1-22 u. ö.); dasselbe tut sodann die »Weisheit«, die wie eine selbständige Person redet (1,20-33; Kap. 8 und 9). Der Vater warnt den Sohn vor dem Umgang mir fremden Frauen (5,1-23; 6,20-35; 7,1-27). Kleinere Sammlungen befassen sich mit Bürgschaftsleistungen, Faulheit und Falschheit. Die einhellige Meinung ist, daß diese erste Sammlung bis 9,18 die jüngste im Spruchbuch ist und nicht vor dem 4. Jahrhundert v. Chr. entstanden ist.

2. Sammlung: 10,1–22,16 »Sprüche Salomos«

Im wesentlichen werden hier nur Einzelsprüche geboten, 375 hat man gezählt, die nur teilweise nach inhaltlichen Gesichtspunkten geordnet sind. Im allgemeinen lassen sich die Prinzipien ihrer Zusammenstellung nicht erkennen. Auffallend jedoch ist, daß Verhaltensweisen von Menschen geschildert werden, und zwar jeweils in gegensätzlichen Paaren: der Weise und der Tor, der Gottlose und der Fromme, der Zornige und der Geduldige u. a. Diese Gegenüberstellung zweier verschiedener Menschentypen ist auch für die außerisraelitische Spruchweisheit kennzeichnend und nach ihrem Vorbild auch im Alten Testament so gestaltet.

3. Sammlung: 22,17–24,22 »Worte von Weisen«

Schon die Überschrift verrät den allgemeinen Charakter der folgenden kleinen Sprucheinheiten, die Ermahnungen und Warnungen enthalten. In 22,17–23,12 ist jenes Stück enthalten, das der ägyptischen Weisheit des Amenemope nachgestaltet ist. Das bedeutet, daß dieser Teil des Spruchbuches nicht erst aus nachexilischer Zeit stammen muß, sondern schon in vorexilischer Zeit bekannt gewesen und in die israelitische Spruchweisheit übernommen sein wird.

4. Sammlung: 24,23-34

Die etwas eigenartige Überschrift »Auch dies sind Worte der Weisen«
verrät den Charakter einer wohl ursprünglich selbständigen kleinen
Einheit. Fünf Sprüche von je zwei bis vier Versen verurteilen Partei-
lichkeit und Fluch.

5. Sammlung: Kap. 25–29

Die Sammlung trägt im engeren Anschluß an die vierte Sammlung die
stark erweiterte Überschrift: »Auch dies sind Sprüche Salomos, die die
Männer Hiskias, des Königs von Juda, gesammelt haben.« Mit Hiskia
kommen wir in das Ende des 8. Jahrhunderts v. Chr. Mögen tatsächlich
zu dieser Zeit auf Veranlassung des sehr aktiven Königs Hiskia, der
auch eine Kultreform durchgeführt haben soll, diese Sprüche gesammelt worden sein, sichere Hinweise und Merkmale dafür finden wir im
Material der Sprüche selbst leider nicht. Es handelt sich vielfach um
Einzelsprüche, die sich kaum von denen unterscheiden, die wir aus
anderen Zeiten und Sammlungen kennen.

6. Sammlung: Kap. 30

Sie umfaßt nur das eine Kapitel und will laut Überschrift »Worte
Agurs, des Sohnes des Jake, aus Massa« enthalten. Dieser Agur sei also
ein Angehöriger des arabischen Stammes Massa (vgl. 1. Mose 25,14).
Damit sind wir etwa in die gleiche Gegend versetzt, aus der auch Hiob
mit seinen Angehörigen gekommen sein soll. Die Worte Agurs erinnern stellenweise tatsächlich an Hiob, besonders an Worte aus Hiob
40–42 (vgl. 40,4f; 42,2-6). Freilich ist hier in den Sprüchen die Erkenntnis Hiobs gleichsam in die Formen großer Weisheitstradition
gebracht. Gott ist unbegreiflich, und daher empfiehlt sich Schweigen
und Bescheidenheit. Dies entspricht allerdings nicht ganz dem Schluß
des Gesprächs Hiobs mit Gott. Weitere Worte Agurs befassen sich
mit Reichtum und Armut. Es kommen aber auch einige rätselhafte
Sprüche vor (30,11-31), die mit Zahlenangaben verbunden sind, die
nicht sicher gedeutet werden können.

7. Sammlung: 31,1-9

»Worte an Lemuel, den König von Massa, die ihn seine Mutter lehrte.«
Der König, aus demselben Stamme wie Agur (Kap. 30), empfängt
Warnungen und Mahnungen aus dem Munde seiner Mutter, die aber

wohl nur bis Vers 9 reichen. Das unter dem Titel »Lob der klugen (oder tüchtigen) Hausfrau« bekannte Gedicht 31,10-31 ist wiederum alphabetisch-akrostichisch komponiert (s. o. S. 97 zu Psalm 119). Die 22 Verse beginnen jeweils mit einem neuen Buchstaben in der Reihenfolge des hebräischen Alphabets. Dies ist offenkundig ein in sich selbständiges Gedicht.

Die Merkmale aller dieser Sammlungen, die auf älterem Material beruhen, sind so vielfältig, daß sie auch wegen ihres Inhaltes schwer einer bestimmten Epoche zugesprochen werden können. Das Menschliche dominiert. Doch kann man schwer umhin, die ganze Komposition in ihrer Endgestalt der späteren nachexilischen Zeit zuzusprechen und mit dem Abschluß der Endredaktion des Buches der Sprüche frühestens gegen Ende des 4. Jahrhunderts v. Chr. zu rechnen, also etwa zur Zeit Alexanders des Großen. Es kann aber auch noch später gewesen sein.

Der Prediger Salomo (Kohelet)

Der erste Vers dieses kleinen Buches will Auskunft über seinen Urheber geben. Er lautet: »Dies sind die Reden des Predigers, des Sohnes Davids, des Königs zu Jerusalem.« Entsprechend dieser Überschrift hat man unter dem »Sohn Davids« keinen anderen als Salomo verstanden. So erklärt sich die in den meisten Bibelübersetzungen gebrauchte Überschrift »Der Prediger Salomo«. Die Bezeichnung Kohelet gibt das hebräische Wort wieder, das man mit »Prediger« übersetzt hat. Griechisch heißt der Prediger korrekt übersetzt »Ecclesiastes«, und so ist das Buch auch in der lateinischen Bibelübersetzung, der Vulgata, überschrieben.

Heißt aber nun das Wort »Kohelet« wirklich »Prediger«? Korrekt heißt es »der zur Gemeinde gehörende Versammlungsleiter«. Um diesen Bedeutungsgehalt zu vereinfachen, hat man kurz »Prediger« gesagt. Im übrigen aber hat die Bemerkung am Anfang des Buches »des Sohnes Davids« zu der Meinung geführt, dieser Prediger müsse Salomo sein. Wie man das Buch der Sprüche Salomo zuschrieb, weil seine Weisheit so groß war, hat man sich gut vorstellen können, daß er auch hinter dem Buch des Predigers stehen könnte, und ihn zu dessen Autor gemacht. Denn dieses Buch hat den Charakter weisheitlicher Belehrung. Deshalb sollte man auch am Schluß des Werkes (12,9-11) nicht überrascht sein zu lesen, daß der »Prediger« ein »Weiser« genannt wird, der das Volk belehrte, daß er forschte und viele Sprüche dichtete.

Hier wird deutlich, daß der »Prediger« ein anderer gewesen sein wird als Salomo.

Des Rätsels Lösung ist die, daß hier eine Spruchsammlung, die wohl erst dem 3. Jahrhundert v. Chr. zuzuweisen ist und die Welterfahrung dieser Zeit wiedergibt, zur großen Tradition salomonischer Weisheit gerechnet und dem »Sohn Davids« zugeschrieben wurde, den man, leicht verschlüsselt, einen »Prediger« nannte. Nicht selten hat man, wie konnte es anders sein, Salomo tatsächlich für den Verfasser der ganzen Schrift gehalten und in den skeptisch-resignierenden Worten des Predigers die Altersweisheit des großen Königs zusammengefaßt sehen wollen. Dieser schönen Vorstellung möchte man gern zustimmen. Aber zu viel spricht dagegen, daß die Weisheit des Kohelet-Buches in der frühen Zeit Salomos so formuliert werden konnte.

Das Buch enthält eine kritische Betrachtung der Welt und des menschlichen Daseins, wie sie sich in Israel erst in nachexilischer Zeit zu Wort meldete. Teilweise lassen sich griechische Einflüsse erkennen, daneben auch Spuren ägyptischer Weisheit. So wird beispielsweise der merkwürdige Vers 1,12 »Ich, der Prediger, war König über Israel zu Jerusalem« aus der Eigenart einiger ägyptischer Weisheitslehren zu erklären sein, in denen der altgewordene König zu seinem Sohn spricht und ihm die Summe seiner Erfahrungen mitteilt. Nach diesem Vorbild spricht hier in Vers 12 der königliche »Prediger« im Rückblick auf seine Herrschaft. Die Anrede an den Sohn findet sich am Schluß des Kohelet-Buches in 12,12.

Das Hauptthema der ganzen Schrift wird in 1,2 mit der Feststellung angeschlagen: »Es ist alles ganz eitel«, was heißt: alles ist nutzlos, vergeblich, sinnlos. Zwanzigmal begegnet diese Formel im ganzen Buch. Der Prediger findet in allem, was geschieht, in Natur und Menschenleben, keinen Sinn. »Es geschieht nichts Neues unter der Sonne« (1,9). Weisheit und Reichtum, Streben nach Gerechtigkeit und jegliches menschliche Bemühen, alles was das Leben erfüllt, ist letztlich sinnlos. Am Ende steht für jedermann der Tod. Auch die Frau kann zur großen Enttäuschung werden: »Und ich fand, bitterer als der Tod sei ein Weib, das ein Fangnetz ist und Stricke ihr Herz und Fesseln ihre Hände. Wer Gott gefällt, der wird ihr entrinnen; aber der Sünder wird durch sie gefangen.« (7,26)

Über aller pessimistischen Beurteilung des Lebens aber vergißt der Prediger niemals Gott und sein Werk, das vollkommen und schön ist. Allein der Mensch kann es nicht ergründen (3,11). Das berühmte Wort »Alles hat seine Zeit« beschreibt in 3,1-9 die wohlgefügte Ordnung der Schöpfung Gottes. Was also bleibt dem Menschen? Daß er bei all seinem Mühen guten Mut behält und das Leben als eine Gabe Gottes genießt (3,12-15). So spannt sich über das ganze Buch ein weiter Bogen, der mit dem »Alles ist ganz eitel« in 1,2 anhebt und mit der Aufforderung »So freue dich, Jüngling, in deiner Jugend und laß dein Herz guter Dinge sein« (11,9–12,8) schließt.

Man würde den Prediger falsch verstehen, wenn man meinte, er würde die billige Flucht aus der Resignation in gedankenlosen oder gar frivolen Lebensgenuß empfehlen wollen. Das wäre eine allzu einfache Lebensphilosophie. Vielmehr ist es Gott, der auch die Lebensfreude schuf und den Menschen damit beglücken wollte. Durch das ganze Buch zieht sich diese religiöse Dimension; Gott als Schöpfer und steter Begleiter des Menschen wird nie aus dem Auge verloren. Oft wird dem »Prediger« in seinem Buch Skepsis und Resignation nachgesagt. Dabei wird jedoch die Botschaft der Lebensfreude unterschätzt, die zur sinnvollen Lebensgestaltung befähigt.

Das Buch Kohelet macht einen geschlossenen Eindruck. Doch ist eine bruchlose Gedankenführung und ein klarer Aufbau nur stellenweise deutlicher zu erkennen. Verschiedene Überlieferungen sind lose aneinandergefügt. Das zeigt sich auch an der Verwendung unterschiedlicher Stilformen. Es gibt Reflexionen im Ich-Stil (1,12-18; 2,1-13), aber auch Mahnungen an ein Du (4,17–5,8; 7,9-14; 11,1-6). Vielfach handelt es sich nur um ganz kleine Einheiten von Sprüchen, die sich oft schwer voneinander abgrenzen lassen. Viele Einzelworte tragen ihre Wahrheit in sich selbst und könnten ebenso im Buch der Sprüche stehen.

Die letzten Verse (12,12-14) werden gern als Anhang angesprochen. Vers 12 ist eigener Art und zum Sprichwort geworden: »Des vielen Büchermachens ist kein Ende, und viel Studieren macht den Leib müde.« Nach solcher Warnung wollen die letzten Verse dem Buch noch einen krönenden Abschluß geben und sprechen von der Hauptsumme aller Lehre: »Fürchte Gott und halte seine Gebote.« Weit entfernt sind solche Worte von Skepsis und Resignation, aber auch von wilder Flucht in den Lebensgenuß. Wer auch immer diese »Summe der Lehre« schrieb, sie steuert dem »Alles ist eitel« kraftvoll entgegen.

Das Hohelied Salomos

Die seit der Bibelübersetzung Luthers geläufig gewordene Bezeichnung »Das Hohelied« will das kleine poetische Buch als einen Gipfel der Lieddichtung bezeichnen, als das schönste und beachtenswerteste Lied aller Lieder. So drückt es auch der hebräische Text aus. Er spricht vom »Lied der Lieder Salomos« (1,1), woran sich die lateinische Bezeichnung »Canticum canticorum« angeschlossen hat. Daß man dieses »Lied der Lieder« Salomo zuschrieb, ist verständlich. Bereits die vorausgehenden Bücher der »Sprüche« und des »Predigers« führte man auf Salomo zurück, der für Israel zum Inbegriff von Weisheit und Lebensklugheit geworden war. Nach 1. Könige 5,12 soll er 1005 Lieder gedichtet haben, und es lag nahe, sich vorzustellen, daß dieses »Lied der Lieder« auch etwas mit ihm zu tun haben müsse. Tatsächlich wird auch Salomo im Hohenlied mehrfach erwähnt (1,5; 3,7.9.11; 8,11). Genauer beschrieben wird sogar ein Thronsitz Salomos, der möglicherweise tragbar war, so daß die Übersetzung durch »Sänfte« ein gewisses Recht beanspruchen kann (3,6-11).

Daß jedoch das ganze Lied, wie es uns vorliegt, aus der frühen Zeit Salomos stammt, wird heute allgemein für unwahrscheinlich gehalten. Es gibt eine Reihe von Gründen, die die Abfassung, mindestens die Komposition des Liedes aus einer späteren Zeit geradezu beweisen. Das zeigen vor allem sprachliche Eigentümlichkeiten, Einflüsse aus dem Aramäischen, wie sie erst in spät-nachexilischer Zeit möglich wurden, als aramäische Dialekte auf die Umgangssprache und die Dichtung einzuwirken begannen.

Es ist heute weithin anerkannt, daß es sich beim Hohenlied um eine Sammlung von Liebesliedern handelt, die recht locker miteinander verbunden sind. In der Anordnung der Lieder hat man freilich auch dramatische Steigerungen erkennen wollen, wo in Szenen und Bildern nacheinander vom Erleben der Liebenden gesprochen wird, die sich allmählich näherkommen.

Der Vergleich mit modernen Liebesliedern und Hochzeitsbräuchen in Syrien und Palästina hat die Auffassung verstärkt, daß es sich auch im Hohenlied um einzelne Lieder handelt, die bei Hochzeitsfesten gesungen oder vorgetragen wurden. J. G. Wetzstein, im vorigen Jahrhundert preußischer Konsul in Damaskus, hat solche modernen Bräuche beobachtet und mit dem Hohenlied verglichen. Am Tag vor der Hochzeit tanzt die Braut einen Schwerttanz, während die Umstehenden ein Lied singen, das ihren Schmuck und ihre körperlichen Reize beschreibt. In der Woche nach der Brautnacht wird das junge Paar als König und Königin gefeiert. So erklären sich im Hohenlied auch die engen Beziehungen und Vergleiche, die auf das Königtum anspielen. Selbst in der Anrede der Geliebten als Schulammit (7,1, Luther: Sulamith; vielleicht ist nach griechischer Überlieferung Sunamith bzw. Schunamit zu lesen) läßt sich an ein »königliches« Mädchen denken, wenn man sich dabei an die »Schunemiterin« erinnert, das Mädchen Abischag von Schunem (1. Könige 1,3; 2,17.21f; 2. Könige 4,12), die einst König David in seinem Alter zu Diensten war und als begehrte Frau zum Inbegriff eines schönen Mädchens wurde. Doch muß diese Deutung umstritten bleiben. Schulammit kann auch einfach ein Kosename sein.

Es gehört zur Eigenart orientalischer Liebeslieder, daß sie in ganz typischer Weise die Erfahrungen junger Leute schildern, die zu allen Zeiten die gleichen sind. So finden sich im Hohenlied neben Anspielungen auf die Hochzeit auch Schilderungen der Frau und ihrer Schönheit, vielfach mit Vergleichen verbunden, die uns ferner stehen. Es wird in diesem kargen Land Israel an schöne Landschaften erinnert, die es dort seltener gibt, die aber wie Sinnbilder einer vollkommenen Natur erscheinen, vollkommen wie eine schöne Frau. So liest man in 4,1: »Dein Haar ist wie eine Herde Ziegen, die herabsteigen vom Gebirge Gilead.« Besonders verständlich im wasserarmen Lande sind Vergleiche mit wohlbewässerten Gärten: »Ein Gartenbrunnen bist du, ein Born lebendigen Wassers, das vom Libanon fließt« (4,15). Beziehungsreich und geheimnisvoll sind Vorstellungen wie: »Meine Schwester, liebe Braut, du bist ein verschlossener Garten, eine verschlossene Quelle, ein versiegelter Born« (4,12). »Mein Freund komme in seinen Garten und esse von seinen edlen Früchten« (4,16).

Trotz des hochpoetischen Charakters hat das Hohelied seines erotischen Inhaltes wegen nicht nur einhellige Zustimmung und Freude ausgelöst, obwohl es der orientalischen Empfindungswelt, und nicht nur ihr, sehr nahesteht. Früh schon wurden allegorische Deutungen beliebt, die die Beziehung der Liebenden als Gleichnis für das Verhältnis Gottes zu Israel verstanden. So schon im zu den außerkanonischen jüdischen Schriften gehörenden 4. Buch Esra 5,23-30 (um 100 n. Chr.). Die alte Kirche übernahm solche Verständnisweisen und sah im Hohenlied ein Abbild der Liebe Christi zu seiner Kirche oder zu jeder einzelnen frommen Seele. Damit war das Liebesverhältnis zwischen den Geschlechtern zwar nicht geleugnet, aber doch auf eine höhere Stufe geistigen und geistlichen Verstehens gehoben. Das sollte es manchem verständlicher machen, daß dieses Hohelied seinen Platz im Alten Testament und in der Bibel überhaupt beanspruchen durfte.

Es steht außer Frage, daß diese allegorischen Deutungen gut gemeint, aber im Hohenlied nicht beabsichtigt sind. Es soll und will die glückliche Erfahrung beschreiben, die in der Begegnung zwischen Mann und Frau stattfindet.

Nur am Rande sei vermerkt, daß man das Hohelied auch aus der Perspektive der Religionsgeschichte verstehen und Einzelheiten des Textes auf dem Hintergrund mythischer Vorstellungen erklären wollte, insbesondere unter der verbreiteten Vorstellung der sogenannten »Heiligen Hochzeit«. Ein Gott und eine Göttin traten in ein Liebesverhältnis ein, das in klassischen Szenen an Heiligtümern nachgebildet wurde. Daß aber gerade ein so ritueller Hintergrund aus Israels Umwelt dazu beigetragen haben soll, im Hohenlied zur Beschreibung des Verhältnisses zwischen Gott und Israel zu dienen, ist wenig wahrscheinlich. So bleibt denn das Hohelied eine großartige Dichtung, die aus Hochzeits- und Liebesliedern zusammengestellt wurde und ihren Wert durchaus in sich selbst besitzt.

Nur in übertragenem Sinn hat man zuweilen das Kapitel 1. Korinther 13 aus dem Neuen Testament das »Hohelied der Liebe« genannt. Dies aber hat mit dem »Hohenlied Salomos« nichts zu tun, denn es beschreibt die hingebende Liebe mit ihren geistigen Voraussetzungen, also nicht Eros, sondern Agape.

3. DIE PROPHETENBÜCHER

ZUR PROPHETIE
UND ZUR PROPHETISCHEN LITERATUR

Die Prophetie ist eine Eigenart der Religion Israels, die es in dieser Form auf der Welt nicht wieder gegeben hat. Zwar existierten auch in anderen Religionen und Kulturbereichen Männer und Frauen, die als Wahrsager und Vermittler von Orakeln in Verbindung mit ihren Gottheiten etwas über künftige Dinge in Erfahrung bringen konnten. Aber auf die reine Zukunftsschau beschränkte sich das Wirken der Propheten Israels keineswegs. Ihre Worte richteten sich nur in den wenigsten Fällen an einzelne Menschen, sie bezogen sich fast regelmäßig auf das Schicksal des ganzen Volkes und wollten durch das Wort Gottes, zu dessen Botschaftern sie berufen waren, das ganze Volk belehren, warnen und trösten.

Die Legitimation, als Propheten aufzutreten, bezogen diese Männer aus einem sogenannten »Berufungserlebnis«. Ausführliche Berichte über ihre Berufung besitzen wir aber nur von den drei »großen« Propheten Jesaja, Jeremia und Hesekiel. Anspielungen darauf finden sich vielleicht bei Amos und vermutungsweise auch am Anfang des »zweiten Jesaja« (Deuterojesaja) in Jesaja 40,6-8. Das »Berufungserlebnis« ist der Augenblick, in dem der Prophet teils durch Schauung (Vision), teils durch Vernehmen der Stimme Gottes (Audition) die Gewißheit erhält, im Namen Gottes zum Propheten berufen zu sein und zum Volke sprechen zu müssen. Die Propheten sagen selbst, daß sie unter einem Zwang standen, sich dem göttlichen Auftrag nicht entziehen zu können.

Wie sich dieses prophetische Anfangserlebnis im einzelnen abspielte und wie das Wort Gottes die Propheten während ihres Wirkens erreichte, wissen wir nicht. Alle Versuche, psychologisch diese Vorgänge zu erklären, scheitern daran, daß die Propheten unter sehr verschiedenen Voraussetzungen berufen und zu ihrer späteren Wirksamkeit fähig gemacht wurden. Viele ihrer Sprüche leiten sie mit den Worten ein: »So spricht der HERR« (vgl. Jesaja 7,7; 44,6; Jeremia 2,2; Hesekiel 2,4;

Amos 1,3 u. ö.). Sie treten also wie Boten auf, von Gott berufen und beauftragt, um in seinem Namen bestimmte Botschaften und Weisungen weiterzugeben. Wie das praktisch geschah, läßt sich aus einzelnen Stellen der überlieferten Prophetenbücher noch erkennen. Jesaja erlebte seine Berufung im Tempel zu Jerusalem (Jesaja 6), Jeremia erhielt die Gewißheit des Berufenseins in sehr jungen Jahren (Jeremia 1,5-10). Wir wissen nicht, wo es geschah. Hesekiel lebte unter den Exilierten im Raum um Babylon und sah einen herannahenden Thronwagen, der ihm Gottes Ankunft anzeigte (Hesekiel 1), dann erfolgte durch göttliche Rede seine Berufung (2,1–3,21). An öffentlichen Plätzen müssen die Propheten aufgetreten sein, was besonders deutlich im Buche Jeremia zu erkennen ist (Jeremia 26; 28).

Mit dem mündlich vorgetragenen Wort begnügten sich die Propheten nicht. Ihre Worte wurden aufgeschrieben, damit die Zuverlässigkeit ihrer Aussagen auch für fernere Generationen erhalten bliebe. Sie hatten zuweilen Schüler, die für die Niederschrift und ihre Aufbewahrung verantwortlich waren. Jesaja besaß Schüler, die man gern auch als »Jünger« bezeichnet (vgl. Jesaja 8,16). Jeremia hatte einen Vertrauten mit Namen Baruch, der wie ein Sekretär den Propheten umgeben haben muß. Aufschlußreich ist die Stelle Jeremia 36,32, wo Baruch beauftragt wird, Sprüche erneut aufzuschreiben, die zuvor der König Jojakim frivol nach ihrer Lesung verbrannt hatte. Hesekiel ist mehrfach im Exil mit den Ältesten der Gemeinde zusammengekommen, um ihnen das Wort Gottes zu vermitteln (Hesekiel 14,1; 20,1; vgl. 33,2.12). Aus allen diesen Einzelheiten und Begleitumständen prophetischen Auftretens sieht man, wie eng die Propheten dem Leben verbunden waren und wie sie aufgrund bestimmter Erfahrungen und in besonderen geschichtlichen Lagen das Wort ergriffen, weil sie den göttlichen Auftrag dazu erhielten.

Die Propheten wandten sich also an ihre Zeitgenossen. Sie wiesen sie hin auf die Verirrungen und Gefahren, denen sie zu erliegen drohten. Sie deckten die Sünden des Volkes auf und warnten vor den Konsequenzen, die eintreten würden, wenn sie Gottes Wort verachteten. So wurden die Propheten zu Predigern mit belehrenden und mahnenden Worten, die auf bevorstehende Katastrophen hinwiesen. Aber in keinem Fall ist es ihnen gelungen, eine Umkehr des Volkes zu bewirken. Sind sie also letzten Endes doch gescheitert, sind sie umsonst aufgetreten?

Nach dem sichtbaren Erfolg geurteilt, sind sie tatsächlich gescheitert. Aber ihre Worte wurden nicht umsonst aufgeschrieben. Denn durch das geschriebene Wort wirkten sie weiter und legten Zeugnis ab vom Willen Gottes und den Wegen, die Gott sein Volk führte. Und das behielt auch im nachhinein seine Bedeutung und diente dem Volk zu bleibender Erziehung und Mahnung. Auch Jesus ist rein weltlich gesehen gescheitert. Sein Leben endete am Kreuz. Aber seine Botschaft wirkte weiter über Jahrtausende hinweg, ohne daß es möglich ist, diese außerordentliche Wirkung logisch zu erklären. Im selben Sinne blieben auch die Worte der Propheten erhalten und wirksam und haben sich im weitesten Sinne des Wortes als das wahrhaftige Wort Gottes erwiesen und bewährt.

Weil die Propheten nicht nur Wahrsager oder Orakelgeber für den Augenblick waren, sondern tief in der Geschichte ihres Volkes wurzelten und die Nöte und Gefahren kannten, denen Israel immer wieder ausgesetzt war, blieben ihre Worte über die Zeiten hinweg beispielhaft und wegweisend.

Gern wird gesagt, daß die Propheten auf das Kommen Jesu Christi vorausgewiesen hätten. Dies gilt durchaus, aber nicht in direktem Sinne. Kein Prophet hat den Namen Jesu Christi gekannt. Wohl aber haben einzelne Propheten vom Kommen eines künftigen Königs gesprochen, der Israel in umfassender Weise retten und danach regieren werde. Hier liegen die Anfänge der Messias-Erwartung. Am Ende der Tage werde der »Messias«, der »Gesalbte des HERRN«, ins Griechische übersetzt: der »Christus«, kommen und die Erwartungen Israels erfüllen. Die junge Christenheit, wahrscheinlich schon die Jünger selbst, allen voran Petrus nach dem Zeugnis der Evangelien (Matthäus 16,16; vgl. auch Markus 8,29; Lukas 9,20), haben in Jesus den Christus erkannt. Nur in diesem indirekten Sinne, in der Erwartung einer idealen Herrscherpersönlichkeit, haben die Propheten des Alten Testaments von Jesus Christus andeutend gesprochen.

Aber die Gestalt Jesu von Nazareth hat sich als noch umfassender erwiesen, als es die alttestamentlichen Propheten wissen konnten. Jesus verstand sich nicht als König, sondern nannte sich selbst im Anschluß an eine Stelle aus dem Buche Daniel (Daniel 7,13) der »Menschensohn«, der von Gott gesandte »Mensch« schlechthin, der als »Erlöser« die Menschen aus ihren Sünden und Irrtümern befreien sollte, damit sie vor Gott angenehm sein und von ihm angenommen werden könnten. Diese Erkenntnis Jesu als des Retters und Erlösers, der die Sünden der Welt trug und für uns litt und starb, ist im Alten Testament durch das Kapitel vom »Knecht Gottes« in Jesaja 52,13–53,12 veranlaßt und vertieft worden.

Es wird gut sein, die Prophetenbücher nicht allein auf ihre Anspielungen auf den späteren »Messias« hin zu lesen, sondern sie als das zu nehmen, was sie sind, als Worte begnadeter Männer, erfüllt vom Geiste Gottes, die ihrer jeweiligen Zeit das Wort Gottes verkündeten und interpretierten.

Eine letzte Bemerkung: Über jedem Prophetenbuch steht der Name des Propheten, dessen Äußerungen dann folgen. Wir wissen aus zahlreichen Einzelbeobachtungen, daß nicht immer nur der betreffende Prophet spricht, dessen Name das ganze Buch trägt. Zahlreiche Prophetenworte sind in späterer Zeit ergänzt und erweitert worden. Schüler des jeweiligen Propheten und spätere Schriftsteller haben im Sinne des Propheten seine Botschaft »fortgeschrieben« und für ihre Zeit neu in Geltung gesetzt. So bezeugen die Prophetenbücher nicht nur Worte einzelner Männer, sondern zugleich die Wirkungen ihrer Rede auf spätere Generationen. Auch diese später hinzugekommenen Worte gelten als »Wort Gottes«, weil sie ganz und gar im Geiste der Propheten verfaßt sind.

In unseren Bibelausgaben finden wir insgesamt siebzehn »Prophetenbücher«. Ursprünglich waren es nur fünfzehn: die drei »großen Propheten« Jesaja, Jeremia und Hesekiel (Ezechiel) und die zwölf »kleinen Propheten«, beginnend mit Hosea. Hinzugefügt wurden nach dem Buch Jeremia die sogenannten »Klagelieder Jeremias« und nach dem Buch Hesekiel das Buch Daniel. Sie sind im hebräischen Kanon an anderer Stelle untergebracht (s. S. 153).

Die Bücher Jesaja, Jeremia und Hesekiel sind ihrer Größe nach geordnet. Jesaja hat 66, Jeremia 52 und Hesekiel 48 Kapitel. Zufällig entspricht aber diese Reihenfolge im wesentlichen auch der zeitlichen Ansetzung dieser Propheten. Jesaja gehört in die Zeit der assyrischen Eroberungen im 8. Jahrhundert v. Chr., Jeremia erlebte das Ende der Assyrer und das Hochkommen der Babylonier an der Wende vom 7. zum 6. Jahrhundert, Hesekiel trat in der ersten Hälfte des 6. Jahrhunderts im Babylonischen Exil auf. Im einzelnen aber liegen die Dinge komplizierter, weil, wie oben schon angedeutet, in jedes dieser Prophetenbücher auch Sprüche späterer Zeiten aufgenommen worden sind. Darüber wird noch genauer zu sprechen sein.

Die zwölf »kleinen Propheten« heißen allein deshalb so, weil ihre Bücher im Verhältnis zu denen der »großen Propheten« ungleich kürzer sind. Allerdings sind sie nicht der Größe nach geordnet, sondern ungefähr in der zeitlichen Reihenfolge, in der die einzelnen Propheten aufgetreten sind. Dabei ist man allerdings sehr großzügig verfahren, weil nicht jeder dieser Propheten gut genug bekannt war, um ihn mit Sicherheit einer ganz bestimmten Zeit zuzuweisen. Im allgemeinen läßt sich sagen, daß die Propheten von Hosea bis Zefanja in der Zeit vor dem Babylonischen Exil, also vor dem 6. Jahrhundert, aufgetreten sind. Jedoch gehören Haggai und der Anfang des Sacharjabuches zweifellos in die beginnende Perserzeit nach dem Exil, genauer gesagt, in die Jahre um 520 v. Chr. Maleachi ist schwer zu datieren. Wahrscheinlich entstand dieses Prophetenbuch erst im 5. Jahrhundert, also im Jahrhundert von Esra und Nehemia. Die zweite Hälfte des Sacharjabuches von Kap. 9 an ist wohl noch jüngeren Datums und mag in etwa erst zur Zeit Alexanders des Großen oder sogar noch später abgeschlossen worden sein.

Wie reichhaltig und kompliziert ein solches Prophetenbuch sein kann, läßt sich sogleich am Buch Jesaja beobachten.

Der Prophet Jesaja

Im Buch Jesaja unterscheidet man in der Forschung drei selbständige Überlieferungskomplexe. Der Mann, der dem ganzen Buch den Namen gab, war der Prophet Jesaja, der in der zweiten Hälfte des 8. Jahrhunderts v. Chr. in Jerusalem auftrat und seine Worte angesichts der Bedrohung der Stadt durch die Assyrer aussprach. Was er sagte, findet sich, wenn auch vielfach erweitert und ergänzt, in Jesaja 1–39. Deutlich von ihm unterschieden ist die Botschaft eines anderen Propheten, die man vermutlich ohne eigene Überschrift an die Kapitel 1–39 anschloß. Sie setzt in Kap. 40 ein und endet in Kap. 55. Es unterliegt keinem Zweifel, daß dieser Prophet erst in der zweiten Hälfte des Babylonischen Exils, vermutlich nach 550 v. Chr., auftrat; aber wir kennen seinen Namen nicht. Es ist reine Verlegenheit, daß wir ihn den »zweiten Jesaja« (griechisch: »Deuterojesaja«) nennen, weil er den zweiten Teil des ganzen Jesajabuches bildet. Ihm schließen sich in den Kapiteln 56–66 Sprüche verschiedenen Charakters an, die nichts mehr mit Deuterojesaja zu tun haben. So wurde es üblich, diesen letzten Teil des Jesajabuches den »dritten Jesaja« (griechisch: »Tritojesaja«) zu nennen. Angesichts dieser Unterscheidungen konnte es nicht ausbleiben, daß man die Kapitel 1–39 als den »ersten Jesaja« (griechisch: »Protojesaja«) bezeichnete. Wenden wir uns zuerst diesen Überlieferungen zu.

Es ist durchaus nicht so, daß Jesaja 1–39 ein einziges geschlossenes Buch darstellt. Im Gegenteil: Es liegt hier eine Sammlung sehr verschiedener Worte aus verschiedenen Zeiten vor. Mit Sicherheit können wir sagen, daß der Prophet Jesaja aus dem 8. Jahrhundert innerhalb der Kapitel 1–12 zu Wort kommt. In Jesaja 6 berichtet er selbst über sein Berufungserlebnis, das im Tempel stattfand und in das Todesjahr des Königs Usija datiert ist (6,1). Wahrscheinlich war dies das Jahr 736 v. Chr. Jesaja sieht Jerusalem durch die Assyrer bedroht, sagt aber nicht den Untergang der Stadt voraus. Das ist besonders in Jesaja 7 deutlich, wo er sich gegen den König Ahas im Jahre 733 wendet. Namentlich zwischen 720 und 710 hat er sich häufiger zur Politik Jerusalems und Judas geäußert. Seine letzten Worte fallen in das Jahr 701, als Jerusalem von den Assyrern eingekreist und von Juda abgeschnitten war; einzelne Anspielungen auf diese Ereignisse finden sich in Kap. 1.

Besondere Bedeutung erlangten in der kirchlichen Tradition Worte Jesajas, die die Geburt und die Inthronisation eines neuen Königs aus Davids Stamm verheißen (7,14; 9,1-6; 11,1-5). Sie wurden bereits im Judentum als Ankündigung des Messias verstanden und konnten darum als »messianische Weissagungen« von der Christenheit auf das Kommen Jesu Christi als des verheißenen Messias, des »Christus«, bezogen werden.

In Kap. 13–23 stehen hauptsächlich Worte gegen fremde Völker. Ihre Sprache und ihr Inhalt lassen aber deutlich erkennen, daß nicht alle aus dem 8. Jahrhundert stammen können, weil beispielsweise auch die Babylonier erwähnt werden, die erst im folgenden Jahrhundert zu welthistorischer Bedeutung aufsteigen sollten. Es handelt sich vielmehr um eine Sammlung von Fremdvölkersprüchen verschiedener Zeiten, wie sie in ähnlicher Weise in den Büchern Jeremia und Hesekiel zu finden sind. Dem Leser mag es merkwürdig vorkommen, daß über einigen dieser Sprüche das Wort »Last« steht, z. B. »Die Last für Ägypten«. Das zugrundeliegende hebräische Wort ist jedoch anders zu übersetzen und heißt soviel wie »Erheben der Stimme«, »Spruch«, »Ausspruch«. Dadurch bekommen diese Überschriften ihren Sinn.

Kap. 24–27 ist abermals eine Spruchsammlung, wohl die jüngste im ganzen Jesajabuch. Sie handelt von der Endzeit, spricht vom Weltgericht und vom künftigen Heil. Was hier steht, ist schon nicht mehr Prophetie, sondern gehört zu jener Gattung von Literatur, die wir beispielsweise im Neuen Testament in der »Offenbarung des Johannes«

vor uns haben, die auch »Apokalypse des Johannes« heißt. Deshalb spricht man auch im Blick auf Jesaja 24–27 von der »Jesaja-Apokalypse«. Diese verbreitete Gattung der apokalyptischen Literatur hat erst seit dem 2. vorchristlichen Jahrhundert einen Aufschwung genommen, veranlaßt durch die Wirren in der damaligen Zeit. Die Kapitel 24–27 stammen von einem uns unbekannten Verfasser.

Erst in Kap. 28–32 stehen wieder Worte, die sich wenigstens teilweise mit dem Jesaja des 8. Jahrhunderts in Verbindung bringen lassen. Der Ausblick in die Zukunft in Kap. 33–35 ist wiederum späteren Zeiten zuzuweisen.

Ebenso wie das Buch Jeremia schließt der erste Jesaja in Kap. 36–39 mit einem »historischen Anhang«, mit einem großen Textstück, das aus den Geschichtsbüchern übernommen wurde. Es handelt sich um 2. Könige 18,13–20,19, eine Reihe von Erzählungen über Jesajas Auftreten zur Zeit der Bedrohung Jerusalems im Jahre 701 v. Chr. Hinter Jesaja 36,1 fehlt allerdings das Stück 2. Könige 18,14-16. Die legendenhafte Darstellung in Kap. 38 und 39 hat ihre Parallelen in 2. Könige 20. Der »Psalm Hiskias« (Jesaja 38,9-20) fehlt allerdings im Königsbuch. Der Sinn dieses »historischen Anhangs« ist offenbar der Wunsch gewesen, im Jesajabuch möglichst alles unterzubringen, was sich von und über Jesaja überliefert fand.

Der zweite Jesaja (Deuterojesaja): Kapitel 40–55

An den ersten Worten von Jesaja 40 muß dem Bibelleser sofort auffallen, daß etwas ganz Neues beginnt: »Tröstet, tröstet mein Volk, spricht euer Gott. Redet mit Jerusalem freundlich und prediget ihr, daß ihre Knechtschaft ein Ende hat, daß ihre Schuld vergeben ist.« Das ist nicht die normale Rede eines Propheten. In der Regel erwartet man eine Botschaft des Unheils. Hier aber setzt eine umfassende Botschaft des Trostes und des freundlichen Umganges Gottes mit dem als Frau (»Tochter Zion«; vgl. hier auch 40,9) vorgestellten Jerusalem ein. Ihre Knechtschaft ist beendet, ihre Schuld vergeben. Das kann sich nur auf das Jerusalem der Exilszeit beziehen.

Nach der schrecklichen Zerstörung der Stadt durch die Babylonier im Jahre 587 v. Chr. wendet sich dieser Prophet, der zweifellos unter den Exilierten in Babylonien lebte, im Namen Gottes an die in Juda zurückgebliebene Bewohnerschaft, um eine große Wende anzukündigen. Die Schuld ist vergeben, und also ist auch damit zu rechnen, daß die im Babylonischen Exil lebenden Leute aus Jerusalem und Juda wieder in ihre Heimat zurückkehren dürfen. Dies wird so vorgestellt, daß Gott selbst an der Spitze seines Volkes durch die syrisch-arabische Wüste zwischen Babylon und Jerusalem ziehen wird, auf einer Prachtstraße, auf einer »ebenen Bahn«, die entstehen wird, nachdem Täler und Hügel eingeebnet sind (40,3-5). Die Ankunft der Exilierten unter Gottes Führung in Jerusalem schildert Jesaja 40,9-11.

Diese wenigen Anfangsverse 40,1-11 enthalten in höchst konzentrierter Form die Hauptthemen des Buches Deuterojesaja: Gottes Vergebung und die Ankündigung der Heimkehr der nach Babylonien gebrachten Judäer. In Gestalt eines Triumphzuges durch die Wüste, vorgestellt als Gegenstück zu dem einst so schweren Auszug aus Ägypten, wo Gott dem Volke ebenso durch die Wüste voranging, wird nun Israel in seine Heimat zurückgeführt und dort als das wieder versammelte Volk unter Gottes Schutz leben können. Der Vergleich mit dem Auszug aus Ägypten ist beabsichtigt; man lese nur Stellen wie 43,16f.18-21; 48,20f; 49,8-13; 51,10f; 52,11f (vgl. dazu 2. Mose 12,11).

Was leider nur dem Kenner des Hebräischen voll zuteil wird, ist der Genuß einer hochpoetischen Sprache, die bei Deuterojesaja vorherrscht und dem Leser einer Übersetzung kaum zu vermitteln ist. Aber einige Worte haben sich in Luthers genialer Nachdichtung so sehr eingeprägt, daß sie doch ein wenig von der Schönheit dieser großartigen Sprache nachempfinden lassen. Dazu gehört das auf das ganze Israel zu beziehende Wort 43,1: »Fürchte dich nicht, denn ich habe dich erlöst; ich habe dich bei deinem Namen gerufen; du bist mein!« Berühmt geworden ist die tröstende Botschaft 43,24f: »Mir hast du Arbeit gemacht mit deinen Sünden und hast mir Mühe gemacht mit deinen Missetaten. Ich, ich tilge deine Übertretungen um meinetwillen und gedenke deiner Sünden nicht.« Das Schlußwort Deuterojesajas (55,8-13) hebt an mit umfassenden theologischen Einsichten: »Meine Gedanken sind nicht eure Gedanken, und eure Wege sind nicht meine Wege, spricht der HERR.«

Dies alles sind Erkenntnisse und Vorstellungen, die in der Zeit des ersten Jesaja aus dem 8. Jahrhundert undenkbar waren. Jetzt, zu Deuterojesajas Zeit, fast zwei Jahrhunderte später, hat Israel ganz andere Erfahrungen gemacht, Erfahrungen im Exil, die ihm auch eine ganz neue Weltsicht über nationale Grenzen hinaus vermittelten. Deuterojesaja begreift, daß der Gott Israels nicht nur der Gott seines eigenen Volkes ist, sondern in umfassender Weise der Gott der ganzen Völkerwelt, weil er der Weltschöpfer ist. So liest man in 44,6: »So spricht der HERR, der König Israels und sein Erlöser, der Herr Zebaoth: Ich bin der Erste, und ich bin der Letzte, und außer mir ist kein Gott.« Deuterojesaja erkennt Gottes Einzigartigkeit, die alle anderen Götter, die es auf der Welt geben mag, als falsche Götter, als Götzen entlarvt (43,7-20).

So wird es denn vorstellbar, daß dieser die Völker beherrschende Weltgott sich zur Ausführung seiner Pläne eines Menschen bedienen kann, der nicht Israelit ist, der als fremder Herrscher für eine neue Ordnung der Welt sorgen wird, der Perserkönig Kyrus (559–529 v. Chr.), der das Persische Weltreich begründete und auch Babylonien niederringen sollte (539 v. Chr.). Für die exilierten Judäer sollte das die Befreiung bringen. Deuterojesaja nennt Kyrus zweimal mit seinem Namen (44,28; 45,1; im hebräischen Text »Koresch«, griech. Kyros), doch suchen wir vergeblich nach einem Hinweis, daß die Herrschaft der Babylonier durch ihn ihr Ende fand. Das zwingt zu dem Schluß, daß Deuterojesaja den Fall Babels 539 v. Chr. nicht mehr erlebte. Der Beginn seiner Wirksamkeit erfolgte wahrscheinlich um 550 v. Chr., als Kyrus sein Weltreich zu erobern begann.

Das Buch Deuterojesaja enthält aber noch eine besondere Gruppe von Sprüchen, die von einem »Knecht Gottes« redet und darum auch die besondere Aufmerksamkeit der christlichen Theologen und Kirchen auf sich gezogen hat. Es handelt sich um die in sich geschlossenen Einheiten Jesaja 42,1-4 (der Knecht als Botschafter für die Völker); 49,1-6 (Berufung und Aufgabe des Knechts); 50,4-9 (Gehorsam und Leiden des Knechts); 52,13–53,12 (Leiden und Sterben des Knechts, als stellvertretendes Leiden verstanden: »Durch seine Wunden sind wir geheilt.«). Diese vier »Lieder vom Knechte Gottes« oder »Gottesknechtslieder« haben seit je sehr unterschiedliche Erklärungen gefunden. Von der Frage »Wer war der Knecht?« (eine geschichtliche Persönlichkeit, vielleicht sogar der Prophet selbst = individuelles Verständnis) hat sich das Schwergewicht der Interpretation auf die Überlegung konzentriert: »Was bedeutet der Knecht?« So erschloß sich das sogenannte kollektive Verständnis der Lieder vom Gottesknecht als ernsthafte Möglichkeit: Der Knecht verkörpert keine Einzelperson, sondern das leidende Israel, und beschreibt dessen Bedeutung für die Welt.

Wer unvoreingenommen die Texte liest, glaubt besonders beim letzten Gottesknechtslied das Leiden und Sterben Jesu Christi prophetisch vorausgeschaut zu finden. Unterstützt durch die Erzählung vom Kämmerer aus Äthiopien (Apostelgeschichte 8,26-40) bezog die frühe Kirche Jesaja 53 auf das Leiden und Sterben Jesu und begriff es als ein stellvertretendes Leiden »um unserer Sünde willen« (53,5). Jesaja 53 wurde deshalb zum Text für die Lesung am Karfreitag.

Die neuere Forschung neigt dazu, die vier Lieder vom Gottesknecht nicht mehr zu isolieren, sondern zu einem festen Bestandteil der Botschaft Deuterojesajas zu machen. Dann wäre, auch im Vergleich mit anderen Stellen, tatsächlich unter dem Knecht das Volk Israel zu verstehen. Gegenüber diesem wahrscheinlich ursprünglichen Verständnis der Gottesknechtslieder verlieren sie für den Christen doch nicht an Bedeutung. Gottes Werk, das in Israel begann, vollendete sich sichtbar für alle Welt in der Gestalt Jesu Christi, »der sein Leben gab als Lösegeld für viele« (Markus 10,45). Dieser Satz, der »den Vielen« Gerechtigkeit verheißt, ist nach dem Wortlaut von Jesaja 53,11f formuliert. Indem so Gott zu Israel sprach und durch Jesus Christus sich der Welt zuwandte, vereinigen sich kollektives und individuelles Verständnis des »Knechtes« im Schicksal Israels ebenso wie in Person und Werk Jesu. Das Leiden der Welt findet in Jesaja 53 seine umfassendste Deutung.

Der dritte Jesaja (Tritojesaja): Kapitel 56–66

Ursprünglich glaubte man, die Kapitel 40–66 als ein einziges, in sich geschlossenes Buch verstehen zu können. Eine überwältigende Heilsbotschaft beherrscht diese Texte, und sie alle sind hochpoetisch abgefaßt. Dann aber erkannte man, daß von Jesaja 56 an bemerkenswerte Unterschiede gegenüber 40–55 hervortreten, andere Themen auftauchen und der Text nicht mehr so geschlossen und eindringlich wirkt. Daher trennte man die Kapitel 56–66 als »dritten Jesaja« vom »zweiten Jesaja« ab.

Dennoch – der Eindruck bleibt zwiespältig. Einerseits gibt es Stellen, die sich so eng an Deuterojesaja anlehnen, daß man sagen könnte, da sei ein »Nachahmer Deuterojesajas« am Werk gewesen. Das trifft für die Abschnitte 60–62; 57,14-19 und 66,6-16 zu. An das »Tröstet, tröstet mein Volk« von 40,1 erinnert die überwältigende Anrede an Jerusalem in 60,1: »Mache dich auf, werde Licht; denn dein Licht kommt, und die Herrlichkeit des HERRN geht auf über dir.« An die Heimkehr der fern wohnenden jüdischen Exilsgemeinden in aller Welt denkt 60,4: »Deine Söhne werden von ferne kommen und deine Töchter auf dem Arme hergetragen werden.«

Aber es finden sich bei Tritojesaja auch ganz andere Worte, wie sie Deuterojesaja nicht kennt, etwa die Klage über das Ende der Gerechten (57,1-6), Worte gegen das treulose (57,7-13) und das blutbefleckte

Volk (59,1-3). In 56,9–57,13 glaubt man sogar eine kleine Sammlung von Gerichtsworten zu erkennen, die aus der Zeit vor dem Exil stammen. Das Lied 63,7–64,11 steht dem Text aus den Klageliedern Jeremias (Kap. 3 und 5) nahe. Jesaja 66,1-4 steht sogar dem Tempel und dem Opferdienst kritisch gegenüber. Gott verlangt nicht mehr als einen demütigen Geist.

Am Text Jesaja 56–66 haben offenbar sehr verschiedene Hände mitgewirkt. Es müssen Leute gewesen sein, die unter vielfältigen und zwiespältigen Eindrücken standen; hier spricht nicht nur die Stimme eines einzigen Propheten. Es ist auch nicht mehr die Zeit des Exils allein, die den Hintergrund des Tritojesaja bildet, es ist eher die turbulente und schwierige Epoche, die in Jerusalem und Juda dem Exil folgte. Verschiedene Kräfte und Auffassungen standen damals nebeneinander und gegeneinander, ehe eine wirklich neue Gemeinschaft nach den erlittenen Katastrophen sich herausbildete. Man hat daran gedacht, daß die in Tritojesaja vorliegende Textsammlung in die Zeit des Prophetenbuches Maleachi am Anfang des 5. Jahrhunderts zu verlegen sei. Wahrscheinlicher aber waren es die Unruhen und Neuansätze zur Zeit der Propheten Haggai und Sacharja um das Jahr 520 v. Chr., als der Bau des zweiten Tempels endlich in Gang kam, die Anlaß und Nährboden der so hoffnungsfrohen, aber auch bedrückenden Äußerungen bei Tritojesaja bildeten.

Wenn diese Texte tatsächlich als ein selbständiges Buch von Jesaja 40–55 abzugrenzen sind, so fragt man sich, wie es kam, daß so verschiedene Botschaften zusammenkamen, an Deuterojesaja angeschlossen und schließlich sogar mit dem vielfältigen Material in Jesaja 1–39 zu einem einzigen Buch unter dem Namen »Jesaja« vereinigt werden konnten. Gern hat man gesagt, daß dies einen ganz äußerlichen Grund gehabt haben könnte. Auf jener Schriftrolle, die den »ersten Jesaja« enthielt, war noch Platz genug für weitere Sprüche und Botschaften, die man zwanglos hinzuschreiben konnte.

Aber eine so mechanische Auffassung über die Entstehung des ganzen Jesajabuches ist nicht zwingend und auch nicht beweisbar. Es ist nicht auszuschließen, daß diese verschiedenen prophetischen Äußerungen bewußt zu einem einzigen großen Buch zusammengestellt wurden, weil sie in vielerlei Hinsicht als zusammengehörig eingeschätzt und empfunden werden konnten. In allen drei »Jesajabüchern« finden sich auffallende Gemeinsamkeiten und sprachliche Anklänge, die auf eine gemeinsame Grundlage der Überlieferung hindeuten, beispielsweise die Bezeichnung Gottes als des »Heiligen Israels« (vgl. etwa 1,4;

5,19 mit 41,14.16.20), wie überhaupt die Heiligkeit Gottes schon beim ersten Jesaja eine auffallende Rolle spielt (vgl. das »Dreimal Heilig«, das Tersanctus, in 6,3).

Für den Zusammenhang und Zusammenhalt des ganzen Jesajabuches spricht nicht zuletzt die Tatsache, daß Jerusalem darin eine bedeutende und verbindende Rolle spielt. Der Prophet Jesaja aus dem 8. Jahrhundert stammte aus Jerusalem, er trat ein für die Stadt und für das davidische Königshaus. Für Deuterojesaja steht Jerusalem im Mittelpunkt seiner Botschaft; das gilt in vieler Hinsicht auch für Tritojesaja. Im Buch Jesaja sind also unter dem Namen des großen Propheten Jesaja aus dem 8. Jahrhundert Traditionen über Jerusalem zusammengestellt, die den verschiedensten Zeiten entstammen, die die Krisen und Gefahren der Stadt beschreiben, ebenso aber auch ihre Erwartungen und Hoffnungen für die Gegenwart und für eine lange und glückhafte Zukunft.

Es gibt Hinweise darauf, daß das ganze Jesajabuch mit seinen 66 Kapiteln gegen Ende des 3. vorchristlichen Jahrhunderts vollendet gewesen sein wird. Das läßt sich an einer Zusammenfassung seines Inhaltes im apokryphen Buch Jesus Sirach (um 200 v. Chr.) ablesen (Sirach 48,22-25). Es wird bestätigt durch die Handschriftenfunde vom Toten Meer bei Qumran, wo eine vollständige Jesajarolle aus dem 2. Jahrhundert v. Chr. entdeckt wurde.

Dem Bibelleser werden diese komplizierten Entstehungsverhältnisse vielleicht nicht allzu viel sagen. Es mag ihm genügen zu wissen, daß sich von Jesaja 40 an in besonderer Weise Israels Heilshoffnung in nachexilischer Zeit Ausdruck verschafft hat. Mit dem einzigartigen Wort Jesaja 61,1 erinnert Tritojesaja an die Berufung und die Aufgabenfülle, die bei Deuterojesaja (vgl. 42,1-4) dem »Knecht Gottes« zuteil wurde: »Der Geist Gottes des HERRN ist auf mir, weil der HERR mich gesalbt hat. Er hat mich gesandt, den Elenden gute Botschaft zu bringen, die zerbrochenen Herzen zu verbinden, zu verkündigen den Gefangenen die Freiheit, den Gebundenen, daß sie frei und ledig sein sollen.« Mit diesen Worten begann Jesus seine Lesung in der Synagoge von Nazareth (Lukas 4,18 f) und umschrieb damit sein eigenes Amt und seinen göttlichen Auftrag.

Der Prophet Jeremia

Von keinem Propheten Israels wissen wir so viel wie von Jeremia. Wir kennen nicht nur sein Lebensschicksal, wir erfahren auch etwas über seine inneren Auseinandersetzungen, über den Zwang, von Gott berufen Prophet sein zu müssen, in unruhiger Zeit inmitten verständnisloser Zeitgenossen. Im Buche Jeremia sind nicht nur Sprüche des Propheten enthalten, sondern auch ausführliche Erzählungen, die über ihn berichten. Das Bild, das wir auf solche Weise von Jeremia erhalten, ist überzeugend. Er trat auf in den letzten Jahrzehnten vor der Zerstörung Jerusalems durch die Babylonier im Jahre 587 v. Chr. Es war eine der bewegtesten Epochen der Geschichte Israels und des damaligen Orients überhaupt.

Jeremia 1,1-3 nennt das 13. Jahr des Königs Josia (639–609 v. Chr.) als das Berufungsjahr des Propheten (627/26). Um diese Zeit trat das einstige Weltreich der Assyrer, nach dem Tode König Assurbanipals (668–ca. 627/6) völlig geschwächt, in die letzte Phase seiner Geschichte ein, die 612 v. Chr. mit der Zerstörung Ninives ihr offizielles Ende fand. Seit dem 8. Jahrhundert, seit den Zeiten Jesajas, waren Jerusalem und Juda von den Assyrern bedroht und zahlten ihnen hohe Tribute. Nun, gegen Ende des 7. Jahrhunderts, vermochte König Josia die Zeit des assyrischen Niedergangs zu nutzen und suchte sich von Assur zu lösen. In diesem Zusammenhang stand wohl auch seine bekannte Kultreform (622/21 v. Chr.), die assyrische Kulte in Juda abschaffte und den Opfergottesdienst auf Jerusalem und seinen Tempel konzentrierte.

Josia fiel 609 v. Chr. bei Megiddo im Kampf gegen den ägyptischen König Necho, der auf dem Wege war, einen assyrischen Reststaat im oberen Mesopotamien zu stützen. Denn eine neue Weltmacht kündigte sich an: die Babylonier. Tatsächlich erlagen ihnen die Ägypter und mit ihnen die letzten Assyrer 605 v. Chr. in der Schlacht bei Karkemisch am Euphrat. Den Sieg errang der babylonische Kronprinz Nebukadnezar, der kurz danach selber König wurde (605–562). Er fiel in den folgenden Jahren mehrfach in Syrien und Palästina ein, belagerte 597 v. Chr. Jerusalem und führte damals hauptsächlich Teile der städtischen Oberschicht nach Babylonien. Im Jahr 587 belagerte er die Stadt von neuem, ließ Stadt und Tempel zerstören und führte ein weiteres Bevölkerungskontingent ins babylonische Exil.*

---

* Vgl. zu diesen Vorgängen den Band »Geschichte Israels von Abraham bis Bar Kochba« von Siegfried Herrmann und Walter Klaiber in derselben Buchreihe, S. 98 ff.

Diese bewegten Ereignisse bilden den Hintergrund des Buches Jeremia. Sie treten freilich weniger in Jeremias eigenen Worten in Erscheinung, die meist poetisch abgefaßt sind (was den Übersetzungen oft nicht anzumerken ist), sondern in einer ganzen Reihe von Erzählungen im Prosastil. Am bekanntesten sind Jeremias Besuch beim Töpfer (18,1-12), seine Tempelrede (Kap. 26, in besonders eindrücklicher Fassung in Kap. 7), eine Auseinandersetzung mit dem falschen Propheten Hananja (Kap. 28), Jeremias Brief an die Exilierten in Babylonien (29,1-14), vor allem aber eine fortlaufende Darstellung der letzten Zeit Jeremias. Sie beginnt in Kap. 36 mit der frivolen Verbrennung einer Buchrolle mit Sprüchen Jeremias durch König Jojakim in seinem Palast in Jerusalem. Sodann werden Jeremias Gefangensetzung und seine Leiden kurz vor dem Untergang Jerusalems 587 v. Chr. erzählt, danach sein Aufenthalt in Mizpa und schließlich sein erzwungener Weggang nach Ägypten (Kap. 37–44), wo er wahrscheinlich gestorben ist.

Wer der Erzähler dieser spannenden Geschichten ist, bleibt offen. Man nimmt an, daß sie auf Jeremias Begleiter und Sekretär Baruch zurückgehen, der auch die Sprüche des Propheten notierte und nach ihrer Verbrennung durch König Jojakim entsprechend dem Diktat Jeremias von neuem aufschrieb (36,32). Diesem Baruch ist sogar in Kap. 45 ein besonderes Gotteswort gewidmet.

Die übrigen Aufzeichnungen im Jeremiabuch sind zuweilen sehr verschieden. Wer ihr Urheber ist, ob der Prophet selbst oder seine Anhänger, ist nicht mit Sicherheit zu sagen. In den Kapiteln 1–25 sind mehrere Text- und Spruchsammlungen vereinigt, die wohl aus verschiedenen Zeiten stammen und wahrscheinlich erst nach Jeremias Tod zusammengestellt und geordnet wurden. Eine erste Teilsammlung bilden die Kapitel 1–6, in denen es um Israels und Judas Schuld und ihre Folgen geht. In der Sammlung Kapitel 7–9 steht die Mißachtung der Rechtsordnungen Gottes im Vordergrund. Über Gottes Gericht an Juda aufgrund seiner Verfehlungen sprechen auf vielfältige Weise die Kapitel 11–20.

Ein wenig verstreut stehen in diesem Zusammenhang sehr auffällige Texte und Worte, in denen Jeremia sein eigenes Schicksal als Prophet beklagt. Er fühlt sich von Gott allzu hart auf die Probe gestellt und von seinen Zeitgenossen isoliert. Diese Texte sind berühmt geworden unter dem Namen »Die Konfessionen Jeremias«. Sie verteilen sich in folgender Weise: 11,18–12,6; 15,15-21; 17,12-18; 18,18-23; 20,7-18.

Weitere Sammlungen von Sprüchen finden sich in 21,11–23,8 (die sogenannten »Königssprüche«) und 23,9-40 (Worte gegen falsche Propheten und frevelnde Priester).

In 25,14 ist ein gewisser Abschluß im Jeremiabuch erreicht. Man liest eine Art Rückblick; das Datum von Jeremia 1,2 wird in 25,3 wiederholt.

Nach einem Wort gegen fremde Völker (25,15-38) setzt der im wesentlichen erzählende Teil des Jeremiabuches ein, aber auch hier zu kleinen Sammlungen geordnet. Die Kapitel 26–29 befassen sich abermals mit wahren und falschen Propheten. Kap. 30–31 ist ein besonderer, in sich geschlossener Text, ein hauptsächlich poetisch abgefaßtes Stück, das sich mit Trost und Heil für Israel neben Juda befaßt, das sogenannte »Trostbuch für Ephraim«. Hervorzuheben ist hier das Wort vom »neuen Bund« (31,31-34).

Kap. 32 handelt von Jeremias Ackerkauf in seiner Heimatstadt Anatot. Die Kapitel 36–44 bringen die ausführliche Erzählung über Jeremias Erlebnisse vor der Zerstörung Jerusalems und seine Verschleppung nach Ägypten.

In Kap. 46–51 sind Sprüche gegen fremde Völker vereinigt, wie sie auch in den Büchern des ersten Jesaja und bei Hesekiel überliefert sind. Ähnlich Jesaja 36–39 steht in Jeremia 52 ein geschichtlicher Anhang, der dem 2. Königsbuch entnommen ist. Er handelt von Jerusalems Untergang, wie er auch in 2. Könige 24,18–25,21 zu lesen ist.

Der Reichtum des Buches Jeremia kann in dieser kurzen Übersicht kaum erfaßt werden. Wenn es zutreffen sollte, wie es neuerdings häufig betont wird, daß im Jeremiabuch nicht nur die eigenen Worte des Propheten, sondern auch viel Nacharbeit und spätere Erweiterungen stecken, dann vermittelt uns das ganze Prophetenbuch nicht nur einen Eindruck von Jeremias persönlichem Werk und Wort, sondern auch von den Wirkungen, die seine Prophetie auf die Menschen mehrerer Generationen ausübte. Denn entgegen so mancher unberechtigten Hoffnung unter Jerusalemern und Judäern, daß es am Ende gut ausgehen werde, hat Jeremia mit seiner Unheilsbotschaft recht behalten. Jerusalem mußte fallen, das Königreich Juda nahm ein Ende. Daß damit das Gottesvolk nicht völlig unterging, sondern ebenso im Exil wie im Mutterland weiterleben sollte, ist allerdings auch in zahlreichen Heilsworten im Jeremiabuch angedeutet (vgl. besonders Kap. 30f). Jeremia trug wohl etwas von dieser Erwartung und Hoffnung in sich, aber den Wiederaufbau des Landes und die Herstellung einer neuen Ordnung hat er nicht mehr erlebt. Dies geschah erst nach dem Exil.

Die Klagelieder des Jeremia

Dem Buch des Propheten Jeremia ist ein selbständiges kleines Werk von fünf Kapiteln angeschlossen, das herkömmlich »Die Klagelieder Jeremias« genannt wird. In vielfältigen Formen werden darin der Fall der Stadt Jerusalem und die darauf folgenden Zustände im Lande beklagt. Jerusalem fiel im Jahre 587 v. Chr. der babylonischen Großmacht unter König Nebukadnezar zum Opfer. Eine ansehnliche Menge von Menschen aus Jerusalem und Juda wurde ebenso wie schon nach der ersten Eroberung der Stadt (597 v. Chr.) nach Babylonien weggeführt und lebte dort im Exil.

An keiner Stelle der »Klagelieder« wird der Verfasser dieser Dichtungen genannt. Man weiß, daß Jeremia ein Klagelied auf den König Josia verfaßt hat (2. Chronik 35,25). Klagelieder auf einen Toten waren in Israel nichts Fremdes. Aber im Buch der Klagelieder geht es nicht um den Tod einer einzelnen Person, sondern um das Ende einer ganzen Stadt. Auf sie ist hier die Form des persönlichen Klageliedes bezogen. Beklagt werden die Folgen eines geschichtlichen Ereignisses von einschneidender Bedeutung. Das zeigt sich in jeder Einzelheit.

Am eindringlichsten erinnern das zweite und vierte, aber auch das fünfte Klagelied an die Eroberung und Zerstörung der Stadt und die Zustände im Lande. In 2,7 etwa ist von der Entweihung des Heiligtums die Rede, von dem Geschrei der Eroberer. 2,8 f schildern die Zerstörung der Stadtmauer und ihrer Tore. Aufschlußreich ist 4,17, wo die Hoffnung auf Hilfe von außen als vergeblich erkannt wird, weil man »auf ein Volk wartete, das doch nicht helfen konnte«. Gemeint sind die Ägypter, die tatsächlich Entsatztruppen nach Jerusalem geschickt hatten (vgl. Jeremia 37,5), aber am Ende nichts ausrichten konnten.

Der Stil dieser Lieder lehnt sich eng an die Formensprache hebräischer Poesie an. Von den fünf Kapiteln, die sich mit den fünf verschieden gestalteten Liedern decken, beginnen das erste, zweite und vierte mit dem Wort »Wie« als Ausdruck des Entsetzens und der tiefen Erschütterung. »Wie liegt die Stadt so verlassen«, heißt es ganz am Anfang. Dieses »Wie« ist der charakteristische Beginn israelitischer Klagelieder, wie sie beim Tod eines Menschen angestimmt wurden. Dieses »Wie« hat es veranlaßt, hier von »Klageliedern« zu sprechen.

Jerusalem heißt häufig, und nicht nur in diesen Liedern, die »Tochter Zion«. Diese Formulierung konnte wesentlich dazu beitragen, die gefallene Stadt, als Person vorgestellt, zu beklagen. Um so erstaunlicher ist, daß zu Beginn des dritten Liedes zu lesen ist: »Ich bin der Mann, der Elend sehen muß durch die Rute des Grimmes Gottes.« Einhellig ist die Meinung, daß in Kap. 3 ein »individuelles Klagelied« vorliegt. Doch auch hier muß es doch Jerusalem sein, das sein Geschick beklagt. Es ist schwerlich anders zu verstehen, als daß sich hier die Stadt Jerusalem mit einer Leidensgestalt identifiziert, die so litt, wie nun Jerusalem leidet. Wer freilich diese Gestalt war, die hier als Vorbild und Vergleich dient, können wir nicht mehr wissen. Wir müssen sogar damit rechnen, daß dieses dritte Kapitel ursprünglich in einem anderen Zusammenhang stand, hier aber als Beispiel für menschliches Leid überhaupt verwendet ist, gleichzeitig aber mit sehr bekannt gewordenen Worten von der Überwindung menschlichen Leides mit Gottes Hilfe spricht. So heißt es in 3,22: »Die Güte des HERRN ist's, daß wir nicht gar aus sind, seine Barmherzigkeit hat noch kein Ende.«

Diese wenigen Hinweise genügen, um zu zeigen, wie selbständig jedes dieser Klagelieder gestaltet ist, aber auch, daß sie sich kaum mit der Botschaft des Propheten Jeremia vergleichen lassen. Er klagte nicht, er sah den Untergang voraus und müßte in der Zerstörung Jerusalems die Bestätigung seiner früheren Worte gefunden haben. Der tiefe Schmerz der Klagelieder paßt nicht zu ihm. Jeremia hat, wie wir wissen, bald nach der Katastrophe das Land verlassen. Er konnte kaum mehr Augenzeuge aller in den Klageliedern beschriebenen Zustände werden. Mögen es Schüler und Anhänger des Propheten gewesen sein, die im Lande verblieben, die ihre Klage vortrugen und aus deren Aufzeichnungen einige Klagelieder übernommen und zusammengestellt wurden. Jedenfalls waren es Leute, die nicht exiliert waren, sondern im Lande selbst Enttäuschung, Niedergang und Not erfuhren.

Ob die Klagelieder sozusagen als liturgische Dichtungen bei Feiern der Klage über die Zerstörung des Tempels und das Geschick des ganzen Landes vorgetragen wurden, wie man zuweilen meint, oder ob solche Gottesdienste erst den Anstoß zur Dichtung der Lieder gaben, ist schwer zu sagen. Wir wissen auch nicht, ob solche Klagefeiern überhaupt stattfanden und wie sie vielleicht gestaltet waren.

Der Prophet Hesekiel (Ezechiel)

Die hebräische Form des Prophetennamens heißt »Jeheskel« und bedeutet »Gott ist stark« oder »Gott möge stark machen«. Eigenartigerweise hat dieser Name in den verschiedenen Bibelübersetzungen mancherlei Wandlungen erfahren. In der griechischen Übersetzung wurde er zu »Iezekiël«, in der lateinischen zu »Ezechiël«. Luther versuchte in seiner Übersetzung der ursprünglichen hebräischen Form wieder näherzukommen. Er stellte der lateinischen Form ein h voran, reduzierte z zu s und kam auf das griechische k wieder zurück. Das ergab die Form »Hesekiël«. Diese Veränderungen hängen hauptsächlich mit der unterschiedlichen Wiedergabe der Konsonanten zusammen, die im Hebräischen bekanntlich eine Hauptrolle spielen. Der evangelischen Tradition ist der Name »Hesekiel« (mit Betonung auf dem zweiten e) vertraut; die Wissenschaft bevorzugt die Form »Ezechiel«, die auch der ökumenischen Regelung entspricht (vgl. Anmerkung auf S. 69).

Hesekiel ist der große Prophet aus der Anfangszeit des Babylonischen Exils, das schon 597 v. Chr. begann. Wir wissen aus Angaben im Buch Hesekiel (1,1-3 und 3,15), daß der Prophet Sohn eines Priesters war. Bereits im Jahre 597 wurde er nach der Belagerung Jerusalems im Zuge der sogenannten »ersten Wegführung« als Angehöriger der Oberschicht (vgl. 2. Könige 24,14) nach Babylonien ins Exil geführt. Jedoch erst im Jahre 593 (nach genauer Berechnung am 31. Juli 593) ist er nach einer gewaltigen Vision, in der er den herannahenden Thronwagen Gottes (Kap. 1) erblickte, zum Propheten berufen worden. Er lebte inmitten der Exilierten nahe Babylon am »Fluß Kebar«, was dem babylonischen Ausdruck *nāru kabari* entspricht und »der große Fluß« oder »der große Kanal« heißt.

Dort in der Ebene östlich von Babylon lagen die Wohnsitze der Exilierten in der Siedlung Tel Abib (Hesekiel 3,15; Vorbild für den Namen des heutigen Tel Aviv in Israel). Dort hatte der Prophet Gelegenheit, zu seinen Landsleuten, besonders mit den Ältesten der Gemeinde, zu sprechen (vgl. 14,1; 20,1). Ihnen berichtete er, was er geschaut hatte, vor allem den Untergang Jerusalems vom Jahre 587 (Kap. 9), er sprach aber auch von einer zu erwartenden Wiederherstellung Israels (Kap. 37). Der letzte datierte Spruch Hesekiels (29,17) fällt auf den 26. April 571. Der Prophet hat wohl das Wiedererstehen Israels vorausgesehen, aber so konkrete Angaben, wie sie Deuterojesaja rund zwei Jahrzehnte später machen konnte, fehlen bei Hesekiel. Von den Persern und von König Kyrus ist bei ihm noch mit keinem Wort die Rede.

Hesekiel war verheiratet. Seine Frau starb plötzlich im Exil (24,15-24). Wann der Prophet starb, ist unbekannt.

Das biblische Buch Hesekiel ist ähnlich beschaffen wie die Bücher Jesaja (Kap. 1-39) und Jeremia. Sprüche des Propheten sind jeweils zusammengestellt, die ein gemeinsames Thema behandeln, wobei es bei Hesekiel besonders schwer zu unterscheiden ist, was wörtlich auf den Propheten selbst zurückgehen könnte und wo seine Schüler oder späteren Bearbeiter die Texte erweitert oder ergänzt haben. Der Berufungsvision in 1,1–3,15 folgen in 3,16–24,17 im wesentlichen Unheilssprüche gegen Jerusalem und Juda. Einige sind in die Form sogenannter »symbolischer Handlungen« oder »Zeichenhandlungen« gekleidet, in denen der Prophet durch sein eigenes Verhalten oder durch bildliche Darstellung seine Botschaft verdeutlichte (3,25–5,17; 12,1-20).

Die Kapitelgruppe 13–24 ist eigener Art. In zumeist ganz selbständigen Bildern und Gleichnissen wird über Israel, seine Geschichte, seine Schuld und seine Zukunft reflektiert. Besonders wichtig ist darunter Kap. 18, das sich gegen die Kollektivschuld für die Eigenverantwortung einsetzt. In Kap. 20 wird Israels Schuld seit den Tagen seines Aufenthaltes in Ägypten und in der Wüste dargestellt.

Kap. 25–32 enthalten Sprüche gegen fremde Völker, die die Eroberung Jerusalems bereits voraussetzen; Kap. 34–37 bringen hauptsächlich tröstende und verheißende Sprüche, die die Wiederherstellung Israels zum Mittelpunkt haben.

Eine besondere Rolle spielt Kap. 33. Hier werden früher behandelte Themen fast wörtlich wieder aufgenommen, insbesondere das Wächteramt des Propheten (vgl. 3,16-21) und die Frage der persönlichen Schuldhaftung (vgl. 18,21-32). In 33,21f erhält Hesekiel die Nachricht vom Fall Jerusalems im Jahre 587.

Ein wenig rätselhaft sind die Kapitel 38 und 39, die Sprüche gegen eine unbekannte Weltmacht aus dem Norden zusammenfassen, gegen Gog, den Großfürsten von Meschech und Tubal »aus dem Lande Magog«. Er wird einen Völkerangriff auf Jerusalem anführen, aber dabei zugrunde gehen. Ob damit auf historische Vorgänge angespielt wird, ist nicht sicher. Die neutestamentliche Stelle aus der Offenbarung des Johannes (Offenbarung 20,8) versteht auch Magog als eine Person.

Die Kapitel 40–48 bilden einen Abschnitt für sich. Man nennt ihn auch den »Verfassungsentwurf« im Buche Hesekiel. Am Anfang steht eine Vision vom neuen Tempel, dem nachexilischen Tempel, und von der Neuordnung in Jerusalem und im ganzen Land. Ausführlich wird der neue Tempel mit allen seinen Baulichkeiten, mit seinen Ordnungen und seinem Personal geschildert; es wird auch vom »Fürsten« und seinen Rechten und Pflichten gesprochen (Kap. 45f), einer führenden Persönlichkeit im Bereich des Tempels, ausgestattet mit Sondervollmachten. Es ist nicht ganz deutlich, ob diese Persönlichkeit in der Nachfolge der Könige einer Art von »Gottesstaat« mit dem Tempel als Mittelpunkt vorstehen soll.

Vom Tempel wird ein wunderbarer Strom ausgehen, der die Wüste Juda bis zum Toten Meer durchfließen und das Meer entsalzen wird, damit Fische darin leben können. Das ganze Land wird neu verteilt und seine Grenzen werden neu festgelegt werden (Kap. 47f).

Dieser vielseitige Inhalt des Hesekielbuches, der hier noch recht unvollständig wiedergegeben wurde, spiegelt exakt jene Probleme wider, die Israel vor der Zerstörung Jerusalems und danach beschäftigen mußten. Schuld und Vergehen, Niederbruch und Zerstörung, das Unheil in seinem vollen Umfang, das Israel getroffen hatte, aber ebenso Hoffnung und Erwartung, großzügiges Planen und gute Aussichten auf ein vollkommeneres Israel, dies alles faßt das Buch Hesekiel in oft ergreifender Weise zusammen. Es ist eine Sammlung von Sprüchen und breiteren Kommentierungen, wie sie wohl Hesekiel selbst anregte, die aber dann weitergedacht und in oft selbständigen Bildern und Reden ausgeprägt wurden, wahrscheinlich noch über das Exil hinaus bis in die Zeit der Neuorganisation in Jerusalem und Juda.

Es hat Gelehrte gegeben, die das Buch Hesekiel erst weit nach dem Exil als vollendet ansehen wollten. Doch die spürbare Konzentration auf Themen, die im Exil gedacht und danach weitergeführt wurden, läßt darauf schließen, daß das Buch recht bald nach dem Exil seine Endgestalt fand. Denn später überlagerten ganz andere Probleme die sich festigende Gemeinde von Jerusalem und Juda, und man war nur noch begrenzt zu visionären Erlebnissen fähig. Zum tragenden Element des wiederhergestellten Gemeinwesens zur Zeit des sogenannten »zweiten Tempels« entwickelten sich allmählich Recht und Gesetz. Das deutet sich im Buch Hesekiel an, hat aber noch keineswegs jene gesetzlich strengen Formen angenommen, wie sie später Esra verlangte. So kann es dabei bleiben, daß der Prophet Hesekiel der Ausgangspunkt des ganzen Buches war, das den Propheten zu Ehren brachte. Andererseits aber bringen verschiedene Überlieferungen auch Auswirkungen seiner Botschaft zum Ausdruck, Überlieferungen, die vom Propheten selbst oder von späteren Schülern in das Buch aufgenommen wurden. So bildet das Hesekiel-Buch eine Art »Kompendium« exilisch-nachexilischer Theologie, wie viele Verfasser daran auch mitwirkten.

Das Buch Daniel

Die in den meisten Übersetzungen gebrauchte Überschrift »Der Prophet Daniel« ist irreführend. Denn Daniel ist mit den übrigen Propheten und Prophetenbüchern im Alten Testament nicht zu vergleichen.

Richtiger sollte man deshalb vom »Buch Daniel« sprechen. Im hebräischen Kanon der alttestamentlichen Schriften folgt Daniel auch nicht dem Propheten Hesekiel, sondern ist im letzten Teil des hebräischen Alten Testaments (vgl. S. 153f) zwischen die Bücher Ester und Esra gestellt. Der teilweise prophetisch wirkende Charakter des Danielbuches hat dazu geführt, es unter die Propheten aufzunehmen, und zwar im Anschluß an die drei großen Prophetenbücher des Anfangs, so daß nunmehr auch eine zeitlich zutreffende Ordnung entstanden ist: Der erste Jesaja wirkte im 8. Jahrhundert, Jeremia im Übergang vom 7. zum 6., Hesekiel im 6. und Daniel im 2. Jahrhundert v. Chr. Daniel ist überhaupt das jüngste Buch des ganzen Alten Testaments.

Das Buch Daniel besteht deutlich erkennbar aus zwei sehr verschiedenartigen Teilen. Die Kapitel 1–6 enthalten Erzählungen über Daniel und seine Freunde, die Kapitel 7–12 bieten Visionen Daniels, die sich auf die Weltgeschichte seit Alexander dem Großen (4. Jahrhundert v. Chr.) bis in seine eigene Zeit (2. Jahrhundert v. Chr.) beziehen und dem Propheten durch einen ihm beistehenden Engel näher erklärt werden. Dieser zweite Teil des Danielbuches ist im Stil der »Apokalyptik« geschrieben, also im gleichen Stil, wie er auch im Neuen Testament in der Offenbarung (»Apokalypse« von griech. *apokalypsis*) des Johannes vorliegt.

Unabhängig von den beiden Teilen, aus denen das Danielbuch besteht, vollzieht sich auch ein Sprachenwechsel, der allerdings nur dem Leser des Originaltextes bewußt wird. Das Stück Daniel 2,4b–7,28 ist in aramäischer Sprache abgefaßt; der übrige Text ist hebräisch geschrieben.

Dies beides sind Kennzeichen, die das Buch Daniel in eine späte Zeit verweisen. Vor allem das Eindringen apokalyptischer Elemente läßt das Buch an einer Entwicklung teilhaben, die für das Judentum der letzten vorchristlichen und der ersten christlichen Jahrhunderte charakteristisch ist. Damit hängt auch zusammen, daß der Name »Daniel« – zumindest für den apokalyptischen Teil ab Kap. 7 – nicht Name eines Verfassers sein muß, sondern in erster Linie die Autorität bezeichnet, unter die man das Ganze gestellt hat, wie man überhaupt Apokalypsen gern unter die Autorität großer Männer der früheren Zeiten stellte, wie z. B. die sogenannten Henochbücher (vgl. zu Henoch 1. Mose 4,17f) oder die Apokalypsen des Baruch und des Esra. In der Regel stehen die Apokalypsen nicht im Alten (oder Neuen) Testament, sondern gehören zur außerbiblischen jüdischen Literatur. Daniel und die Offenbarung des Johannes bilden die Ausnahme.

Ob der Daniel des Danielbuches eine ganz bestimmte historische Persönlichkeit war, ist schwer zu sagen. Was Kap. 1 über ihn sagt, daß er ein bedeutender Seher am babylonischen Hof war, läßt sich nicht überprüfen. Jedoch scheint der Name »Daniel«, der sich mit »Gott hat gerichtet« übersetzen läßt, der Name für ein Urbild von Gerechtigkeit und Weisheit gewesen zu sein. In diesem Sinne eines Vor- und Urbildes eines weisen und gerechten Mannes wird ein Daniel in Hesekiel 14,14.20 und 28,3 neben Noah und Hiob genannt. Diese drei sind dort »exemplarisch Gerechte«, wie man gesagt hat. Solche Vorstellungen aus alter Tradition verband man mit dem Namen Daniel, und es ist nicht auszuschließen, daß sie auch für die Gestalt und den Charakter Daniels in unserem Buch maßgebend waren.

Jedes Kapitel hat sein eigenes Thema. Kap. 1 berichtet, Daniel sei im dritten Jahr des judäischen Königs Jojakim, also 605 v. Chr., von Jerusalem nach Babel weggeführt und dort zusammen mit drei Freunden am Königshofe erzogen worden. Das ist allerdings unwahrscheinlich. Denn im Jahre 605 bestieg Nebukadnezar gerade erst den Thron und konnte niemanden nach Babel ins Exil führen. In Kap. 2 deutet Daniel einen Traum Nebukadnezars von vier Weltreichen, die sich in Gestalt einer Statue aus verschiedenen Metallen darstellen. Gedacht ist nach verbreiteter Auffassung an die Reiche der Babylonier, Meder, Perser und Griechen.

In den folgenden Kapiteln stehen Erzählungen, in denen Daniel nicht durchweg die Hauptrolle spielt: Kap. 3 berichtet über Daniels Freunde; sie werden in den brennenden Ofen geworfen, doch auf wunderbare Weise vor dem Feuer bewahrt; in 3,31–4,31 erfüllt sich ein Traum des Königs, den Daniel deutete; 5,1–6,1 schildert das Gastmahl Belsazars mit der Inschrift an der Wand: Mene, mene, tekel u-parsin, das von Daniel als »Gezählt, gewogen, geteilt« gedeutet wird und ein Hinweis auf den Untergang des babylonischen (vielleicht auch des persischen) Reiches ist. Das sprichwörtliche »Menetekel« hat hier seinen Ursprung und will eine Warnung aussprechen. Weil Daniel gegen den Befehl des Königs am Gebet zu seinem Gott festhält, wird er in die Löwengrube geworfen, ohne daß die Tiere ihn zerreißen (6,2-29).

Bei diesen Erzählungen fällt auf, daß sie sich motivisch entsprechen. Kap. 2 und 4 handeln von Träumen und ihrer Deutung, Kap. 3 und 6 enthalten das Motiv der Märtyrer, die in höchste Gefahr geraten, aber aus ihr gerettet werden. Darum zeigen Katakombenmalereien oft die »drei Männer im feurigen Ofen« und »Daniel in der Löwengrube«, weil die Treue zu Gott sie in äußerste Bedrängnis brachte, ihr Beispiel aber auch Rettung verhieß.

Legendäre Züge sind in diesen Erzählungen nicht zu übersehen. Auch scheinbar historische Angaben entsprechen nicht den Tatsachen. 605 v. Chr. gab es keine Wegführung nach Babel; Belsazar war nicht Sohn und Nachfolger Nebukadnezars, sondern Sohn des letzten babylonischen Königs Nabonid, und kam selbst nie an die Regierung. Babylon galt den Israeliten immer als der große Gegner. So werden auch hier die babylonischen Könige als Prototypen despotischen Verhaltens gesehen. Ihnen widerstehen Daniel und seine Freunde und beweisen ihnen damit ihre Überlegenheit, die sie dem Gott Israels allein verdanken. So wenig geschichtlich die Erzählungen sein mögen, sie wollen doch aufzeigen, daß das Judentum in der Diaspora den dort heraufziehenden Gefahren und Bedrohungen gewachsen war.

Der »apokalyptische« Teil des Danielbuches (Kap. 7–12) richtet sich gegen die Weltreiche der damaligen Zeit. Sie alle sind dem Untergang geweiht. Daniel berichtet selbst über seine Visionen, die wegen ihrer zahlreichen geschichtlichen Anspielungen oft schwer verständlich sind. Der Bibelleser möge einen Kommentar zu Daniel und eine Darstellung der Geschichte Israels zur Hand nehmen, um Einzelheiten im Zusammenhang zu verstehen. (In knapper Form findet man das Wichtigste in der »Stuttgarter Erklärungsbibel« der Deutschen Bibelgesellschaft, 2. Auflage 1992.) Das berühmte Einleitungskapitel 7 schlägt das Thema an: Vier Tiere, die wiederum die vier Reiche wie in Kap. 2 verkörpern, gehen zugrunde. Gott wird auf seinem himmlischen Thron sichtbar als einer, »der uralt war« (Luther), der »Alte der Tage«, wie er wörtlich heißt, und hält Gericht. Dann aber erscheint einer »mit den Wolken des Himmels wie eines Menschen Sohn« (7,13; vgl. Offenbarung 1,7). Er verkörpert das »Reich der Heiligen des Höchsten«, also ein nach den Weltreichen kommendes Gottesreich. Das ist das Thema: die Erwartung, daß die schrecklichen Zustände der Vergangenheit und Gegenwart durch Gottes Eingreifen überwunden werden.

Die Formulierung »einer wie eines Menschen Sohn« wurde später auf eine einzige Person, den »Menschensohn«, konzentriert, der mit messianischer Würde umkleidet als eine Gestalt der Endzeit verstanden wurde. So konnte Jesus diesen Titel auf sich beziehen (vgl. z. B. Matthäus 9,6; 12,8; 16,13; 18,11; 20,28; 26,24).

Im einzelnen schildert Kap. 8 die Vision vom Kampf zwischen Widder und Ziegenbock, die auf das medisch-persische Reich und Alexander den Großen zu deuten sind. In Kap. 9 wird Daniel über die Weissagung aus dem Jeremiabuch (Jeremia 25,11 und 29,10) belehrt: Die 70 Exilsjahre sind sogenannte »Jahrwochen«, also 70 mal 7, bezeichnen also 490 Jahre. So lange wird Jerusalem unter fremder Herrschaft leben müssen, bis ein Zeitalter ewiger Gerechtigkeit anbricht. In Kap. 10–12 erläutert ein Engel in immer detaillierterer Weise den Geschichtsverlauf von Kyrus bis Antiochus IV. Epiphanes, dem Seleuzidenfürsten (175–164 v. Chr.), der den Tempel entweihte und gegen den sich die Makkabäer erhoben. Diese kritische Zeit dürfte auch die Zeit sein, in der der Verfasser dieser Kapitel lebte. Bedeutsam ist noch die Zukunftsweissagung vom Sturz der Heidenvölker und der Rettung der Frommen (11,40–12,3). Die Frommen werden zum ewigen Leben auferstehen, die Gottlosen zu ewiger Schande. Es ist der Gedanke der »doppelten Auferstehung«, der zum ersten Mal im Alten Testament erscheint.

Der Sinn dieser breiten Geschichtsdarstellungen ist die Schilderung einer verworrenen Welt mit ihren Irrtümern und Katastrophen. Für die Frommen aber läuft alles hinaus auf eine Rettung und ein Sein bei Gott, das ihnen zuteil werden wird, wenn das Ende kommt.

Die zahlreichen Zukunftsweissagungen, verbunden mit der realen Geschichte und nicht zuletzt mit genauen Zahlenangaben, haben dem Buch bei christlichen Gemeinschaften und bei Sekten Ansehen und große Beliebtheit verschafft und sie zu eigenen Spekulationen angeregt. Dazu ist zu sagen, daß das Buch Daniel nicht unbegrenzte Weltgeschichtsprognosen bieten will, sondern Kritik an der damaligen Zeitgeschichte übt. Die Angaben werden um so konkreter, je mehr sich die Schilderung den Ereignissen der Regierungszeit Antiochus' IV. nähert. Das Buch läßt sich deswegen relativ genau datieren. Der Verfasser weiß um die Einführung des griechischen Kultes im Jerusalemer Tempel im Jahre 167 v. Chr., in dem ein Altar für Zeus Olympios (9,27; 12,11: »Greuel der Verwüstung«) errichtet wurde. Aber er weiß noch nichts vom Tode des Antiochus (164 v. Chr.).

Man nimmt darum an, daß das Danielbuch frühestens in der Mitte der 60er Jahre des 2. Jahrhunderts v. Chr. entstanden sein wird, möglicherweise zwischen 168 und 164. Allerdings ist mit späteren Zusätzen oder Ergänzungen zu rechnen. Der Ursprung einzelner Erzählungen und Datenangaben mag in Einzelfällen älter sein oder auf älteren Vorbildern beruhen. Dies gilt besonders für die Kapitel 1–6, deren Überlieferungen bis in die Perserzeit zurückreichen können. Doch läßt sich darüber nichts Sicheres sagen.

DIE ZWÖLF »KLEINEN PROPHETEN«

An die Bücher der drei »Großen Propheten« Jesaja, Jeremia und Hesekiel und das Buch Daniel schließen sich zwölf weitere kürzere Prophetenbücher an, die als erster der Kirchenvater Augustin in seinem Buch vom »Gottesstaat« (De civitate Dei, Buch 18, Kap. 29) »Kleine Propheten« *(Prophetae minores)* nannte. »Klein« heißt hier nicht unbedeutend; gemeint ist lediglich der kleinere Umfang dieser Prophetenbücher.

Die griechische Übersetzung (Septuaginta) spricht vom »Zwölfprophetenbuch«. Daher stammt die auch heute noch geläufige Bezeichnung »Dodekapropheton« (*dodeka* = griech. zwölf) für alle zwölf Bücher zusammen. Im Buch Jesus Sirach vom Anfang des 2. Jahrhunderts v. Chr., das man unter den Apokryphen findet, werden die »zwölf Propheten« erwähnt (Sirach 49,12). Daraus ist zu schließen, daß zu diesem Zeitpunkt die Sammlung der »Kleinen Propheten« bereits abgeschlossen war.

Bei der Reihenfolge dieser zwölf Bücher haben chronologische Gesichtspunkte eine Rolle gespielt. An der Spitze stehen die sechs Propheten, die man der assyrischen Zeit zuwies (8. und 7. Jahrhundert v. Chr.): Hosea, Joel, Amos, Obadja, Jona, Micha. Von ihnen dürften freilich Joel, Obadja und Jona jüngeren Datums sein. Aus der zweiten Hälfte des Zwölfprophetenbuches gehören Nahum, Habakuk und Zefanja dem 7. Jahrhundert an. Haggai, Sacharja und Maleachi sind bereits nachexilisch (Ausgang des 6. und Beginn des 5. Jahrhunderts).

Überblickt man die Reihe dieser »Kleinen Propheten«, so zeigt sich, daß sie zu einem wesentlichen Teil parallel zu den »Großen Propheten« auftraten und die Geschicke Israels und Judas vom Auftreten der Assyrer im 8. Jahrhundert bis kurz vor Esra und Nehemia im 5. Jahrhundert begleiteten. Das ist die große Zeit der Prophetie des Alten Testaments. Danach gab es noch weitere prophetische Stimmen, aber sie haben nicht die gleiche Bedeutung erlangt. Daß man nur zwölf dieser »Kleinen Propheten« zusammenstellte, hängt vielleicht mit der Zwölfzahl der Stämme Israels zusammen. Doch läßt sich das nicht mit Sicherheit nachweisen.

Der Prophet Hosea

Hosea trat in der zweiten Hälfte des 8. Jahrhunderts auf, etwa zwischen 750 und 725 v. Chr. Er erlebte den »Syrisch-Ephraimitischen Krieg« 733 v. Chr.* und vielleicht auch noch die Bündnispolitik, die der letzte König des Nordreiches Israel mit Ägypten versuchte. Hosea ist der einzige Prophet des Nordreiches Israel, von dem wir Sprüche in einem eigenen Prophetenbuch besitzen. Das Nordreich wurde 722/1 v. Chr. mit dem Fall von Samaria endgültig ein Opfer der assyrischen Eroberungen.

Das Buch besteht aus zwei recht ungleichen Teilen. Die Kapitel 1–3 handeln von der »Ehegeschichte« des Propheten mit Gomer, der Tochter des Diblajim (1,3), die der Prophet auf Gottes Anordnung hin heiraten mußte, obwohl sie eine Ehebrecherin war. Die Kapitel 4–14 enthalten Drohworte gegen das Nordreich Israel, die aber auf die Bedeutung der Ehe Hoseas aus Kap. 1–3 nicht ausdrücklich Bezug nehmen.

Die meisten Rätsel haben der Auslegung die Kapitel 1–3 aufgegeben. Hoseas Ehe ist als eine Gleichnishandlung aufzufassen. Die Frau steht für das treulose Israel. Gott aber ist entschlossen, das abtrünnige Volk nicht aufzugeben. Wie der Prophet an seiner treulosen Frau festhält, so wird Gott an Israel festhalten und sein Volk nicht verstoßen. An anderer Stelle heißt es sogar, er wird sich mit seinem Volk von neuem verloben (2,22), daß sie einander wieder sagen werden: »Du bist mein Volk« und »Du bist mein Gott« (2,25).

»Liebe« und »Treue« sind die großen und wegweisenden Stichwörter, die auch von Kap. 4 an die Botschaft Hoseas bestimmen. Freilich muß er feststellen, daß es keine Treue und keine Liebe im Lande gibt und es auch an der »Erkenntnis Gottes« fehlt (4,1). Daran aber liegt Gott mehr als am Opfer, das man ihm darbringt (6,6). Kritik übt Hosea am Königtum des Nordreiches (8,4) und am »Kalb« von Samaria, einem falschen Gottesdienst, der an das »goldene Kalb« der Wüstenzeit erinnert (8,5f; vgl. 2. Mose 32). Eine Katastrophe sieht der Prophet kommen für Land und Volk, denn, so urteilt er, »sie säen Wind und werden Sturm ernten«, wie das zum Sprichwort gewordene Prophetenwort sagt (8,7).

Bemerkenswert ist der Zusammenhang 6,1-3, der von der Gewißheit spricht, daß Gott nach einer kurzen Zeit des Gerichts und des Leides,

---

* Vgl. dazu und zum Folgenden »Die Geschichte Israels von Abraham bis Bar Kochba« von Siegfried Herrmann und Walter Klaiber, S. 84ff.

die hier mit »zwei, drei Tagen« angegeben ist, Leben wieder möglich machen will. Daß mit diesen zwei bis drei Tagen in sehr versteckter Weise auf Gottes Handeln zwischen Tod und Auferstehung Jesu angespielt sei, mag ein verlockender Gedanke sein. Doch dachte der Prophet an Israels Wiederaufleben nach einer kurzen Zeitspanne, nicht an die Auferweckung einer Person. Immerhin wird deutlich, daß solcher Sprachgebrauch in Israel nicht fremd war, so daß er im Neuen Testament in ganz spezieller Weise auf Jesus und sein Heilswerk angewandt werden konnte. Seinem Todesleiden folgte am dritten Tag die Auferstehung, die Erfüllung eines neuen Lebens vor Gott.

Der Prophet Joel

Das Buch Joel (gesprochen: Joël) versetzt uns in eine ganz andere Welt und Zeit als das Buch Hosea. Von der Persönlichkeit des in 1,1 genannten Propheten Joel, dem Sohn Petuels, wissen wir absolut nichts, nicht einmal, zur Zeit welcher Könige oder unter welchen Umständen er auftrat, was in der Überschrift der meisten anderen Prophetenbücher mitgeteilt wird. So ist man für die zeitliche Ansetzung dieses Propheten ganz auf Rückschlüsse aus der Eigenart seines Buches angewiesen. Dieses Buch aber ist merkwürdig genug!

Die Kapitel 1 und 2 schildern eine Heuschreckenplage und Dürre als Zeichen und Hindeutung auf den kommenden »Tag des HERRN«, der ein Gerichtstag sein wird und nahe bevorsteht. Kap. 3 und 4 bieten einen Ausblick auf diesen Tag und beschreiben ihn mit weiteren Einzelheiten. Die Heuschrecken werden dabei nicht wieder erwähnt. Es ist nicht abwegig, in Kap. 1–2 und Kap. 3–4 zwei relativ selbständige Sammlungen prophetischer Worte aus verschiedenen Zeiten zu sehen.

Kap. 1 und 2 gegenüber stellt sich die Frage, ob eine wirkliche Heuschreckenplage geschildert wird, die auf eine Naturkatastrophe, verbunden mit großer Hungersnot, hinweisen würde. Es kann auch ein Bild für die totale Verwüstung des Landes sein, die durch ein von Norden kommendes Volk ausgelöst werden soll (1,6). Dafür kommen freilich mehrere Völker in Betracht. Vielleicht haben diejenigen, die das Buch Joel zwischen Hosea und Amos einordneten, an die Assyrer gedacht, die stärkste und gefährlichste Militärmacht ihrer Zeit. Aber so muß es nicht sein. Denn Israel erwartete immer wieder von neuem den »Feind aus dem Norden«. Nach den Assyrern kamen ebenfalls aus der Nordrichtung die Babylonier, dann die Perser, schließlich unter Alexander dem Großen die Griechen, zuletzt die Römer. Sie alle nahmen den Weg über Syrien nach Israel. Dieser Sachverhalt erschwert natürlich die genaue Datierung dieser Texte.

Die Kapitel 3 und 4 lehnen sich stärker an die Stilformen späterer apokalyptischer Schilderungen an, die Unheil für die ganze Völkerwelt voraussagen. Kap. 4 kündigt ein Völkergericht an und bringt Drohworte gegen fremde Völker und Städte, gegen Tyrus, Sidon und Philistäa, schließlich gegen Ägypten und Edom. So wie aber zwischen alle Worte der Vernichtung und des Gerichts im Buche Joel auch Verheißungen eingefügt sind, so schließt das Buch mit tröstlichen Worten für Jerusalem und Juda. Sie werden bewohnt bleiben bis auf ewige Zeiten, und Gott selbst wird auf dem Zion wohnen!

Mögen im Buche Joel auch ältere Worte verarbeitet sein, besonders im Zusammenhang mit dem Auftreten eines alles verwüstenden Fremdvolkes, seine Letztgestalt erhielt es mit Sicherheit doch erst in nachexilischer Zeit. Darauf könnten auch einige Wendungen hinweisen, die in späterer Zeit besser verständlich sind als in früherer. So nimmt Joel das bekannte Wort von den Schwertern, die zu Pflugscharen gemacht werden sollen (Jesaja 2,4), wieder auf und führt es weiter (Joel 4,10). Als Zeit der Vollendung des Joelbuches wird etwa das Jahr 400 v. Chr. angenommen.

Das eindrucksvollste, wenn auch schwierigste Kapitel ist Kap. 3, die Ankündigung der Ausgießung des göttlichen Geistes über alles Fleisch und die Gabe der Weissagung für Junge und Alte, verbunden mit anschließenden Wunderzeichen. Das sind Worte, auf die sich der Apostel Petrus in seiner Pfingstpredigt in Jerusalem berief (Apostelgeschichte 2,16-21). Und so ragt denn die weitblickende Botschaft des Propheten Joel bis in das Neue Testament hinein.

Der Prophet Amos

Amos ist der älteste unter den »Schriftpropheten«, die uns ein ganzes Buch hinterlassen haben. Er ist nur wenig früher als Hosea ebenfalls im Nordreich Israel aufgetreten, obwohl er selbst aus dem Südreich Juda stammte. Seine Wirksamkeit fällt in die Zeit König Jerobeams II. (787–747 v. Chr.), in der das Nordreich eine letzte friedliche Periode erlebte, ehe es die Assyrer bedrohten. Assur erlitt damals stärkere Völkereinbrüche an seiner Nordseite, vor allem durch das Volk der Urartäer aus dem auf der Hochebene um den Van-See gelegenen Reiche Urartu, die die assyrischen Streitkräfte banden. Darum blieb der syrisch-palästinische Raum noch eine Zeitlang verschont. Amos wird um 760 v. Chr. aufgetreten sein. Das läßt sich mit einiger Wahrscheinlichkeit sagen, obwohl wir das in Amos 1,1 genannte Erdbeben nicht sicher datieren können.

Das Eigenartige ist, daß Amos Judäer war, sich aber gegen das Nordreich Israel wandte und auch selbst dort auftrat. Er hatte eine Auseinandersetzung mit dem Oberpriester von Bethel, der ihn des Landes verweisen wollte (7,10-17). Amos stammte aus Tekoa südöstlich von Bethlehem. Dem Priester in Bethel sagte er, daß er kein Berufsprophet, »auch keines Propheten Sohn«, also kein Mitglied einer prophetischen Gruppe sei (7,14). Vielmehr habe ihn Gott von seiner Herde hinweggenommen und ihm gesagt, er solle Prophet werden für sein Volk Israel. Nach 1,1 war er Hirte, aber auch Maulbeerfeigenzüchter (7,14). Mitten aus seinem Beruf und aus seinem Alltag berief ihn Gott für seine neue Aufgabe.

Die Botschaft, die Amos dem Nordreich Israel bringen mußte, war eine Unheilsbotschaft. Man hat Amos neuerdings gern als den großen Sozialkritiker unter den Propheten Israels hingestellt. Dies beruht darauf, daß er gegen eine Reihe von Mißständen auftrat, gegen Selbstsicherheit und Wohlleben, gegen die Ausnutzung abhängiger Leute durch eine zu Reichtum gekommene Oberschicht. Er wandte sich gegen ein falsches Verständnis des Opferkultes (5,21-25) und des Erwählungsglaubens Israels (3,1f). Waren die großen Stichworte der Botschaft Hoseas »Liebe« und »Treue«, so ist es für Amos das Wort »Gerechtigkeit«. Sie vermißt er in Israel. Gewiß hat Amos die sozialen Spannungen seiner Zeit gesehen und kritisiert. Aber er stand damit nicht allein. Jesaja und Micha haben in Jerusalem und Juda fast gleichzeitig dasselbe gesagt, zuweilen noch schärfer und ausführlicher als Amos.

Die Zustände der damaligen Zeit beruhten auf Mißwirtschaft, die zum guten Teil durch vom König eingesetzte Beamte verursacht war. Als Pächter und Verwalter größerer Güter, die auch für die Versorgung des königlichen Hofes verantwortlich waren, hatten sie sich Machtbefugnisse verschafft, die sie gegen die in ihren Diensten stehenden Bauern, soweit sie nicht selbst über Grundbesitz verfügten, auszuspielen wußten. Leider haben wir nicht genügend Quellen, die uns ein genaueres Bild über die sozialen Zustände in Israel während der Königszeit vermitteln könnten. Dies muß gegenüber einer Reihe von Theorien gesagt werden, die in neuerer Zeit aufgestellt wurden, sich aber nicht beweisen lassen.

Das Amosbuch vereinigt in sich eine Reihe kleinerer Spruchsammlungen, die wahrscheinlich von Anhängern oder Schülern des Propheten später zusammengestellt wurden. Das gilt für die Sprüche gegen fremde Völker, die in einem Spruch gegen Israel gipfeln (1,3–2,16). Es gilt vor allem für die unter eine eigene Überschrift gestellten und gut abgrenzbaren kleinen Sprüche in Kap. 3–6, die fast durchweg auf den Propheten selbst zurückgehen werden, darunter das einzigartige Wort vom kommenden »Tag des HERRN« (5,18-20). Vier Visionen und ihre Deutung finden sich in 7,1-9 und 8,1f, zu denen vielleicht auch noch 9,1 gehört. Sie sind unterbrochen durch die Erzählung 7,10-17, die Amos' Auftreten in Bethel schildert.

Sprüche sehr verschiedenen und teilweise programmatischen Charakters sind an den Schluß des Buches gestellt (8,3–9,4). Die kleine Sammlung 9,7-15 kann erst in nachexilischer Zeit angefügt sein, denn es ist vom »Gefängnis meines Volkes Israel« die Rede, das aufgehoben werden soll, damit die verwüsteten Städte wieder aufgebaut (9,14) und die zerfallene Hütte Davids, also das Königshaus in Jerusalem, wieder aufgerichtet werden kann (9,11).

Der Prophet Obadja

Im Mittelpunkt dieser kleinen, nur 21 Verse umfassenden Prophetenschrift steht Edom, das gebirgige Land im Südosten und Süden des Toten Meeres, der südliche Nachbar Moabs. Stammvater der Edomiter war Esau, Jakobs Bruder, der sein Erstgeburtsrecht verkaufte (1. Mose 27). Diese Erzählung deutet ein Spannungsverhältnis zwischen Israel und den Edomitern an. Tatsächlich bestand zwischen Juda und Edom eine Erbfeindschaft, die in sehr frühe Zeit zurückreichte und wohl mit unterschiedlichen Interessen der südlichen Stämmegruppen während ihrer Einwanderung zusammenhing. Verschärft wurde der Gegensatz, als die Edomiter nach dem Fall Jerusalems im Jahre 587 v. Chr. nach Juda vorstießen und sich an Ländereien bereicherten. Das dürften die geschichtlichen Voraussetzungen und Hintergründe des Obadjabuches sein, auf die auch verschiedentlich angespielt wird.

Vers 1 spricht von einem »Gesicht (Vision) Obadjas«, das sich auf Edom bezieht. Was folgt, ist aber ganz offensichtlich eine Sammlung kleinerer Einzelsprüche. Zwei Teile der Schrift lassen sich deutlicher unterscheiden. Die Verse 1-14 bringen eine Weissagung der Vernichtung Edoms, die von Vers 10 an damit begründet wird, daß Edom beim Fall Jerusalems mit Wohlgefallen zugesehen hat. Die Verse 15-21 bieten ein weiteres Zukunftswort, das vom »Tag des HERRN« spricht und eine Wende der Verhältnisse unter den Völkern ankündigt. Auch das »Haus Esau«, also Edom, soll besiegt und sein Gebiet von den Israeliten eingenommen werden.

Das Problem ist, ob die eingangs in den Versen 1-10 enthaltene Ankündigung von der Vernichtung Edoms sich auf bereits Geschehenes bezieht oder allein von der Zukunft spricht. Höchstwahrscheinlich ist es ein Zukunftswort aus der Zeit nach 587, also erst nach dem Fall Jerusalems gesprochen. Damals konnte man am ehesten Grund haben, eine Bestrafung Edoms zu erwarten. In enger Anlehnung an Obadja 1-10 ist der Fremdvölkerspruch gegen Edom in Jeremia 49,7-22 abgefaßt. Das läßt darauf schließen, daß dem Obadjabuch und dem Spruch bei Jeremia die gleiche Quelle zugrunde lag.

Wer aber war Obadja? Über seine Person erfahren wir nichts. Übersetzt lautet sein Name »Knecht Gottes«. Diese allgemeine Bedeutung des Namens, der fast ein Titel sein könnte, hat den Gedanken an ein Pseudonym nahegelegt, das hieße, daß die kleine Spruchsammlung erst nachträglich einem Propheten oder Tradenten zugesprochen wurde, dessen wahrer Name unbekannt blieb oder bleiben sollte. Doch kann Obadja durchaus eine sonst unbekannte Prophetenpersönlichkeit dieses Namens gewesen sein. Über Vermutungen kommen wir nicht hinaus.

Der Prophet Jona

Das Buch Jona ist ein Sonderfall unter den Prophetenbüchern. Es enthält keine Einzelsprüche, sondern berichtet in Form einer Prophetenerzählung über die Erlebnisse des Mannes Jona in deutlich lehrhafter Absicht. Der Erzählung ist anzumerken, daß nicht eine historische Persönlichkeit beschrieben wird, sondern ein beispielhafter Fall. Die Handlung dient der Darstellung tieferer Wahrheiten. Man hat Jona einen »Propheten wider Willen« genannt, der auf der Flucht vor Gott ist, weil er sich seinem Auftrag entziehen möchte. Doch Gott beweist ihm auf höchst unterschiedliche Weise, daß er der Überlegene ist. Jenseits aller menschlichen Erwartungen erreicht Gott sein Ziel, ohne dabei den Propheten von seiner Pflicht zu entbinden.

Jona soll der assyrischen Regierungsstadt Ninive Buße predigen. Doch der Prophet versucht, sich durch eine Schiffsreise aus dem Einflußbereich des Gottes Israels zu entfernen, und dies möglichst weit. Er besteigt ein Schiff nach Tarsis, das mit dem spanischen Tartessos identisch sein wird, also von Israel aus im äußersten Westen der damaligen Welt lag. Jona erkennt, daß ein Seesturm seinetwegen ausgebrochen ist.

Die Seeleute, die von Jonas Flucht vor Gott wissen, werfen ihn auf seinen eigenen Vorschlag hin ins Meer, worauf es sich beruhigt. Zur Erfüllung seines Auftrages aber muß Jona am Leben erhalten bleiben. Ein Fisch verschlingt ihn; drei Tage und drei Nächte verbringt er in dessen Leib, ehe er an Land geworfen wird. Nun ist er bereit, nach Ninive zu gehen und den Untergang der Stadt zu predigen. Doch die Leute von Ninive bekehren sich und wenden sich Gott zu. Die Stadt bleibt erhalten, und Jona wünscht sich voller Enttäuschung den Tod. Er kann Gottes Sinneswandel nicht begreifen und meint, daß all sein Tun vergeblich gewesen sei.

Zwei wesentliche Gesichtspunkte sind in dieser Erzählung vereinigt. Der eine ist Gottes universale Macht über die ganze Welt, auch jenseits der Grenzen Israels. Er vermag den fliehenden Propheten aufzuhalten, wo immer er sich befindet. Der andere Gesichtspunkt ist Gottes Überlegenheit über die Menschen, die doch seinem Willen nicht bedingungslos ausgesetzt sind, deren Buße ihre Schicksalswende möglich macht. Mitten in diesem Geschehen steht Jona, der Prophet, das Werkzeug Gottes, der auf übernatürliche Weise gerettet und zur Bußpredigt nach Ninive geschickt wird, damit Gott sein Ziel erreicht.

Die geniale Verknüpfung der Motive und ihre hohe theologische Aussagekraft weisen das Jonabuch in eine Zeit, in der Israel Erfahrungen mit der Völkerwelt und mit der Prophetie gemacht hatte. Mit dem in 2. Könige 14,25 genannten Propheten Jona aus der Zeit Jerobeams II. (787–747 v. Chr.) hat dieser Jona trotz der Namensgleichheit nichts zu tun. Eine Reihe eigenartiger Motive hat zur Gestaltung des Jonabuches beigetragen. Nicht mit Sicherheit ist zu sagen, ob an dem Erlebnis des Jona mit dem Fisch, der rettend zur Stelle war, alte mythische Vorstellungen mitwirkten. Daß der Erzähler des Jonabuches mit Witz und Satire seinen Stoff darbot und Jonas Scheitern mit Ironie und Humor begleitete, ist zu modern gedacht und geht am Tiefsinn der Erzählung vorbei. Der Einsatz ungewöhnlicher literarischer Mittel will nicht der Unterhaltung dienen, sondern das Außergewöhnliche göttlicher Entscheidungen unterstreichen.

Das Jonabuch wurde wohl erst gegen Ende der Perserzeit im 4. Jahrhundert v. Chr. oder noch später vollendet. Einige sprachliche Wendungen stehen dem Aramäischen nahe.

Eine allegorische Auslegung hat die Jona-Erzählung im Neuen Testament erfahren (Matthäus 12,38-42; vgl. Lukas 11,29-32). Auf die Zeichenforderung der Pharisäer antwortet Jesus mit dem Hinweis auf das »Zeichen des Jona«, das an die drei Tage und drei Nächte Jonas im

Bauch des Fisches anknüpft. Der Vergleich zeigt die nachhaltige Wirkung der Jona-Erzählung in späterer Zeit.

Der Prophet Micha

Micha aus Moreschet ist nach Amos, Hosea und Jesaja der vierte in der Reihe der »klassischen« Propheten des 8. Jahrhunderts v. Chr. Amos und Hosea traten im Nordreich auf, Jesaja wirkte in Jerusalem. Mit Micha begegnet uns ein Prophet aus der Landschaft Juda im Südwesten Jerusalems. Sein Geburtsort heißt vollständig Moreschet-Gat und lag unweit der Festung Gat (Micha 1,14) in einer Landschaft, die sich aus dem judäischen Hügelland der Küstenebene zuneigt.

Michas Wirkungszeit fällt mit der des späten Jesaja im letzten Viertel des 8. Jahrhunderts zusammen. Der älteste Spruch Michas wendet sich gegen Samaria, stammt also aus der Zeit vor dessen Untergang im Jahre 722/1 (1,2-9). Die letzten Sprüche gehören in den Anfang des 7. Jahrhunderts.

Micha wandte sich an die Menschen seiner engeren Umgebung in Juda. Charakteristisch für ihn ist der schroffe Gegensatz zur Hauptstadt Jerusalem. Darin unterscheidet er sich am auffälligsten von seinem Zeitgenossen Jesaja, der an die bleibende Bedeutung des Zion glaubte; Micha dagegen verkündete den totalen Untergang der Stadt. Der Zion soll zu einem Feld umgepflügt, Jerusalem zu einem Trümmerhaufen und der Tempelplatz zu einer bewaldeten Höhe werden (3,12).

Die Kapitel 1–3 enthalten Drohungen gegen Jerusalem, gegen die Orte der Umgebung von Moreschet, gegen das Priestertum und gegen falsche Propheten. In Kap. 4 und 5 scheinen echte Sprüche des Micha bearbeitet oder ergänzt zu sein. Das gilt auch für 5,1-5, wo das Aufkommen eines Herrschers aus Bethlehem angekündigt wird. Das bedeutet, daß dieser Herrscher aus dem alten davidischen Stamm, dem Stamm des Isai, wie Jesaja 11,1 sagt, hervorgehen wird, jedoch nicht aus dem herrschenden Königshaus in Jerusalem, von dem Micha nichts hält.

Der Abschnitt 6,1–7,6 setzt eine Unordnung im Lande voraus und gehört wohl in die Zeit um 701 v. Chr., als der Assyrerkönig Sanherib Juda annektierte und von Jerusalem abtrennte. 7,7-20 ist ein Anhang zum Michabuch, wahrscheinlich aus der Exilszeit.

Bedeutsam ist 6,8. Dort findet man eine Formulierung, die wie eine großartige Zusammenfassung der Botschaften der Propheten des

8. Jahrhunderts angesehen werden kann: »Es ist dir gesagt, Mensch, was gut ist und was der HERR von dir fordert, nämlich Gottes Wort halten (besser im hebräischen Original: Recht tun; die Botschaft des Amos) und Liebe üben (so Hosea) und demütig sein vor deinem Gott (so der Kern der Botschaft Jesajas).«

Micha behielt mit seiner Ankündigung des Strafgerichts Gottes über Juda recht. Die Assyrer nahmen das Gebiet ein (701 v. Chr.) und unterstellten es weitgehend der Oberhoheit der Philister. Michas Ansehen war seiner eingetroffenen Worte wegen sehr groß. Rund hundert Jahre später berief sich auf ihn der Prophet Jeremia (Jeremia 26,18).

Der Prophet Nahum

Die drei Kapitel des kleinen Buches sind erfüllt von einem einzigen Thema, dem Untergang der Assyrer und ihrer letzten Residenzstadt Ninive. Dort kam im Jahre 612 v. Chr. der letzte legitime Assyrerkönig Sin-schar-ischkun in den Flammen seines Palastes um. Vor diesem Datum müßte Nahum aufgetreten sein, als das Assyrerreich einen überraschend schnellen Verfall erlebte. Erwähnt wird aber auch in 3,8-17, daß Ninive den gleichen Untergang wie No-Amon erfahren werde. Damit ist das oberägyptische Theben gemeint, das bereits 663 v. Chr. von den assyrischen Truppen für eine begrenzte Zeit erobert wurde. Damals erreichte das assyrische Reich seine größte Machtausdehnung. Man glaubte, Nahums Auftreten in einer größeren zeitlichen Nähe zur Eroberung Thebens ansetzen zu sollen. Aber das ist nicht zwingend. Die Eroberung Thebens war ein bekanntes und lange in der Erinnerung nachwirkendes Ereignis. Dieses mit einer Voraussage auf den Untergang Ninives zu verbinden, ist zu einem späteren Zeitpunkt eher denkbar als zu einem früheren, als die Assyrer noch in der Blüte ihrer Macht standen. Nahum wird darum wohl erst im letzten Jahrzehnt vor der Zerstörung Ninives aufgetreten sein.

Die Lage der Stadt Elkosch, aus der Nahum stammte (1,1), ist bis heute unbekannt geblieben. Der Begriff »Last« in der Überschrift des Buches ist eine unglückliche Übersetzung für »Spruch«, »Rede«, »prophetische Wahrnehmung«. Derselbe Sprachgebrauch findet sich noch innerhalb einer Reihe von Sprüchen in Jesaja 13–23 sowie bei den »Kleinen Propheten« Habakuk und Maleachi.

In 1,2-10 ist dem Buch eine Einleitung vorangestellt, die Gottes Größe und Güte rühmt. Vielleicht ist sie jünger als das übrige Buch. Worte, die auf Nahum selbst zurückgehen, wird man in Kap. 2 und 3 finden dürfen. Dort stehen die eigentlichen Drohungen gegen Ninive, aber auch gegen die Städte Assyriens, die als reich und stolz geschildert werden und voller Kriegsgerät sind. Ninive erscheint als »mörderische Stadt« (3,1), in der die Streitwagen rasseln (2,5), die aber furchtbar zugrunde gehen wird (3,1-7).

Das Buch ist sicher aus kleineren Sammlungen oder knappen Einzelsprüchen gegen Ninive und die Assyrer hervorgegangen. In 2,1 ist an den künftigen Frieden nach dem Ende der Widersacher Israels gedacht. Dabei sind sogar Worte verwendet, die man auch im Buch des zweiten Jesaja (Jesaja 52,7) lesen kann. Das zeigt, daß das ganze Buch Nahum nicht sogleich nach Ninives Untergang, sondern erst in exilischer Zeit zusammengestellt und abgeschlossen sein wird.

Der Prophet Habakuk

Über die Person Habakuks wissen wir nichts. In der Überschrift seines Buches ist er lediglich als »der Prophet« bezeichnet. Er habe »die Last gesehen«, meint den prophetischen Wortempfang wie schon bei Nahum (s. S. 143) und später bei Maleachi.

Das Buch Habakuk besteht aus drei Kapiteln, von denen die beiden ersten enger zusammengehören; Kap. 3, als »Gebet« bezeichnet, ist eine Dichtung für sich. Die Kapitel 1 und 2 setzen sich aus kleinen Einheiten zusammen, deren Inhalt hier kurz mitgeteilt sei: 1,2-4 bringt eine Klage des Propheten über die Herrschaft von Gewalttätigen und Gottlosen; 1,5-11 kündigt den Angriff der »Chaldäer« an. Das hochgerüstete und schnelle Volk wird erobernd bis an die Enden der Erde ziehen. 1,12-17 fügt eine zweite Klage an: Die Gottlosen leben ruhig weiter, ohne daß Gott eingreift. 2,1-3 enthält die Aufforderung, eine Vision und ihren Inhalt auf Tafeln festzuhalten. 2,4f reden den Halsstarrigen und den Gottlosen an; »der Gerechte aber wird seines Glaubens leben« (vgl. Römer 1,17). Dem folgt in 2,6-20 ein fünffaches Wehe, das den Völkern in den Mund gelegt ist, aber aus der Mitte Israels hervorgegangen sein wird. Ob es sich in diesen beiden Kapiteln um eine Sammlung ursprünglich selbständiger Worte handelt oder um eine von Anfang an einheitliche Rede, ist nicht klar zu erkennen.

Das große »Gebet« in Kap. 3 schildert sehr plastisch Gottes Erscheinen zum Kampf gegen einen nicht näher bezeichneten Feind. Diese Dichtung erinnert an die Psalmen. Es findet sich auch hier der liturgische Hinweis »Sela«, der wohl eine Pause beim Vortrag bezeichnet, sowie als Unterschrift, was man ähnlich in den Psalmen als Überschrift liest »Vorzusingen auf meinem Saitenspiel«.

Die Ausleger beschäftigte besonders die Frage, wer unter jenem Feind zu verstehen sei, der nach 1,5-11 die Welt so grausam und siegreich durchziehen wird. Es sollen nach 1,6 »die Chaldäer« sein, worunter man ursprünglich die Babylonier zu verstehen hat. Aber die Schilderung paßt nicht recht zu ihnen, weil sie nicht die ganze damalige Welt, »so weit die Erde reicht«, durchzogen haben. Überzeugender ist die Deutung auf die Griechen, wie sie später auch in den Texten aus Qumran im sogenannten »Habakuk-Kommentar« vorgenommen wurde, aber dort noch einen besonderen Sinn haben kann. So reichen denn die Datierungsversuche des Habakukbuches je nach Urteil und Einschätzung von den Babyloniern (7./6. Jahrhundert) bis in die Zeit Alexanders des Großen (4. Jahrhundert). Ob das Buch überhaupt eine bestimmte geschichtliche Situation vor Augen hatte, ist nicht zu sagen und wird wohl für immer eine offene Frage bleiben.

Der Prophet Zefanja

Die Überschrift in 1,1 enthält eine Genealogie des Propheten und datiert Zefanja in die Zeit des Königs Josia von Juda (639–609 v. Chr.). Man hat weithin angenommen, daß diese Datierung zutrifft, und zwar so, daß der Prophet noch vor der bekannten Kultreform (622; s. o. S. 58) etwa in den dreißiger Jahren des 7. Jahrhunderts v. Chr. auftrat.

Diese Angaben in 1,1 machen es so gut wie sicher, daß Zefanja in Juda, wahrscheinlich sogar in Jerusalem wirkte, weil er sich durch seine Genealogie als Mann vornehmer Herkunft ausweist. Die Art der Botschaft Zefanjas führt uns allerdings nicht mit Sicherheit in die Zeit Josias, sie muß nicht vorexilisch sein.

Das Buch läßt sich in die folgenden Abschnitte gliedern: 1,2-18 enthält zwei Drohungen, in denen der »Tag des HERRN« als Gerichtstag eine Rolle spielt (erste Drohung: Verse 2-6 und 8-13; zweite Drohung: Verse 7 und 14-18). Die zweite Drohung wurde zum Vorbild für den mittelalterlichen Hymnus »Dies irae, dies illa«, der in den großen klassischen Requien (Mozart, Verdi), aber auch anderwärts Verwendung gefunden hat. 2,1-3 ermahnt die Gerechten; 2,4-15 bringt Worte gegen fremde Völker. Eine weitere Gerichtsandrohung folgt 3,1-13, verbunden mit dem Gedanken an einen verbleibenden Rest (3,12). Das Buch schließt in 3,14-20 mit Aufforderungen zu Jubel und Freude an die Tochter Zion, deren Strafe weggenommen und deren Feinde abgewendet sind. Gott wird die Gefangenschaft seines Volkes beenden (3,20).

Das Buch Zefanja weist also die bei Jesaja, Jeremia und Hesekiel klassisch gewordene Ordnung von Unheilssprüchen, Fremdvölkersprüchen und Sprüchen über die fernere Zukunft auf. Das macht es immerhin wahrscheinlich, daß ein vorexilischer Kern verarbeitet ist, aber das ganze Buch doch erst in der Exilszeit oder später abgeschlossen wurde. Das ist im Schlußabschnitt 3,14-20 besonders deutlich, der an die Botschaft des zweiten Jesaja (Kap. 40–55) erinnert.

Die Vorstellung vom »Tag des HERRN« als eines Gerichtstages, zum ersten Mal bei Amos (5,18-20) aufgenommen und von Jesaja (2,11-17) breiter ausgeführt, durchzieht die israelitische Prophetie. Sie denkt aber an einen Gerichtstag, der noch innerhalb der Geschichte Israels geschehen wird. Erst in späterer Zeit wurde diese Vorstellung ausgeweitet und auf das »Jüngste Gericht« angewendet, also auf einen Gerichtstag am Ende aller Zeiten.

Der Prophet Haggai

Das Buch redet über den Propheten Haggai und hat streckenweise ganz und gar erzählenden Charakter. Es kann also nicht von Haggai selbst verfaßt sein. Zwar sind Äußerungen und Sprüche des Propheten mitgeteilt, aber sie sind als direkte Rede in die Erzählungen eingebettet, müssen also nicht den ursprünglichen Wortlaut wiedergeben.

Szenen und Worte sind genau datiert. Sie stammen sämtlich aus der zweiten Hälfte des 2. Jahres des Perserkönigs Darius I. (521–486 v. Chr.), also aus dem Jahre 520. Im gleichen Jahr trat auch der Prophet Sacharja auf (s. S. 147).

Mit den letzten drei der »Kleinen Propheten« befinden wir uns unbestreitbar in nachexilischer Zeit. Dafür sprechen nicht nur die Datenangaben, sondern auch die Themenkreise, die die Propheten behandeln. Es geht in den Büchern Haggai und Sacharja um den Wiederaufbau des Tempels und um Probleme der Verfassung und der inneren Ordnung in der neu erstehenden nachexilischen Jerusalemer Gemeinde.

Zwei Männer stehen im Mittelpunkt, der Statthalter Serubbabel als »weltliche« und der Hohepriester Jeschua als »geistliche« Spitze der Gemeinde. Sie beide fordert Haggai zum Wiederaufbau des Tempels auf. Die allgemeine Stimmung der Zeit geht aus den ersten Worten von Kap. 1 hervor. Die Jerusalemer hielten angeblich die Zeit für noch nicht gekommen, das Haus des HERRN zu bauen. Aber sie selbst wohnen in »getäfelten Häusern« (1,4). Das persönliche Wohlergehen wurde also den geistlichen Aufgaben und Pflichten im Jerusalemer Gemeinwesen vorgezogen.

Gegen Ende des Jahres 520 v. Chr. kamen die Bauarbeiten am Tempel in Gang. Seine Einweihung fand im Frühjahr 515 statt. Das war vermutlich noch zu Lebzeiten Haggais. Aber aus dieser Zeit besitzen wir keine Worte mehr von ihm oder über ihn.

Das Buch schließt mit einer besonderen Verheißung für Serubbabel. Gott will ihn einem »Siegelring« gleichsetzen, denn er sei ein von Gott Erwählter. Nach Sacharja 4,9 hat Serubbabel sogar den Grundstein zum zweiten Tempel gelegt. Er muß in hohem Ansehen gestanden haben, und seine Verdienste um den Aufbau des Tempels waren erheblich. Das Buch Haggai wirkt wie die Auswertung einer Dokumentensammlung aus der Zeit des Tempelneubaues. Die Einzelheiten beruhen entweder auf zuverlässigen zeitgenössischen Quellen oder gehen gar auf Augen- und Ohrenzeugen der Ereignisse zurück, die in der Umgebung Haggais lebten.

Der Prophet Sacharja

Das Buch des Propheten Sacharja ist eine Sammlung aus sehr unterschiedlichem Material. Von Kap. 9 an nimmt das Buch einen anderen Charakter an, so daß man die Kapitel 9–14 auch als den »zweiten Sacharja« (Deuterosacharja) bezeichnet. Manche wollen in Kap. 12–14 sogar einen »dritten Sacharja« (Tritosacharja) erkennen.

Die Sprüche und Erlebnisse des eigentlichen (»ersten«) Sacharja, des Zeitgenossen Haggais, finden sich in Kap. 1–8. Die überlieferten Datierungen weisen in die Zeit zwischen 520 und 518 v. Chr. Vielleicht hat Sacharja auch noch länger gewirkt. Ob er Priester war und mit dem in Nehemia 12,16 genannten Sacharja identisch ist, wissen wir nicht.

Sacharja 1–8 hat folgenden Aufbau: 1,2-6 eine Einleitung; 1,7–6,8 die acht sogenannten »Nachtgesichte«; 6,9-15 ein Abschnitt über die Krönung Jeschuas, der hier als der Erbauer des Tempels hingestellt wird. Deshalb gibt es die Vermutung, daß hier ursprünglich von einer Krönung Serubbabels die Rede war, die aus uns unbekannten Gründen mit Jeschua in Verbindung gebracht wurde. Die Kap. 7 und 8 enthalten Einzelsprüche, die mit der Antwort des Propheten auf eine Anfrage über Fasttage beginnen.

Den geschlossensten Eindruck machen die »Nachtgesichte« (nächtliche Visionen), die paarweise geordnet sind; nur das erste und das letzte sind selbständig. Die einzelnen Gesichte werden dem Propheten durch einen hinzutretenden Engel (gern als *angelus interpres* bezeichnet) erklärt. Das erste und das letzte Gesicht schildern Bewegungen kosmischen Ausmaßes, vier Reiter und vier Kriegswagen; das zweite und dritte Gesicht sind stehende Bilder: vier Hörner und vier Schmiede und der Mann mit der Meßschnur; das vierte und das fünfte Gesicht befassen sich mit Jeschua und Serubbabel; das sechste und das siebente Gesicht berichten über die Bestrafung der Mörder und Meineidigen und die Entfernung der Bosheit aus dem Lande. Die Form dieser Bildreden erinnert an die Bildsprache späterer Apokalyptik. Zwischen den einzelnen Nachtgesichten stehen zusätzlich kurze kommentierende Abschnitte. Ob sie vielleicht erst später hinzugefügt sind und wann, muß offenbleiben.

Die Kapitel 9–14 des Sacharjabuches sprechen hauptsächlich vom Sieg Israels über seine Feinde und von der künftigen Herrlichkeit. Sie haben wohl nicht mehr den alten Sacharja aus dem 6. Jahrhundert zum Verfasser, sondern sind jüngeren Datums. Drei Gruppen von Überlieferungen lassen sich herausarbeiten: 9,1–11,3; 11,4–17; Kap. 12–14 (letztere auch als »Tritosacharja« bezeichnet).

In diesem letzten Teil des Sacharjabuches stehen zwei Worte, die für das Neue Testament wichtig wurden. In 9,9f wird ein König angekündigt, der in Jerusalem einziehen wird und als ein Gerechter und ein Helfer, dazu arm, auf einem Esel reitet. Er wird bis an die Enden der Erde eine Friedensherrschaft aufrichten (vgl. Matthäus 21,5). Das andere bedeutungsschwere Wort steht in 11,11-13 in einem freilich nicht leicht zugänglichen Text, das Wort von den dreißig Silberlingen für den guten Hirten. Es wird im Neuen Testament gleich zweimal zitiert (Matthäus 26,15 und 27,9f), an der zweiten Stelle jedoch als ein Wort des Propheten Jeremia. Dieser Hinweis auf Jeremia hat schon früh dazu beigetragen, die letzten Kapitel des Sacharjabuches als nicht von Sacharja selbst geschrieben anzusehen. Es ist jedoch möglich, daß man eine auf Jeremia zurückgeführte, aber uns nicht mehr zugängliche Jeremia-Tradition kannte, in der das Wort stand. Doch es gibt in dieser Frage keine Sicherheit.

Wer die verschiedenen Teile des Sacharjabuches in ihre endgültige Form gebracht hat und wann das geschah, läßt sich nur vermuten. Kap. 1–8 kann bereits im 6. Jahrhundert nach der Wiederherstellung des Tempels vollendet gewesen sein. Ab Kap. 9 liegt jüngere Überlieferung aus den folgenden Jahrhunderten vor. Vermutlich um das Jahr 300 v. Chr., also zu Anfang des hellenistischen Zeitalters, kam das Buch zum Abschluß.

Der Prophet Maleachi

Dieses letzte Buch in der Reihe der zwölf »Kleinen Propheten« ist anonym. »Maleachi« ist kein Eigenname, sondern heißt »mein Bote«. In 1,1 sollte man deshalb übersetzen: »durch meinen Boten«. So hat es auch der griechische Text verstanden. Noch einmal wird das gleiche Wort in 3,1 verwendet: »Siehe, ich will meinen Boten senden«. Die Lutherübersetzung sagt hier allerdings »Ich will meinen Engel senden«, weil das griechische Wort für »Bote« *angelos* lautet und durch »Engel« wiedergegeben werden kann. In jedem Fall bleibt es dabei, daß Maleachi »mein Bote« heißt und erst späterhin als Prophetenname aufgefaßt wurde.

Im Buch selbst geht es um Probleme der unmittelbar nachexilischen Epoche. Es werden Mißstände beklagt, mit denen sich auch Esra und Nehemia in der zweiten Hälfte des 5. Jahrhunderts befassen mußten: eine lockere Auffassung von der Ehe, hinter der wohl auch Mischehenprobleme zwischen Juden und Nichtjuden standen (das Wort »Bund« im Zusammenhang mit Eheschließungen kommt hier vor: »ein Weib deines Bundes«, 2,14; daher unser Wort »Ehebund«), ferner die Vernachlässigung kultischer Pflichten, denen selbst die Priester nicht korrekt nachkommen.

Die Themen in dem Buch sind vielfältig: 1,2-5 bestätigt die Erbfeindschaft zwischen Edom und Israel und geht in ähnlichen Bahnen wie der Prophet Obadja; 1,6–2,9 richtet sich gegen die Priester und ihre Pflichtvergessenheit beim Opfer und bei der Unterweisung im Gesetz; 2,10-16 erhebt Vorwürfe gegen die Verachtung Gottes und gegen Vernachlässigung und Mißachtung der Frau; 2,17–3,21 faßt weitere Vorwürfe gegen Israel zusammen, gegen das Verhalten des einzelnen, der sich gegen das Gesetz zur Wehr setzt, und gegen die »Gottlosen«. Der Tod der Gottesverächter steht unweigerlich bevor, aber über denen, die Gott fürchten, wird die »Sonne der Gerechtigkeit« aufgehen (3,20).

Das starke Eingehen auf persönliche Schuld und die Unterscheidung zwischen Gottlosen und Gerechten (3,18) entsprechen theologischen Gedankengängen der nachexilischen Zeit, in der der Einzelne immer stärker nach Gottes Gerechtigkeit fragt. Es wird dem Gottesfürchtigen schwer, sich in einer Umgebung zu behaupten, die es mit dem Gesetz nicht mehr ernst nimmt. Sehr häufig ist im Buch Maleachi in direkter Rede wiedergegeben, wie man diskutierte und argumentierte. An solchen Stellen wird ein wenig vom »Zeitgeist« erkennbar und von der Art, wie die Befürworter und die Bestreiter der Sache Gottes sprachen.

Für die Entstehungszeit des Buches Maleachi ist maßgebend, daß der nachexilische Tempel bereits vorhanden war, daß aber die Reformen Esras und Nehemias (s. o. S. 84ff) noch nicht durchgeführt zu sein scheinen. Das Buch wird also nach 515 entstanden sein; deshalb verlegen es die meisten Ausleger in die erste Hälfte des 5. Jahrhunderts v. Chr.

Die Schlußworte 3,22-24 sind wohl späteren Datums. Sie richten den Blick besorgt und mahnend in die weitere Zukunft. Es geht um die Erfüllung des Gesetzes Moses, dann aber um die Wiederkehr des einst entrückten Propheten Elia (2. Könige 2,11), bevor der schreckliche Tag des HERRN kommt. An ihm soll der Konflikt zwischen den Generationen ein Ende finden, andernfalls werde das Erdreich der Vernichtung anheimfallen.

Der Ausblick am Ende der »Kleinen Propheten« liest sich nicht tröstlich, sondern wirkt erschreckend. Nicht die Erwartung einer lichten Zukunft, sondern Vorstellungen von letzter Zeit und vom Weltgericht beschließen das Alte Testament in unseren Bibelausgaben. Für das christliche Bewußtsein liegt aber in diesem Schluß des Maleachibuches mit seiner düsteren Voraussage die Hoffnung auf ein anderes, auf ein letztes Wort Gottes. Maleachi 3,22-24 wirkt wie eine geheimnisvolle Überleitung zum Neuen Testament. Der Hinweis auf Elia läßt zwar die Heraufkunft einer Endzeit der Geschichte Israels erwarten, und man versteht, warum es Menschen gab, die in der Gestalt Jesu den wiederkehrenden Elia zu erkennen glaubten (Matthäus 16,14). Doch anders als erwartet setzte sich die Geschichte fort. Jesus war nicht Elia, der dem Weltgericht vorausging, sondern der, der die Versöhnung mit Gott zusagte und damit den Menschen, an denen Gott Wohlgefallen hat (Lukas 2,14), die Gewißheit einer neuen Zukunft eröffnete.

ZUR ENTSTEHUNG
DES ALTTESTAMENTLICHEN KANONS

Das Alte Testament, der erste und größere Teil der ganzen Bibel, umfaßt »Geschichtsbücher«, »Lehrbücher und Psalmen« und »Prophetenbücher«. Diese Dreiteilung ist das Ergebnis einer längeren geschichtlichen Entwicklung. Aus einem Zeitraum von rund tausend Jahren ist die Literatur Israels in zahlreichen Dokumenten, in Gesetzen, Berichten, Erzählungen, Sprüchen, Dichtungen und Liedern gesammelt und überliefert worden. Die einzelnen Bücher des Alten Testaments wurden in einer verbindlichen Ordnung zusammengestellt. Die Abfolge der verschiedenen Schriften nennt man den »Kanon«. Das griechische Wort *kanon* meint soviel wie »Regel«, »Norm« oder auch einfach »notwendige Ordnung«. Die im Kanon vereinten biblischen Schriften stellen im Alten Testament und entsprechend im Neuen Testament eine »Norm«, eine verbindliche Ordnung dar. Der Kanon ist darum zugleich die Zusammenstellung von Glaubenssätzen und biblischen Erkenntnissen, die die Kirche überliefert hat und im Glauben lehrt und weitergibt. Was Gott mit den Menschen geredet hat und was als »Heilige Schriften« aufgezeichnet wurde, hat Gültigkeit für alle Zeiten, es enthält die Offenbarung Gottes in seinem Wort. Der Kanon bildet also die einmalige und letztlich definitive Entscheidung über Anerkennung und Umfang gültiger und normativer Gottesrede.

Die Kanonbildung war kein rascher Vorgang, sondern ein allmählicher Prozeß. Man nimmt gewöhnlich an, daß im Zusammenhang der Ereignisse um Esra und Nehemia der Pentateuch (die fünf Bücher Mose) zum letzten Mal redigiert und abgeschlossen und damit ihre kanonische Gültigkeit für die nachexilische Gemeinde erlangt wurde, also etwa um das Jahr 400 v. Chr. Der ganze hebräische Kanon des Alten Testaments ist aber erst um 100 n. Chr. zu Ende gebracht und seit der sogenannten Synode von Jamnia (vgl. u. S. 154) anerkannt und bestätigt. Der Prozeß der Kanonbildung hat also rund 500 Jahre gedauert. Aber die Ansätze dazu gehen in die israelitische Königszeit zurück.

Die aus dieser früheren Zeit wichtigste Voraussetzung dafür war die Entstehung und Anerkennung des Deuteronomiums (5. Buch Mose). Im Zusammenhang mit einer Kultreform in Jerusalem verpflichtete König Josia im Jahre 622/621 v. Chr. die judäische Gemeinde, »Gebote, Zeugnisse und Rechte« zu halten und sie »in diesem Buch«, dem Deuteronomium, zu beurkunden (2. Könige 23,1-3). Das waren die

Anfänge des deuteronomischen Gesetzes, das im 6. Jahrhundert v. Chr. erweitert und zu normativer Geltung gebracht wurde. Im Deuteronomium finden sich Formulierungen, die auf einen kanonischen Anspruch hinweisen. Zweimal (5. Mose 4,2 und 13,1) wird die sogenannte »Wortlaut-Formel« benutzt, die besagt: »Alles, was ich euch gebiete, das sollt ihr halten und danach tun. Ihr sollt nichts hinzufügen und nichts hinwegnehmen.« Damit ist ganz prinzipiell das Wesen kanonischer Geltung eines Textes erfaßt. »Nichts hinzufügen« und »nichts wegnehmen« heißt, daß ein solcher Text unantastbar sein sollte; er ist in sich geschlossen und vollständig, er bedarf nicht der Erweiterung oder irgendwelcher Zusätze.

Die Wortlaut-Formel trat in ihrer prägnanten Eindeutigkeit im Deuteronomium zum ersten Mal auf. Sie erlangte später im Zusammenhang des weiteren jüdischen Schrifttums eine selbständige wichtige Bedeutung bei Josephus, im Talmud und anderwärts. Sie spielt eine Rolle am Ende des Aristeas-Briefes, einer jüdischen Schrift, die über die Entstehung der Septuaginta berichtet. Da heißt es (Aristeas-Brief § 310f; 2. Jahrhundert v. Chr.): »Da die Übersetzung schön, fromm und durchaus genau verfertigt ist, so ist es recht, daß sie in diesem Wortlaut erhalten bleibe und keine Änderung stattfindet.« Vor allem aber ist die Formel im Neuen Testament in die Offenbarung des Johannes (1,3; 22,18f) übernommen worden.

Das Deuteronomium hat jedenfalls nachweislich von den alttestamentlichen Schriften als erstes einen offiziell verbindlichen Charakter erhalten. Der weitere entscheidende Schritt war die Sammlung und Verarbeitung einer ganzen Reihe von älteren Quellen, die in den Büchern 1. bis 4. Mose zusammengestellt und mit dem Deuteronomium verbunden wurden. Die jüngste Quellenschrift, die sogenannte »Priesterschrift« (P), ist erst nach dem Babylonischen Exil entstanden und war durch die umfangreichen Gesetzesbestimmungen, die sie enthielt, entscheidend für die weitere Entwicklung der alttestamentlichen Literatur. Denn der Akzent dieses großen Werkes, das dann später auf fünf Bücher aufgeteilt den Namen »Pentateuch« (»das Fünf-Rollen-Buch«) erhielt, lag auf der Mitteilung von Anordnungen und Gesetzen, die unter der Autorität Moses stand. Infolgedessen erhielt der erste Teil des alttestamentlichen Kanons die Gesamtbezeichnung »das Gesetz« (hebr. Tora). Allerdings meint das Wort »Tora« nicht nur das »Gesetz« – so die übliche Übersetzung entsprechend griech. *nomos* –, sondern zugleich die »Belehrung«, die »Unterrichtung«, die »Weisung« (Buber). Die gesetzlichen und belehrenden Überlieferungen des Pentateuchs sind eingerahmt in die Darstellung der Schöpfung und der Frühgeschichte Israels von den Patriarchen bis zum Tode Moses. So ist der Pentateuch das Herzstück des Alten Testaments und des jüdischen Glaubens.

Der weitere Verlauf der Kanonbildung ist kompliziert. Die Entstehung der einzelnen Bücher, deren Zusammenfügung und ihre redaktionelle Überarbeitung lassen sich nur noch teilweise nachvollziehen und erklären.

Dem Pentateuch folgten die »Propheten«, im hebräischen Kanon seit dem frühen Mittelalter eingeteilt in die »früheren Propheten« und in die »späteren Propheten«. Als die »früheren Propheten« wurden die Geschichtsbücher Josua, Richter, die beiden Samuelbücher und die beiden Königsbücher zusammengestellt, die eine sachliche Einheit bilden und seit der neueren alttestamentlichen Forschung als das »Deuteronomistische Geschichtswerk« (s. o. S. 56 ff) bezeichnet werden. Im Judentum galten deren Verfasser als Propheten, woraus sich ihre Zusammenstellung mit den eigentlichen Prophetenbüchern erklärt. Die »späteren Propheten« enthalten die geläufigen Prophetenbücher, voran die großen Propheten Jesaja, Jeremia und Hesekiel (Ezechiel) und sodann die »Zwölf kleinen Propheten«, deren Gesamtheit auch »Dodekapropheton« (die »Zwölfpropheten«; s. o. S. 134) genannt wird. Erst später hat man das Buch Rut in die Geschichtsbücher und die Klagelieder Jeremias und den Propheten Daniel in die Propheten eingefügt. Im hebräischen Kanon wurden Rut, Klagelieder und Daniel in die »Schriften« aufgenommen.

Dieser Prophetenkanon, der die früheren und die späteren Propheten enthält, ist zum ersten Mal im Prolog des Buches Jesus Sirach belegt, wo der Enkel die Übersetzung des Werkes seines Großvaters Jesus ins Griechische rechtfertigt. Er sagt, daß sein Großvater mit besonderem Fleiß »das Gesetz, die Propheten und die anderen von den Vätern übernommenen Schriften« gelesen habe (Sirach, Vorrede V. 3; vgl. V. 7). Mit dieser Bemerkung zeichnet sich auch schon die Dreiteilung des Kanons deutlich ab, freilich so, daß Gesetz und Propheten eine abgeschlossene Größe zu bilden scheinen, während der Umfang der übrigen »Schriften« etwas im unklaren bleibt.

Es ist anzunehmen, daß der Großvater Jesus das originale Werk in Jerusalem um 190 v. Chr. in hebräischer Sprache verfaßt hat. Jesus Sirach begann seine Übersetzung frühestens 132 v. Chr., als er nach Ägypten kam; spätestens nach 117 v. Chr. vollendete er nach dem Tode des Königs Ptolemäus Physkon VII. Euergetes II. seine Arbeit. Daraus ist zu folgern, daß der Prophetenkanon im 2. Jahrhundert v. Chr. bekannt war und spätestens um das Jahr 200 v. Chr. bestätigt und kanonisiert wurde. Der »Preis der Väter« (Sirach 44–49), eine ausführliche, poetisch gestaltete Aufzählung großer Männer seit Henoch bis zu den Zwölf Propheten, zeigt den Abschluß eines ganzen Geschichtsbildes, das sich dem Volke Israel gebildet hatte und das dem Gedächtnis eingeprägt werden sollte. Dieses Lob über die Väter ist ein kleiner Kanon im Kanon, dem der Hohepriester Simon (vermutlich 218–192 v. Chr.) hinzugefügt worden ist (50,1-26).

Schwieriger ist die letzte Gruppe des alttestamentlichen Kanons zu beurteilen, die auf die Propheten folgt und lediglich als »Schriften« bezeichnet wurde, zuweilen auch als »Hagiographen«, also als »heilige Schriften«. Nach dem hebräischen Kanon gehören dazu die Bücher der Psalmen, Hiob, Sprüche Salomos, das Buch Rut, das Hohelied, der Prediger (Kohelet), die Klagelieder, Ester, Daniel, Esra und Nehemia und die beiden Bücher der Chronik. Aus dem Kreis dieser Bücher waren einige bis zuletzt umstritten, vor allem das Hohelied und die Bücher Ester und Daniel. Der jüdische Schriftsteller Philo von Alexandria (etwa 15 v. Chr. bis 45 n. Chr.) berichtet, daß die Therapeuten, eine jüdische Gruppe von Männern und Frauen, die in der Nähe von Alexandria in ihren Klausen wohnten, »die Gesetze und die durch die Propheten geweissagten Worte und Psalmen und das andere« hatten, darüber hinaus aber noch weitere, nicht näher bezeichnete Schriften (Philo, De vita contemplativa, § 25). Hier sind die Psalmen neben dem »Gesetz und den Propheten« besonders hervorgehoben, doch war der Kanon keineswegs abgeschlossen. Eine ganz ähnliche Stelle stammt aus der gleichen Zeit, nämlich Lukas 24,44: Jesus sagt, daß alles erfüllt werden müßte, was geschrieben steht »in dem Gesetz des Mose, in den Propheten und in den Psalmen«. Immerhin könnte es sein, daß zwar nur die Psalmen erwähnt wurden, daß aber tatsächlich der ganze letzte Teil des Kanons bereits konzipiert und abgeschlossen war.

Der entscheidende Augenblick, der zum endgültigen Abschluß des hebräischen Kanons und schließlich der »Schriften« führte, war die bereits erwähnte sogenannte Synode von Jamnia/Jabne (um 100 n. Chr.). Dabei handelt es sich nicht um eine Synode im eigentlichen Sinne, sondern um Erörterungen und Diskussionen innerhalb des rabbinischen Judentums, die sich möglicherweise bis in das 2. Jahrhundert hinzogen.

Die Stadt Jamnia bildete in der Zeit nach der Zerstörung des Tempels im Jahre 70 n. Chr. bis zum zweiten jüdischen Aufstand 135 n. Chr. eine Art Mittelpunkt des jüdischen Geisteslebens, einen Ort der Sammlung neben Jerusalem, nachdem der Tempel nicht mehr zur Verfügung stand. Jedenfalls steht es fest, daß das Judentum der Gefahr der Aufsplitterung durch äußere Einflüsse ausgesetzt war, aber auch einer Überfremdung von innen her gegenüberstand. Etwa seit dem Jahr 70 n. Chr. kam es zu einer Sammlung der jüdisch-rabbinischen Literatur, die von grundsätzlicher Bedeutung war. Man kann sogar von der »Periode von Jamnia/Jabne« sprechen. In diesem Zusammenhang bedurfte es einer Abgrenzung des kanonischen Schrifttums gegenüber anderen Tendenzen, die sich schon vorher innerhalb des Judentums entwickelt hatten. Neben den kanonischen Schriften (Gesetz und Propheten) hatte sich ein breites Schrifttum entfaltet. Dazu gehörte beispielsweise die apokalyptische Literatur, etwa das Buch Henoch, das 4. Buch Esra und die Apokalypse des Baruch, aber auch »Die Testamente der zwölf Patriarchen«. Diese Schriften standen in hohem Ansehen, aber sie wurden nicht als kanonfähig betrachtet. Es gab schließlich das Aufkommen von Sondergruppen, die eine eigene Literatur entwickelten wie etwa die Schriften, die man in Qumran verfaßte, sammelte und überlieferte.

Angesichts dieser Entwicklungen entschloß sich das Judentum zu einer Abgrenzung des Kanons. Der jüdische Schriftsteller Flavius Josephus umschrieb um 95 n. Chr. in seiner Schrift »Gegen Apion« (Contra Apionem I 38–41) die kanonischen Bücher und berücksichtigte dabei einige Prinzipien, die gültig bleiben sollten. Er sagt, daß es »nur zweiundzwanzig Bücher gibt, welche die gesamte Vergangenheit schildern und mit Recht als glaubwürdig angesehen werden. Fünf derselben sind von Mose; sie enthalten die Gesetze und die Geschichte von der Entstehung des Menschengeschlechts bis zum Tode des Verfassers (Mose).« »Vom Ableben des Mose aber bis zur Regierung des Artaxerxes (Artaxerxes I., 465–424 v. Chr.), der nach Xerxes über die Perser herrschte, haben die auf Mose folgenden Propheten die Begebenheiten ihrer Zeit in dreizehn Büchern aufgezeichnet; die übrigen vier enthalten Lobgesänge auf Gott und Vorschriften für das Leben der Menschen.«

Damit ist zunächst der ganze Kanon beschrieben. Im einzelnen zählt Josephus nach dem Pentateuch dreizehn Bücher auf, die jedoch nicht genau beschrieben sind, die man aber deutlich ermitteln kann; es sind diese:

1. Josua; 2. Richter + Rut; 3. Samuel; 4. Könige; 5. Jesaja; 6. Jeremia + Klagelieder; 7. Hesekiel; 8. Zwölf Propheten; 9. Hiob; 10. Daniel; 11. Ester; 12. Esra + Nehemia; 13. Chronik.

Zuletzt sind die vier »Lobgesänge auf Gott und Vorschriften für das Leben« hinzugefügt, nämlich

14. Psalmen; 15. Sprüche; 16. Hoheslied; 17. Prediger.

So ergeben sich mit dem Pentateuch zusammen 22 Bücher, die nun auch nach ihrer Entstehungszeit festgelegt werden. Dann fügt Josephus hinzu: »Von Artaxerxes an bis auf unsere Tage ist alles eingehend beschrieben; diese Bücher stehen aber nicht in gleichem Ansehen wie die früheren, weil es da an der genauen Aufeinanderfolge der Propheten mangelte«. Offenbar nahm das prophetische Zeugnis an Glaubwürdigkeit ab. Vom 1. Buch Mose bis zur Zeit Artaxerxes' I. zeugten Mose und die Propheten in Vollmacht ihres Amtes. Dann aber – glaubte man – habe die Kraft und Verbindlichkeit des göttlichen Redens nachgelassen, eine Auffassung, die sich schon innerhalb des Alten Testaments selbst ankündigte (vgl. Sacharja 1,4; 7,7; auch 1. Makkabäer 4,46).

DIE APOKRYPHEN
DES ALTEN TESTAMENTS

von Siegfried Herrmann

DIE SONDERSTELLUNG DER APOKRYPHEN

Im Unterschied zum hebräischen Kanon der heiligen Schriften blieb
der Umfang der in der Septuaginta, der griechischen Übersetzung des
Alten Testaments, enthaltenen Schriften noch lange Zeit offen. Zu
ihnen gehörten eine Anzahl von Büchern, die in der griechisch reden-
den Diaspora sehr verbreitet waren, die aber niemals in den hebräischen Kanon gelangten: das 1. Buch Esra*, die Weisheit Salomos, Jesus
Sirach, Judit, Tobit, Baruch und (in einigen Handschriften) die vier
Makkabäerbücher. (Zum »Gebet des Manasse« vgl. die Einführung
S. 195 f.)

Leider ist niemals eine eindeutige Entscheidung über den Umfang
der Septuaginta und die Reihenfolge der einzelnen Bücher gefällt worden. Das Judentum kehrte sich nach 70 n. Chr. von der Septuaginta
überhaupt ab; unter den Christen, die das Alte Testament von den
Juden übernommen und anerkannt hatten, gab es von Anfang an keine
einhellige Meinung über die Anzahl der als kanonisch geltenden
Schriften. Allgemein anerkannt waren lediglich die Bücher, die auch im
hebräischen Kanon des Judentums enthalten waren. Ein Teil der Kirchenväter und Konzilien hielt an diesem engen Kanon fest, während
andere sich für die Anerkennung einer weiteren Anzahl von Schriften
aus der Septuaginta aussprachen, zum Teil mit dem Vorbehalt, der uns

---

* So nach der Stellung und Zählung in der Septuaginta. Das Alte Testament kennt im
hebräischen Kanon nur die Bücher Esra und Nehemia. Die Septuaginta hat zusätzlich ein
apokryphes Buch Esra. So ergibt sich für die Septuaginta folgende Anordnung: 1. apokryphes Buch Esra, 2. die bekannten Bücher Esra und Nehemia aus dem Alten Testament
unter dem gemeinsamen Namen »Esra«. Die Vulgata bringt die gleichen Bücher, aber in
anderer Reihenfolge: 1. Esra I, 2. Nehemia (= Esra II), 3. das apokryphe Buch Esra
(als Esra III im Anhang), dazu 4. die Esra-Apokalypse ebenfalls im Anhang als »4. Buch
Esra«.

dann bei Luther wieder begegnet, daß diese Schriften denen des hebräischen Kanons nicht gleichzustellen seien.

Zu den Befürwortern des weiteren Kanons gehören in der westlichen Kirche u. a. Augustin und Papst Innozenz I., zu seinen entschiedenen Gegnern der Kirchenvater und Bibelübersetzer Hieronymus (347/8–420), der zwischen »kanonischen«, d. h. göttlich inspirierten (libri canonici) und »kirchlichen« Schriften (libri ecclesiastici) trennte. Der Begriff »Apokryphen« für die Schriften der zweiten Gruppe hat sich erst in der Reformationszeit durchgesetzt. Luther hat ihn möglicherweise von seinem ursprünglichen Mitstreiter Karlstadt übernommen, der sie in seiner Schrift von 1520 »De canonicis scripturis libellus« verwendet. Der griechische Begriff »apokryph« bedeutet wörtlich »verborgen, geheim« und hat im Laufe der Zeit verschiedene Bedeutungen angenommen. Auf der einen Seite steht der positive Sinn »geheim, nur für Eingeweihte bestimmt«, auf der anderen der abwertende »unbekannten Ursprungs« (und deshalb zu verwerfen). Erst seit der Reformation wird der Begriff in dem von Luther definierten Sinn auf die Schriften angewendet, die uns nur in der Septuaginta überliefert sind.

Die katholische Kirche hat sich schon im 4. Jahrhundert auf mehreren Synoden in Rom (382), Hippo (393) und Karthago (397 und 419) auf den weiteren »griechischen« Kanon festgelegt. Diese Entscheidung wurde in der Zeit des Humanismus und der Reformation auf den Konzilien von Florenz (1441) und Trient (1546) bestätigt. In Trient wurde ausdrücklich jeder Rangunterschied zwischen Schriften des hebräischen und des griechischen Kanons (Proto- und Deuterokanonische Schriften) abgelehnt.

Der auf dem Trienter Konzil als offiziell anerkannte lateinische Bibeltext der Vulgata enthielt als vollwertigen Bestandteil des Kanons im Alten Testament die Bücher Tobit, Judit (hinter Nehemia = 2. Esra), Weisheit, Sirach (hinter Hoheslied), Baruch (hinter Jeremia), 1. und 2. Makkabäer (hinter Maleachi). Im Anhang und also nicht als kanonisch anerkannt enthält die Vulgata noch das 3. und 4. Buch Esra, das Gebet des Manasse und den (ebenfalls aus der Septuaginta stammenden) 151. Psalm.*

Luther legte bei seiner Übersetzung den hebräischen Kanon zugrunde und hielt sich nicht an die Ordnung der Septuaginta und der

* Eine tabellarische Zusammenstellung der Bücher und ihrer Reihenfolge in Septuaginta und Vulgata findet sich in dem Band »Bibelkunde im Überblick« dieser Buchreihe (Teil I).

Vulgata. Er griff auf die Einteilung des Hieronymus zurück und stellte die nicht im hebräischen Kanon enthaltenen Bücher als Anhang dem Alten Testament nach. So machte er schon durch die besondere Stellung dieser Bücher deutlich, was er mit der berühmt gewordenen Zwischenüberschrift formulierte:

Apocrypha:
Das sind Bücher
so der Heiligen Schrift nicht gleich gehalten
und doch nützlich und gut zu lesen sind.

Es entsprach nicht nur dem Geist der Reformation, sondern zugleich dem Geist des Humanismus, der sich zu den ursprünglichen Quellen zurückwandte, wenn auf protestantischer Seite der hebräischen Sprache eine neue Bedeutung und dem hebräischen Kanon eine höhere Wertung beigemessen wurde.

Der Genfer Reformator Calvin hielt sich zunächst an die Linie Luthers. Schroffer wurde sein Urteil angesichts der Entscheidung des Trienter Konzils 1546; er betonte, daß die Aufnahme der Apokryphen in den römisch-katholischen Kanon nicht dem »Konsensus der Alten Kirche« entspreche. Trotzdem waren auch künftig die Apokryphen in den reformierten Bibeln nach dem Vorbild der Lutherbibel als Anhang zum Alten Testament enthalten. Erst die Verschärfung der konfessionellen Streitigkeiten im 17. Jahrhundert führte teilweise zum Ausschluß der Apokryphen.*

Es waren vor allem Einflüsse aus England (Westminster-Confession 1647), die auf Ausschluß der Apokryphen drängten. Auch bei den Lutherbibeln, die die Bibelgesellschaften im 19. Jahrhundert verbreiteten, machte sich dieser Einfluß geltend. Anfangs hatten die deutschen Bibelgesellschaften, wie es der Tradition der lutherischen Kirchen entsprach, selbstverständlich Lutherbibeln mit Apokryphen verbreitet. In den 30er Jahren des 19. Jahrhunderts gerieten jedoch diese Bibelgesellschaften, finanziell von der Britischen und Ausländischen Bibelgesellschaft in London abhängig, unter den ursprünglich von Schottland

* Kurioserweise waren es gerade diese Streitigkeiten, die zur gleichen Zeit weiteren apokryphen Büchern Eingang in Ausgaben der Lutherbibel verschafften: 3. und 4. Esra sowie 3. Makkabäer. Diese Schriften erscheinen als »Zugabe« sogar noch in den beiden ersten Ausgaben der von Cansteinschen Bibelanstalt nach 1710. Die evangelischen Bibeln sollten den katholischen gegenüber nicht als »minderwertig« gelten, und die Leser sollten die konfessionellen Streitigkeiten selbst beurteilen und prüfen können, was der Wert dieser Schriften ist. (Vgl. dazu Klaus Dietrich Fricke, Der Apokryphenteil der Lutherbibel, in: Die Apokryphenfrage im ökumenischen Horizont, hrsg. v. Siegfried Meurer, Deutsche Bibelgesellschaft Stuttgart, 2. Aufl. 1993 als Band 3 der Reihe »Bibel im Gespräch«, S. 64–67.)

ausgehenden Druck, keine Bibeln mit Apokryphen mehr zu verbreiten. Sie widersetzten sich anfangs entschieden, zumal sie die Erfahrung machten, daß von Pfarrern und Gemeinden Bibeln ohne Apokryphen als unvollständig abgelehnt wurden. Erst die finanzielle Erwägung, daß solche Bibeln billiger hergestellt und verbreitet (zum Teil auch verschenkt) werden konnten, brachte Ende des Jahrhunderts den Durchbruch: Bibeln ohne Apokryphen galten fortan als gleichwertig und wurden unbefangen neben solchen mit Apokryphen angeboten. So ist es bis heute im evangelischen Raum geblieben.

In der katholischen Kirche, wo diese Schriften vollgültig zum biblischen Kanon gehören, werden sie heute als »Deuterokanonische Schriften« bezeichnet, d. h. als Schriften, die gegenüber dem hebräischen Kanon einem zweiten *(deuteros)* Kanon, dem griechischen der Septuaginta, entstammen. Die gemeinsame evangelisch-katholische Übersetzung »Die Gute Nachricht« (Bibel in heutigem Deutsch) verwendet einen neutralen Ausdruck, der sich auf keine Wertung festlegt, indem sie von »Spätschriften des Alten Testaments« spricht.

Neben der Lutherbibel bringen auch andere deutsche Bibelausgaben die Apokryphen als Anhang zum Alten Testament bzw. als eigenen Teil vor dem Neuen Testament. Es sind dies die Bibelübersetzung von Hermann Menge, die Gute Nachricht-Bibel und die Zürcher Bibel (wobei die letztere auf Baruch und die Zusätze zu Daniel und Ester verzichtet). In der Reihenfolge der Bücher weichen allerdings Zürcher Bibel und Gute Nachricht von der Lutherbibel ab. Die Vielfalt in der Anordnung wird noch verwickelter, wenn man die katholische Einheitsübersetzung dazunimmt, die die »apokryphen« Schriften als vollwertige biblische Bücher in den Kanon des Alten Testament einordnet, und zwar so, daß diese Schriften jeweils in den Teil des Alten Testaments eingeordnet sind, der ihrer literarischen Gattung entspricht, also Tobit, Judit und die beiden Makkabäerbücher hinter Nehemia unter den geschichtlichen Schriften, Weisheit und Sirach hinter dem Hohenlied unter den Weisheitsschriften, Baruch hinter den Klageliedern unter den Propheten. Die griechischen Zusätze zu Daniel und Ester sind hier direkt mit den entsprechenden alttestamentlichen Büchern vereint.

Noch schwieriger wird der Vergleich der Apokryphen in den verschiedenen Bibelausgaben und das Aufschlagen von Stellen und Zitaten durch den Umstand, daß auch Kapitel- und Verszählung streckenweise voneinander abweichen, besonders bei Tobias und Sirach. Eine vergleichende tabellarische Übersicht über die Anordnung der betreffenden Schriften in den verschiedenen Bibeln und die abweichenden Zählungen der Kapitel und Verse findet sich in dem Band »Bibelkunde im Überblick« in dieser Buchreihe (in Teil I; erscheint 1997).

1. SELBSTÄNDIGE SCHRIFTEN

Das Buch Judit

Charakter und Inhalt des Buches. Das Buch berichtet davon, wie eine gottfeindliche Weltmacht alle Völker zu unterwerfen sucht. Alle Götter der Völker sollen abgeschafft und ihre Heiligtümer zerstört, nur der große König Nebukadnezar soll angebetet werden (3,11). Allein das Volk der Juden leistet erfolgreich Widerstand, und es wird gerettet durch das Gottvertrauen und die mutige Tat einer Frau, der jungen und schönen Witwe Judit.

Der Anfang des Buches (Kap. 1f) ist in der Lutherbibel nach der lateinischen Übersetzung des Hieronymus (Vulgata) wiedergegeben, während Einheitsübersetzung und Gute Nachricht dem griechischen Text der Septuaginta folgen. Die griechische Fassung ergibt einen klareren Ablauf der Ereignisse: Der Assyrerkönig Nebukadnezar will gegen den mächtigen Mederkönig Arphaxad kämpfen und ruft alle Völker im Westen zur Waffenhilfe auf, von Kleinasien über das obere Mesopotamien und Syrien-Palästina bis hinunter nach Ägypten. Sie aber schicken seine Boten mit Hohn zurück, und Nebukadnezar schwört Rache. Er besiegt den Mederkönig ohne fremde Hilfe und beauftragt dann seinen Feldherrn Holofernes, die Völker im Westen zu bestrafen.

Bei Hieronymus (und Luther) wird dagegen gleich zu Beginn der Sieg über Arphaxad berichtet, der Nebukadnezar zum Hochmut verführt, so daß er Boten – mit der Aufforderung zur Unterwerfung? – zu allen Völkern des Westens schickt (1,6f). Die revidierte Lutherbibel deutet allerdings den Hieronymus-Text im Sinn der griechischen Fassung, indem sie den Bericht über die Botensendung in die Vorvergangenheit setzt: »Er hatte aber auch [schon vor seinem Feldzug gegen die Meder] Boten gesandt ...«

Von da ab (2,14; Luther 2,7) stimmen die beiden Fassungen im wesentlichen überein: Holofernes besiegt alle Völker nördlich und östlich von Palästina; die Länder der Küstenebene unterwerfen sich ihm freiwillig (Kap. 3). Nur die Juden leisten Widerstand (Kap. 4f). Hervorgehoben wird die Stadt Betulia im Süden der Jesreel-Ebene; sie liegt an einer engen Paßstraße, die den Zugang zum übrigen Land und nach Jerusalem versperrt. Sie wird deshalb von Holofernes belagert und hart bedrängt (Kap. 6f). Da ist es Judit (Kap. 8f), eine vornehme Bürgerin aus der Judenschaft, ebenso demütig wie energisch, der es gelingt, in das feindliche Lager mit List vorzudringen und durch ihre Schönheit und Würde das Wohlgefallen des Holofernes zu finden (Kap. 10f). Nach einem Gastmahl zieht er sich mit Judit in sein Zelt zurück. Sie aber ergreift den entscheidenden Augenblick. Während Holofernes betrunken und ermüdet auf seinem Lager liegt, schlägt sie ihm mit seinem eigenen Schwert den Kopf ab. Den nimmt sie mit, um ihn in der Stadt im Triumph ihren Landsleuten vorzuzeigen (Kap. 12f). Dann schlagen die Juden die völlig verwirrten Feinde in die Flucht, feiern ihren Sieg und bewahren Judit bis an ihr Lebensende ein hohes Ansehen. Der Tag des Sieges bleibt ein Festtag in Israel für alle Zeiten (Kap. 14–16).

Geschichtliche Zusammenhänge. Die Erzählung um Judit hat romanhafte Züge. Sie klingt zwar historisch zuverlässig; aber das trifft nur teilweise zu. Die geschichtliche Einordnung des geschilderten Geschehens ist schwierig. Gegner der Juden ist offenbar der berühmte Nebukadnezar, der über die Babylonier von 605–562 v. Chr. herrschte und Jerusalem zweimal belagerte (597 und 587 v. Chr.). Er wird jedoch als König der Assyrer eingeführt, deren Hauptstadt Ninive in Wirklichkeit schon Nebukadnezars Vater Nabopolassar 612 v. Chr. erobert hatte, und ein Mederkönig namens Arphaxad, den Nebukadnezar besiegt haben soll, ist historisch nicht bekannt.

Während die Juditgeschichte sich schwer in die assyrisch-babylonische Zeit einordnen läßt, gibt es im Juditbuch eine Reihe von Hinweisen auf Verhältnisse der Perserzeit. Des näheren führen diese Spuren auf den Perserkönig Artaxerxes III. Ochus (358–337 v. Chr.), der 353 zum zweiten Mal gegen Ägypten zu Felde zog. Dabei kam es zu Kämpfen zwischen Juden und Persern in Palästina. Im unteren Jordantal wurde die Stadt Jericho erobert und zerstört. Es ist anzunehmen, daß auch andere Städte in Judäa angegriffen wurden, so daß die Perser einen begrenzten Erfolg in Palästina erzielten. Die Tat der Judit stand wahrscheinlich im Zusammenhang mit Abwehrkämpfen gegen die Perser. Demnach vermischen sich im Juditbuch ferne Erinnerungen aus assyrischer und babylonischer Zeit mit Ereignissen aus der Perserzeit. Der Feind im Buch Judit waren angeblich die Assyrer, tatsächlich aber historisch die Perser. Die Juditüberlieferung stellt also ein fiktives Geschichtsbild dar, das sich an reale Voraussetzungen anlehnt.

Diese Vermutungen werden gestützt durch die Beobachtung, daß der Feldherr Holofernes und sein Kammerdiener (Eunuch) Bagoas im Juditbuch Namen tragen, die uns von Persern am Hof Artaxerxes' III. bekannt sind. Der antike Schriftsteller Diodorus Siculus (Historische Bibliothek XVI, 471; XXXI, 9) erwähnt einen Bagoas in Diensten des Artaxerxes (vgl. Judit 12,11.13; 13,2; 14,12). Historisch umstritten ist, ob Holofernes mit dem persischen Satrapen Orophernes zusammenhängt, der unter Artaxerxes III. den Feldzug gegen Ägypten befehligte, danach aber wieder unversehrt als Satrap nach Kappadozien zurückkehrte. Wurde dieser Orophernes tatsächlich im Kampf gegen die Juden eingesetzt? Es gibt auch die Möglichkeit, daß Judit einen untergeordneten persischen Feldherrn in Palästina ermordete, dem später der Name des berühmten Orophernes zugesprochen wurde. So wäre es vorstellbar, daß Judit gegen eine lokale persische Größe in Judäa kämpfte, die in der Juditüberlieferung mit Orophernes/Holofernes verbunden wurde und in den gleichen historischen Rang erhoben wie Nebukadnezar und Artaxerxes.

Aufgrund dieser Überlegungen ist anzunehmen, daß der historische Hintergrund des Juditstoffes wohl aus dem 4. Jahrhundert stammt und die Geschichte der Judit um das Jahr 300 v. Chr. erzählt und überliefert wurde. Allerdings wird vielfach die Entstehung des Juditbuches im 2. Jahrhundert v. Chr. angenommen, also um die Zeit der Makkabäer, als die Juden gegen die hellenistischen Parteien zur Zeit Antiochus' IV. kämpften. Aber es gibt keine überzeugenden Hinweise darauf, daß die Gestaltung des Juditstoffes erst in die Makkabäerzeit anzusetzen ist.

Theologisches Verständnis. Das Buch Judit erzählt von einer tapferen Frau, einer Heldin ihres Volkes zu einer Zeit, als die Juden im Kampf bedrängt waren. Assyrer, Babylonier, Syrer, Perser und Juden bilden im Buch Judit ein großes historisches Gemälde aus alten Zeiten. Nicht die exakte Chronologie ist entscheidend, sondern die Weltgeschichte wird dargestellt in ihrer typischen Eigenart. Mächte und Kräfte werden niedergeworfen, andere erheben sich von neuem und beherrschen die Völkerwelt. Das ist der Rahmen des Juditbuches.

Mittendrin aber steht das jüdische Volk, das sich zu behaupten weiß. Die Stadt Betulia ist das Symbol des Kampfes der Assyrer gegen eine belagerte Festung, die kurz vor ihrer Eroberung steht. Da geschieht die Tat der Judit. Sie überwältigt ebenso den feindlichen Feldherrn wie schließlich das ganze Heer. Betulia ist gerettet, das jüdische Volk trotzt allein den Völkern, deren Könige es nicht vermochten, die ganze Welt unter ihr Joch zu zwingen.

Betulia und die tapfere Judit sind ein Beispiel für den Sieg des Volkes und seines Gottes. Nicht die blutige Tat der Witwe aus ihrer belagerten Stadt ist entscheidend, sondern die Überzeugung, daß diese Frau allein aus religiösen Motiven handelt. Das kommt in den Gebeten der Judit zum Ausdruck, das zeigen alle ihre Schritte und Entscheidungen bis hin zu ihrer Mordtat. Nicht die Beseitigung des Tyrannen steht im Mittelpunkt der Erzählung, sondern die Entscheidung einer Frau und eines Volkes, die zur Rettung führt. Daß Judit zugleich eine Frau ist, die den Geboten Gottes folgt, macht deutlich, daß das Judentum in zunehmendem Maße das Gesetz beobachtete, wie es sich in den letzten Jahrhunderten vor Christus ausbildete.

Das Buch Judit ist gewiß kein »frommes« Werk, aber es bietet eine bemerkenswerte Verbindung von Weltgeschichte und Gottesgeschichte. Insofern enthält das Buch mehr als eine dramatische Erzählung; es vermittelt im Rahmen geschichtlicher und religiöser Darstellungen theologische Erkenntnisse des frühen Judentums.

Die Weisheit Salomos

Das Wesen der Weisheit. Das Buch der »Weisheit Salomos« unter den apokryphen Schriften ist nicht zu verwechseln mit den »Sprüchen Salomos« im Alten Testament, die dort unmittelbar auf die Psalmen folgen. Während die »Sprüche« (Proverbien) wohl bereits im 4. oder 3. Jahrhundert v. Chr. abgeschlossen wurden, ist die »Weisheit« erst im 1. Jahrhundert v. Chr. griechisch abgefaßt worden. Nach der lateinischen Übersetzung nennt man sie auch »Sapientia Salomonis«.

Bei diesem Werk handelt es sich nicht um allgemeine Lebensweisheit, sondern um Erfahrungen und geschichtliche Erkenntnisse, die mit philosophischen Gedanken durchsetzt sind. Zweifellos ist das Buch der »Weisheit« auf der Grundlage alttestamentlich-jüdischer Überlieferung geschrieben worden, stand aber zugleich unter griechischem Einfluß. Besonders in der Judenschaft Ägyptens in Alexandria war eine Entwicklung zu beobachten, in der sich jüdisches Denken mit hellenistisch-orientalischen Ideen verband. Die »Weisheit Salomos« ist ganz offenkundig ein Werk aus jüdischem Geist, der sich aber durch die Berührung mit griechischem Denken weiterentwickelte, wobei ganz neue Tendenzen hinzukamen.

Besonders deutlich wird das an einigen Begriffen, in denen sich jüdische und griechische Vorstellungen verbinden. So werden in 8,7 die vier griechischen Kardinaltugenden aufgenommen: »Besonnenheit und Klugheit, Gerechtigkeit und Tapferkeit«; man könnte sie auch als »Maßhalten, Einsicht, Gerechtigkeit und Mannhaftigkeit« übersetzen. Über ihnen allen aber steht die Weisheit, »die die Tugenden wirkt« und aus der sie alle fließen. So steht die Weisheit vermittelnd zwischen den Erfahrungen des Orients, verbunden mit dem Gottesglauben in Israel, und griechischem Wissen. Beiden eignet Universalität: Wie die Weisheit allen Menschen das Erkennen schenkt, so ist Gott umfassend für alle Menschen da. Gott liebt seine Schöpfung, und aus Liebe will er seine Kreatur nicht vernichten, sondern bessern (11,23–12,1). Weil er als der Herr über allen steht, schont er sie auch. Das Volk soll daraus lernen, daß der Gerechte ebenfalls »menschenfreundlich« sein soll, wobei im Griechischen das Wort Philanthrop, »der die Menschen liebt«, benutzt wird (12,16-19) – ein Ausdruck, der aus der griechischen Philosophie der Stoa stammt.

Aus allen diesen Beobachtungen wird deutlich, daß diese Schrift nicht von dem berühmten König Salomo aus dem 10. Jahrhundert v. Chr. verfaßt sein kann. Vielleicht sind einige ältere Traditionen aufgenommen, die aber schwerlich bis auf Salomo zurückgeführt werden können. Der Verfasser war nach allem, was wir wissen, ein Jude in Alexandria, der die israelitische Tradition kannte, aber zugleich von griechisch-hellenistischer Denkweise beeinflußt war.

Form und Inhalt. Der Aufbau der »Weisheit Salomos« ist nicht ganz einfach. Offenbar umfassen die 19 Kapitel mehrere Teile, die nach Form und Inhalt unterschiedlich zusammengestellt sind. Die Kapitel 1–5 sind vorwiegend in Versen geschrieben. Die Weisheit weist den Weg zur Gerechtigkeit, während die Gottlosen die Gerechten verfolgen und ihren Spott mit ihnen treiben. Doch »die Gerechten werden ewiglich leben, und der Herr ist ihr Lohn, und der Höchste sorgt für sie« (5,16).

Die Kapitel 6–9 sind überwiegend auch in Versen gehalten. Nach Gerechtigkeit und Weisheit sollen die Menschen streben, besonders die Regenten und die Könige der Welt. Kapitel 7 und 8 nehmen offenbar auf Salomo Bezug, und Kapitel 9 hat sogar den Charakter eines Gebetes des Königs. Aber wenn auch in diesen Versen das Ich des Königs deutlich hervortritt, kommt doch der Name »Salomo« selbst nicht vor.

In den Kapiteln 10–12 und 16–19 wird das Walten der Weisheit in der Geschichte Israels dargestellt, unterbrochen in Kapitel 13–15 durch eine Abhandlung über die »Torheit des Götzendienstes«. 10,1–12,18 ist im ganzen poetisch gestaltet, wenn auch vereinzelte Prosastücke vorkommen. Der ganze Schluß 12,19–19,22 aber ist in Prosa geschrieben.

Kapitel 10 schildert das Wirken der Weisheit in der Geschichte Israels in den ersten Epochen seit Adam, sodann die Schicksale der Patriarchen (Abraham, Isaak usw.) und den Auszug aus Ägypten unter Mose bis zur Rettung am »Roten Meer«. Gottes Weisheit zeigt sich hier darin, daß die Israeliten durch dasselbe Element hindurchgerettet werden, das ihren Feinden zum Verhängnis wird: das Wasser des Meeres (10,18f). Entsprechend geschieht es bei der wunderbaren Stillung des Durstes durch Wasser aus dem Felsen: Sie ist das genaue Gegenstück dazu, daß für die Ägypter das Nilwasser zu Blut und dadurch ungenießbar wurde (11,4-14). Auch zwischen Vergehen und Strafe ergibt sich ein weisheitsvoller Zusammenhang: Weil die Ägypter Tiere anbeten, werden sie durch Tiere gequält (11,15f).

Solche Entsprechungen werden als Zeugnisse für die Weisheit Gottes bei sechs weiteren Plagen aufgedeckt. Doch wird dies erst in Kap. 16–19 nach einer größeren Unterbrechung abgehandelt. In einem Zwischenstück (11,17–12,1) spricht Gott zunächst über die Schöpfung und die Macht seiner Kreaturen, aber ebenso auch über sein Erbarmen, in dem er mit den Sünden der Menschen Nachsicht übt, damit sie sich bessern. Ein Beispiel aus der Geschichte ist Gottes Nachsicht gegenüber den Kanaanäern, die Gelegenheit bekamen, Buße zu tun (12,2-22).

Das Äußerste an Strafe aber spricht Gott aus, wo die Menschen auf Irrwege geraten, ein unverständiges Leben führen und den wahren Gott nicht erkennen wollen. Nach einer kurzen Einleitung 12,23-27 wendet sich der lange Text Kap. 13–15 der »Torheit des Götzendienstes« zu. Das Schlimmste ist, den namenlosen Götzen zu dienen; das ist »Anfang, Ursache und Ende alles Bösen« (14,27). Trotz der harten Worte, die Gott in diesem Zusammenhang gebrauchen muß, finden sich dort auch einige großartige Formulierungen, die ganz dem Stil des Alten Testaments und der israelitischen Weisheit entsprechen. Da heißt es (15,1-3):

> »Aber du, unser Gott, bist freundlich und treu
> und geduldig und regierst alles mit Barmherzigkeit.
> Wenn wir auch sündigen, gehören wir doch dir
> und kennen deine Macht.
> Weil wir aber wissen, daß wir dir angehören,
> sündigen wir nicht.
> Denn dich kennen ist vollkommene Gerechtigkeit,
> und von deiner Macht wissen
> ist die Wurzel der Unsterblichkeit.«

Mit anderen Worten: Einerseits ist es Gott, der freundlich und barmherzig ist, andererseits aber ist es die Sünde, die uns beherrscht. Doch Gott überwindet die Sünde, weil wir zu ihm gehören und sein Eigentum sind. Wer Gott wirklich kennt, kann nicht sündigen und hat die vollkommene Gerechtigkeit; er weiß auch, daß Gottes Macht die Wurzel der Unsterblichkeit ist.

Theologisches Verständnis. Die »Weisheit Salomos« lehrt, den Weg der Gerechtigkeit durch Gott zu vollenden. Gott hat nicht den Tod gemacht (1,13), sondern die Gerechtigkeit, die keinen Tod kennt (1,15). Das Alte Testament verbindet (in seiner späteren Zeit) den Tod mit dem Gedanken der Auferstehung, das Griechentum und der Hellenismus dagegen kennen den Begriff der Unsterblichkeit. Die Auferstehung wird als Akt einer Neuschöpfung verstanden, die das Sterben überwindet. Anders empfindet das Griechentum, das nicht die Auferstehung als Neuschöpfung kennt, sondern an die Vollendung des Menschentums und an die Unsterblichkeit glaubt, in der der Mensch die Göttlichkeit gewinnt. Der Grieche meint an die Gottheit heranzureichen, doch der Israelit hofft auf die Neuschöpfung durch Gott als neuer Mensch.

Was das Buch der »Weisheit Salomos« unter Gerechtigkeit versteht, beruht nicht auf einer juridischen Wertung des Menschen, sondern auf einer theologischen Erfahrung. Die »Gerechtigkeit« ist eine Qualität, die Gott als das Vollkommene umfaßt und das Neue schafft. Der Mensch, der »gerecht« ist, ist von Gott angenommen und kennt nicht das Böse. Gott überwindet die Sünde und schafft Gerechtigkeit. Sie macht den Menschen »weise«.

Weisheit und Gerechtigkeit sind nicht nur biblische Vorstellungen, sondern auch Begriffe der griechischen Philosophie. Das ist das Besondere, daß das Werk der »Weisheit Salomos« auf dem Boden Israels und des Judentums steht, daß aber zugleich auch griechisches Denken und griechischer Geist eingeht in die Theologie Israels. So wirkte Israel und die jüdische Diaspora in das Abendland hinein, eine Entwicklung, die bis an die Schwelle der christlichen Ära reichte.

Die »Weisheit Salomos« ist die jüngste jener Weisheitslehren, in denen – auf der Grundlage orientalischer Geistesbeschäftigung – Israel und das Judentum zur Höhe religiös vertiefter Lebenserfahrung aufgestiegen sind. Wie eine Zusammenfassung klingt 7,28: »Denn niemanden liebt Gott außer dem, der mit der Weisheit lebt.«

Worte aus dem Buch der Weisheit werden auch im Neuen Testament aufgenommen. Es scheint, daß Paulus das Buch oder doch entsprechende Traditionen gekannt hat. Das zeigt der Vergleich von Weisheit 9,15 mit 2. Korinther 5,1.4.8; Weisheit 9,17 mit 1. Korinther 2,11-16; Weisheit 13,1.5 mit Römer 1,19f; Weisheit 14,23-31 mit Römer 1,18-31.

Das Buch Tobias (Tobit)

Die Art der Erzählung. Das Buch Tobias (Tobit) handelt von einer Großfamilie, die aus Israel deportiert wurde und die später in verschiedenen Gegenden zwischen Assyrien und Medien lebt. Die Geschichte stellt eine Art Lehrerzählung dar. Wunderhafte Vorgänge bereichern das Geschehen. Nicht historische Tatsachen werden mitgeteilt, vielmehr sind auf dem Hintergrund geschichtlicher Ereignisse religiöse Erfahrungen dargestellt. Die persönliche Frömmigkeit der Familie steht im Vordergrund, und es wird deutlich, daß Gott durch seinen Schutzengel die Schicksale der Menschen zu lenken weiß.

Die Handlung des Buches spielt angeblich in der assyrischen Zeit des 8. oder 7. Jahrhunderts v. Chr., doch ist das Buch zweifellos viel später abgefaßt worden, wahrscheinlich um 200 v. Chr. oder erst gegen Ende des letzten Jahrhunderts v. Chr. Man nimmt an, daß die Erzählung in Kreisen der jüdischen Diaspora in Mesopotamien oder Syrien entstanden ist. Aber es ist auch nicht ausgeschlossen, daß Palästina als Ort für die endgültige Abfassung in Frage kommt.

Überlieferung. Als Luther das Buch Tobias ins Deutsche übersetzte, legte er die Vulgata zugrunde, also den lateinischen Text, den die katholische Kirche im Abendland bevorzugte. Deswegen verwendet er auch wie die Vulgata den Namen »Tobias«, und zwar gleichermaßen für Vater und Sohn. Anders verhält es sich mit der griechischen Übersetzung der Septuaginta, die den Vater »Tobit« nannte, den Sohn jedoch »Tobias«.*

Das Buch ist zweifellos ursprünglich in hebräischer oder aramäischer Sprache abgefaßt worden; Hieronymus will noch eine aramäische Handschrift gekannt haben. Uns ist es nur in Übersetzungen überliefert, und zwar neben der schon erwähnten lateinischen des Hieronymus in zwei griechischen: die eine im Umfang etwa der lateinischen entsprechend, die andere viel breiter erzählt und dadurch umfangreicher. Während die Einheitsübersetzung die kürzere griechische Fassung wiedergibt, übersetzt die Gute Nachricht die längere griechische Fassung des Codex Sinaiticus.

* Tobias ist die griechische Form des hebräischen Namens Tobija oder Tobijahu (= Gut ist der Herr); Tobit ist eine Variante, die sich nur in der griechischen Überlieferung findet.

Die Handlung stimmt in allen drei Fassungen im wesentlichen überein. Die beiden griechischen Übersetzungen laufen durchgehend parallel; bei der lateinischen (und Luther) führen die geringfügigen Abweichungen zu einer veränderten Verseinteilung, die man beim Vergleich von Lutherbibel einerseits und Einheitsübersetzung/Gute Nachricht andererseits in Rechnung stellen muß. Inhaltlich findet sich die einzige auffällige Abweichung der lateinischen Fassung in der Schilderung der Hochzeitsnacht in Kap. 8: Während nach der griechischen Fassung die Brautleute nach dem Gebet noch in derselben Nacht die Ehe vollziehen, berühren sie sich nach der lateinischen drei Nächte lang nicht (die sog. »Tobiasnächte«; Lutherbibel 8,4).

Inhalt und Form. Tobit aus dem Stamm Naftali wird nach dem Untergang des Nordreiches Israel 722/1 v. Chr. mit seiner Frau und seinem Sohn Tobias nach Ninive deportiert. Auch dort hält er sich streng an Israels Gesetz. Er bemüht sich, israelitische Exulanten, die von den Assyrern erschlagen worden waren, zu bestatten, obwohl das von den Assyrern verboten war. Als Tobit eines Tages nach der nächtlichen Bergung einer Leiche ermüdet im Freien einschläft, trifft ihn der Kot einer Schwalbe in die Augen, und er erblindet (1,1–3,6).

Szenenwechsel: Zur gleichen Zeit wird Sara, die Tochter Raguëls, in der medischen Stadt Ekbatana von einer Magd ihres Vaters tief gekränkt. Sara sollte nacheinander siebenmal verheiratet werden; aber ein böser Geist, Aschmodai genannt, hatte alle ihre Männer in der Hochzeitsnacht getötet. Von der Magd geschmäht, die ihr die Schuld daran anlastet, betet Sara zu Gott, und der Engel Rafaël vermittelt ihre Erhörung (3,7-25).

Szenenwechsel: Gabaël in der Stadt Rages in Medien hatte von Tobit zehn Talente (»Zentner«) Silber geliehen. Der junge Tobias soll das Geld einfordern. Der Engel Rafaël begleitet ihn auf der Reise nach Medien, und zwar unerkannt in der Gestalt eines Menschen unter dem Namen Asarja (4,1–5,29). Am Ufer des Tigris gelingt es Tobias auf Geheiß seines Begleiters, einen Fisch zu fangen und Herz, Galle und Leber herauszuschneiden, um sie als Arzneimittel zu verwahren. Kurz danach trifft Tobias durch Vermittlung des Engels Sara, die Tochter Raguëls; er übernimmt die Verpflichtung, sie zu heiraten. Die Brautnacht wird auf Rat des Engels dadurch eingeleitet, daß Tobias ein Stück von der Leber des Fisches verbrennt und dadurch den bösen Geist vertreibt. Der Engel Rafaël bringt den Dämon in die Wüste von Oberägypten und fesselt ihn. So sind Tobias und seine Frau Sara gerettet, und die Brautnacht verläuft ohne einen Todesfall, wie ihn Sara befürchtete. Das Hochzeitsmahl wird nicht nur zusammen mit Raguël und seiner Frau Hanna gefeiert, sondern auch mit Gabaël aus Rages in Medien, den Asarja von dort mitbringt, nachdem er das geliehene Geld von ihm ausgehändigt bekommen hat (6,1–9,12).

Unterdessen sorgen sich in Ninive Tobit und seine Frau Hanna, wann wohl ihr Sohn zu ihnen heimkehren werde. Endlich trifft Tobias zusammen mit Sara und Rafaël, der noch immer unerkannt als Asarja mitreist, in Ninive ein. Er heilt die Blindheit seines Vaters, indem er die aufbewahrte Galle des Fisches nimmt und damit die Augen salbt. Sieben Tage wird gefeiert (10,1–11,20). Der Reisegefährte gibt sich Vater und Sohn als der Engel Rafaël zu erkennen und verschwindet vor ihren Augen (12,1-22).

Ein Lobgesang des alten Tobit schließt sich an (13,1-22). Vor seinem Tod spricht er prophetische Worte über die Zukunft seines Volkes Israel, das später das Babylonische Exil erleiden muß, aber wieder in sein Land zurückkehren soll. Tobias aber zieht auf seinen Rat mit seiner Familie aus dem zum Untergang bestimmten Ninive nach Medien und erbt die Güter Raguëls; dort stirbt er mit 99 Jahren (14,1-17).

Die ganze Handlung scheint aus einem Guß zu sein, ist aber tatsächlich aus verschiedenen Motiven zusammengesetzt worden. Offenbar ist die Erzählung um Tobit und Tobias dem Erzählungskreis um Raguël und Sara an die Seite gestellt, aber zugleich so überzeugend mit ihm verbunden worden, daß sich die einzelnen Personen und ihre Motive zu einer Einheit bilden.

Theologisches Verständnis. Das Buch Tobias wird gern als eine »erbauliche Legende« charakterisiert. Jedoch ist eine Reihe von religiösen und kulturgeschichtlichen Beobachtungen aufschlußreich. Sie hängen mit dem Geist der Frömmigkeit in den letzten vorchristlichen Jahrhunderten zusammen. Tobit und sein Sohn Tobias repräsentieren einen Typ der Gesetzesfrömmigkeit, der sich in sympathischer Weise darstellt, der alles zum Besten zu wenden versteht und Unrecht überwindet. Ein gesunder Familiensinn durchzieht die ganze Erzählung. Die Frauen sind in das Schicksal der Männer einbezogen, als ein belebender Teil des ganzen Geschehens. Hanna, die Frau Tobits, vor allem aber Sara, die Tobias heiratet, sind als selbständige und mitfühlende Persönlichkeiten dargestellt.

Übersinnliche Erscheinungen bereichern die Handlung und machen sie zur Legende. Engel und Dämonen erschienen; es sind geheimnisvolle Kräfte am Werk, die hilfreich den Menschen begleiteten. Mehrfach wirkt Magie mit. Besonders werden Leber, Herz und Galle eines Fisches erwähnt, die aber ebenso als Volksarzneimittel bekannt waren und sogar noch im babylonischen Talmud empfohlen werden.

Das Buch Tobias ist voller Erfahrungen und Erkenntnisse, die die Menschen mit Gott erlebten; es sind Erkenntnisse, die wir dem jüdischen Denken verdanken und die dem christlichen Verständnis entgegenkommen.

Das Buch Jesus Sirach

Der Verfasser des Buches. Das beliebteste Buch der Apokryphen ist das Buch Jesus Sirach, weil sich dort eine umfassende Sammlung von Sprüchen, Lebensregeln und Sentenzen findet, die sich in vielfältiger Weise auf das tägliche Leben anwenden lassen. Der Verfasser wird im Buch selbst genannt, und zwar unter dem vollständigen Namen Jesus, Sohn des Eleasar, Sohn des Sirach (50,29; EÜ/GN 50,27*). Wir wissen, daß der Text ursprünglich hebräisch geschrieben, aber später ins Griechische übersetzt wurde. In einer griechischen Vorrede berichtet der Enkel des Verfassers, daß sein Großvater Jesus in Jerusalem lebte und schrieb, und zwar wahrscheinlich um das Jahr 190 v. Chr., als der Hohepriester Simon II. im Amt war. Aber erst nach rund 60 Jahren brachte der Enkel das Werk des Großvaters nach Ägypten mit und übersetzte es dort für die griechisch sprechenden Juden. In der Vorrede (Vers 8) wird genau gesagt, daß der Übersetzer im 38. Jahr des Königs Ptolemäus Euergetes nach Ägypten kam. Gemeint ist Ptolemäus Physkon VIII. Euergetes II. (170–164 und 145–116; die Regierungszeit ist wegen Thronwirren unterbrochen). Demnach ist anzunehmen, daß die Übersetzung zwischen 132 und 116 abgefaßt und vollendet wurde.

Überlieferung. Wie bereits festgestellt, ist der ganze Text vom Enkel des Verfassers ins Griechische übersetzt worden. Der hebräische Originaltext des Buches war zwar Hieronymus nach dessen Angaben noch bekannt, ist aber dann verschollen. Erst seit dem Jahre 1896 sind Bruchstücke des hebräischen Sirach entdeckt worden, die etwa zwei Drittel des Textes umfassen. Diese Bruchstücke stammen aus fünf Handschriften und wurden in der Geniza (Archiv alter Handschriften) in der Esra-Synagoge in Kairo gefunden. Die Handschriften sind auf zwei Rezensionen (Textfassungen) verteilt und stammen aus dem 11.

---

* EÜ = Einheitsübersetzung, GN = Gute Nachricht (Bibel in heutigem Deutsch).

und 12. Jahrhundert. Der Wert dieser Fragmente ist allerdings umstritten. Interessanter sind einige Bruchstücke, die in Qumran in Höhle 2 gefunden wurden und die im wesentlichen mit dem Text aus Kairo übereinstimmen (6,20-31; 51,12-20), ferner ein Bruchstück aus Masada aus dem ersten Drittel des 1. Jahrhunderts v. Chr. mit dem Text 39,27–44,17, allerdings mit Lücken.

Die Verbreitung des Buches Jesus Sirach erfolgte in christlicher Zeit vor allem in mehreren Übersetzungen außerhalb Palästinas. Offenbar wurde unmittelbar aus dem hebräischen Text die syrische Übersetzung hergestellt. Aus dem Griechischen entstand die altlateinische Übersetzung, die Hieronymus übernahm. Auf dem griechischen Text beruhen ferner eine sahidische (ägyptisch-koptische), äthiopische, armenische, slavische und arabische Übersetzung, jeweils in den entsprechenden Ländern.

Ähnlich wie beim Buch Tobias (Tobit) weicht auch bei Sirach die Verseinteilung in der lateinischen Fassung (und entsprechend in der Lutherbibel) von der in der griechischen ab, an die sich Einheitsübersetzung und Gute Nachricht anschließen. Daraus ergeben sich einige Verschiebungen beim Aufsuchen des Textes. Zu beachten ist, daß einzelne Verse, die in der Überlieferung erst später hinzugefügt wurden, in EÜ/GN in den Fußnoten stehen. Außerdem verzeichnen die beiden Übersetzungen auch Abweichungen der hebräischen und z. T. syrischen Handschriften.

Form und Inhalt. Abgesehen von der Vorrede (Vers 1-10) ist das ganze Buch Jesus Sirach poetisch gestaltet, was bedeutet, daß die Grundsätze hebräischer Dichtung beachtet werden (immer zwei Verse entsprechen sich im Inhalt, sei es, daß der zweite den ersten variiert oder einen Gegensatz ausdrückt). Deswegen läßt sich auch der Text in Stichen (Verszeilen) lesen. In der Einzelausgabe der Apokryphen der Lutherbibel* sind die Verspaare im Druck abgesetzt, so daß der poetische Charakter des Textes deutlich hervortritt. (Das gilt auch für die übrigen poetisch gestalteten Teile der Apokryphen: Weisheit und Teile von Judit, Tobias, Baruch.) Die Einheitsübersetzung hat die poetischen Teile dadurch gekennzeichnet, daß zwischen den beiden Zeilen eines Verses ein Strich eingesetzt ist, beispielsweise Sirach 1,1: »Alle Weisheit stammt vom Herrn, / und ewig ist sie bei ihm.«

Das Buch Jesus Sirach läßt sich thematisch in die folgenden Abschnitte einteilen:

* Die Apokryphen nach der deutschen Übersetzung Martin Luthers, revidierter Text 1970, Deutsche Bibelgesellschaft (ISBN 3-438-03006-3).

Aus jedem dieser Abschnitte sollen einige charakteristische Worte unter bestimmten Stichworten mitgeteilt werden:

Weisheit und Befolgen der Gebote
1,32 (EÜ/GN 1,26):
Mein Sohn, willst du weise werden, so halte die Gebote,
dann wird dir Gott die Weisheit geben.

Demut
3,19f (EÜ/GN 3,17f):
Liebes Kind, tu deine Arbeit in Demut;
das ist besser als alles, wonach die Welt trachtet.
Je größer du bist, desto mehr demütige dich;
so wirst du beim Herrn Gnade finden.

Verhalten zu Armen
4,1.8:
Liebes Kind, laß den Armen nicht Not leiden,
und sei nicht hart gegen den Bedürftigen.
Höre den Armen an
und antworte ihm freundlich auf seinen Gruß.

Der weise Regent

10,1:

Ein weiser Regent schafft seinem Volk Bestand;
und wo ein Verständiger am Ruder ist, da herrscht Sicherheit.

Umkehr und Gnade

17,20.28 (EÜ/GN 17,24.29):

Aber die reumütig sind, läßt er wieder zu Gnaden kommen,
und die müde werden, tröstet er, daß sie nicht verzagen.
Wie ist die Barmherzigkeit des Herrn so groß!
Er zeigt sich denen gnädig, die sich zu ihm bekehren.

Was gut ist vor Gott und den Menschen

25,1:

Drei Dinge gefallen mir,
die Gott und den Menschen wohlgefallen:
wenn Brüder eins sind und die Nachbarn sich liebhaben
und wenn Mann und Frau gut miteinander umgehen.

Lob der Väter

44,1–50,23 (EÜ/GN 44,1–50,21):

Die Beschreibung berühmter Männer der Geschichte Israels beginnt
mit Henoch und endet mit dem Hohenpriester Simon (Simon II., um
200 v. Chr.) und wird abgeschlossen mit den Worten »Nun danket alle
Gott« (50,24-26; EÜ/GN 50,22-24), nachgedichtet in dem bekannten
Lied von Martin Rinckart, 1636.

Theologisches Verständnis. Das Buch Jesus Sirach ist neben den alttestamentlichen Büchern der Sprüche und des Predigers das umfassendste Werk der Gattung »Weisheit«. Spruchweisheit, gesetzliche und
ethische Grundsätze, Schöpfungserkenntnis und biblische Geschichte
sind in ihm miteinander verbunden. »Weisheit« im biblischen Sinne ist
die Zusammenfassung alles menschlichen und göttlichen Wissens, ist
Anthropologie und Theologie in einem. Die Ordnung der Welt und des
menschlichen Lebens, die Gott in seiner Weisheit geschaffen hat, kann
von begnadeten Menschen erkannt und soll im täglichen Leben beachtet werden, damit dieses Leben mit Gott gelingen kann.

Das Buch Jesus Sirach enthält eine Summe biblischer Weisheit. Alt-
orientalische Weisheit, vornehmlich die ägyptische und die mesopota-

mische, ist aus der Gotteserfahrung Israels heraus weiterentwickelt und später teilweise durch Gesichtspunkte der griechischen Philosophie angereichert worden. Jesus Sirach hat mit seiner »Weisheit« keineswegs das griechische Denken in der Zeit des Hellenismus bekämpft, sondern hat das Gesetz Moses, die Weisheit Israels und ihre menschlich-sittlichen Werte auf eine neue Ebene allgemeiner Menschlichkeit erhoben. Insofern sind bei Jesus Sirach biblisches Wissen, Weisheit und Humanität zusammengeflossen zu einem Schatz an Weisheit, den schließlich die Kirche übernommen und als Gemeingut der Menschheit weitergegeben hat. Damit hängt es auch zusammen, daß die Alte Kirche das Buch Jesus Sirach mit dem lateinischen Titel »Liber Ecclesiasticus« (seit Cyprian, um 200–258 n. Chr.) versehen hat, was soviel heißt wie »Das Buch der Kirche«, ein Ehrentitel aus christlicher Zeit.

Das Buch Baruch und der Brief des Jeremia

Das Buch Baruch (Kap. 1–5) ist bei Luther in die Apokryphen übernommen und dort mit dem »Brief des Jeremia« verbunden (als Baruch, Kap. 6). So verfährt auch die Einheitsübersetzung, die jedoch beide Stücke in die Reihe der alttestamentlichen Prophetenbücher einordnet: Jeremia, Klagelieder, Baruch (einschließlich Brief des Jeremia). Nur die Gute Nachricht-Bibel hat den »Brief Jeremias« in ihrem Apokryphenteil (»Spätschriften des Alten Testaments«) als eigene Schrift nach dem Buch Baruch aufgenommen.

Der Charakter des Buches und der Verfasser. Das Buch Baruch erinnert an Baruch, den Sohn des Nerija, den Schreiber und Gefährten des Propheten Jeremia (Jeremia 32,12 u. ö.). Im Jeremiabuch wird berichtet, daß Baruch mit Jeremia nach Ägypten auswanderte (43,3.6), wo wahrscheinlich beide bald danach starben. Anders im Buch Baruch, wo Baruch angeblich in Babylonien im Exil lebte und dort aus der Ferne erfuhr, daß die Zerstörung Jerusalems im Jahre 587 v. Chr. erfolgte (Baruch 1,1f). Daraus geht hervor, daß das Schicksal Baruchs ganz anders als im Jeremiabuch dargestellt wird. Er sollte der jüdischen Exilsgemeinde in Babylonien schon seit dem Jahre 597 v. Chr. helfen und die Tröstungen Jeremias weitergeben.

Der Hauptteil des Buches Baruch (1,15–5,9) beschäftigt sich überhaupt nicht mit der Person Baruchs, sondern enthält teils poetische, teils in Prosa gestaltete Texte verschiedener Art: Gebete, Worte der Weisheit, des Trostes und der Verheißung. Offenbar waren mehrere

Autoren beteiligt, wahrscheinlich nicht in Palästina, sondern in der babylonischen Diaspora. Das ganze Buch ist eine literarische Komposition, die frühestens im 2., vermutlich aber erst im 1. Jahrhundert v. Chr. abgefaßt wurde.

Dasselbe trifft auch für den »Brief des Jeremia« (Baruch 6) zu, der ebenfalls erst im 1. Jahrhundert v. Chr. niedergeschrieben und nicht bereits von dem Propheten Jeremia im 6. und 5. Jahrhundert verfaßt wurde. Das zeigt auch der Stil dieses »Briefes«. Das einzige Thema dieses Textes ist die Warnung vor der Verehrung heidnischer Götterbilder.

Das Buch Baruch ebenso wie der Brief des Jeremia ist griechisch überliefert. In beiden Fällen war wohl das Original hebräisch abgefaßt, ist aber verloren.

Inhalt des Buches. Geschichtliche und literarische Probleme. Baruch 1,1-9 bietet eine geschichtliche Einleitung mit zahlreichen chronologischen Angaben. Sodann folgt in 1,10-14 der Text eines Briefes, den Baruch im Namen der Exilsgemeinde in Babylonien an die Judäer in Jerusalem schrieb. Von dem Geld, das ihnen die Exilsgemeinde schickt, sollen sie Opfergaben kaufen für den Altar des Tempels. Den Brief solle man in Jerusalem vorlesen, und zwar an einem Feiertag und »an anderen Festtagen« (1,14).

Im einzelnen: Die Daten sind unübersichtlich und nur schwer zu entwirren. Baruch 1,1f bezieht sich auf die Ereignisse des Jahres 587 v. Chr., während die Angaben in 1,3f das Jahr 597 v. Chr. voraussetzen. (Im Jahr 587, am 7. Tage des 5. Monats – nicht im 5. Jahr; vgl. 2. Könige 25,8f – verbrannten die Babylonier den Tempel; aber bereits seit dem Jahr 597 v. Chr. wohnte König Jojachin [Jechonja] in Babylonien am Fluß Sud im Exil.) Ferner: Es ist unwahrscheinlich, daß Baruch die Geräte des Tempels nach Jerusalem zurückschicken durfte (1,8); den Gegenbeweis liefert Jeremia 28,3, wo die baldige Rückkehr der Geräte von Jeremia als falsche Prophetie zurückgewiesen wird. Die Erwähnung von »Belsazar«, angeblich der Sohn Nebukadnezars (Baruch 1,11), führt zu chronologischer Verwirrung. Nebukadnezar starb bereits 562 v. Chr., Belsazar war Sohn des Königs Nabonid (555–539 v. Chr.), des letzten Herrschers in Babylonien.

Baruch 1,15-3,8 enthält ein Bußgebet in Form eines Volksklageliedes, das in Prosa geschrieben ist und Daniel 9,4-19 sehr nahe steht. Der Text war entweder Vorbild für Daniel 9, oder er wurde von Daniel und von Baruch aufgrund eines älteren Gebetes übernommen. Kern des Gebetes ist, daß das Land verlorengegangen ist, weil die Väter gesündigt haben. Doch »alle Missetaten unsrer Väter, die vor dir gesündigt haben, haben wir aus unserm Herzen getilgt, wir, die jetzt in Gefangenschaft sind, in die du uns verstoßen hast« (3,7f).

Ganz anders ist das poetische Stück 3,9–4,4, in dem Israel ermahnt wird, zur rechten Lebensweisheit zurückzukehren (3,14; 4,2). Hier lassen sich Berührungen mit Sprüche 1–9 und Hiob 28,12-28 feststellen, vor allem aber mit Jesus Sirach, z. B. eindrucksvoll in der Wendung »Quelle der Weisheit« (vgl. 3,12 mit Sirach 1,5).

Baruch 4,5–5,9 bietet sechs deutlich abgegrenzte poetische Stücke, die Klage- und Trostlieder über Jerusalem enthalten: Seine Bewohner wurden an die Heiden verkauft (4,5-9a), seine Söhne und Töchter sind weggeführt worden (4,9b-16). Doch Gott wird sein Volk aus der Hand der Feinde erretten (4,17-29) und Jerusalem trösten (4,30-35); er wird »den Mantel der Gerechtigkeit anziehen« (4,36–5,4), und Jerusalem und Israel werden heimkehren (5,5-9). Während 4,5-29 an die »Klagelieder Jeremias« erinnert, läßt 4,30–5,9 an Deuterojesaja denken, besonders 5,5-9, ein Stück, das ähnlich in den Psalmen Salomos 11,2-7 in der Septuaginta überliefert ist.

Der »Brief des Jeremia« (Baruch 6), angeblich an die Gefangenen in Babylonien gerichtet, ohne daß Baruch dabei erwähnt würde, enthält eine Warnung vor Götterbildern, genauer gesagt, er ist eine Satire auf den falschen Gottesdienst. Götterbilder werden verspottet, weil sie keine Götter sind. Der ganze Text ist in Prosa gehalten, benutzt aber die poetische Form des Kehrverses, wo mehrfach die Sätze wiederholt werden: »Daran könnt ihr merken, daß es nicht Götter sind. Darum fürchtet sie nicht!« (so in 6,15.23.29.52.69.72, nur mit kleinen Veränderungen). Ähnlich die Aussage 6,45.56: »Wie soll man sie denn für Götter halten oder so nennen?« Die drastischsten Formulierungen gegen die falschen Götter und ihre Statuen sind die Worte: »Sie schmücken sie mit Gold wie ein putzsüchtiges Mädchen und setzen ihnen Kronen aufs Haupt« (6,9) und: »Wie eine Vogelscheuche, die im Garten nichts bewachen kann, so sind auch ihre hölzernen, vergoldeten und versilberten Götzen« (6,70).

Theologisches Verständnis. Das Buch Baruch ist keine geschichtliche Darstellung. Es verbindet geschichtliche Erfahrungen mit theologischen Einsichten. Den Hintergrund des Buches bilden die Schicksale der Exilszeit. Baruch soll die Exilierten in Babylonien unterstützen, die in der Diaspora lebten und nicht wieder nach Jerusalem kommen wollten und konnten. Er sorgt dafür, daß die Verbindung zwischen Babylonien und Jerusalem nicht abbricht. Er fördert den Gottesdienst, schickt Geld an den Tempel und veranstaltet Lesungen, besonders an den

Festtagen. Was in 1,3f berichtet wird, scheint einmalig gewesen zu sein, aber die Lesungen nach 1,14 haben sich über längere Zeit erhalten. Für die Israeliten, die in Babylonien blieben, war dennoch Jerusalem der Ort, wo das Gottesvolk zu Hause war. Davon will auch das ganze Baruchbuch zeugen, besonders am Schluß des Buches in 4,5–5,9. Baruch galt auch noch für das spätere Judentum als der Tröster für Jerusalem, dessen Worte ebenso in der Diaspora wie in Palästina weiterwirkten.

Der »Brief des Jeremia« geht nicht auf den klassischen Propheten Jeremia (7./6. Jahrhundert v. Chr.) zurück, sondern ist erst viel später im Rahmen der Diaspora-Literatur in Babylonien entstanden. Die Ablehnung anderer Götter ist besonders in der nachexilischen Zeit betont herausgestellt worden und hatte ihre Vorbilder schon in Jeremia 10,1-16 und Jesaja 44,9-20. Im sogenannten »Brief des Jeremia« werden die falschen Götter und Götzen der Lächerlichkeit preisgegeben; er ist eine Satire gegen den falschen Gottesdienst. Dagegen ist der wahre Gott der Gott Israels, der nicht übertroffen werden kann. »Wohl dem Menschen, der gerecht ist und keine Götzen hat!« (6,73).

Das 1. Buch der Makkabäer

Der Charakter des Buches und der Verfasser. Das 1. Buch der Makkabäer ist nach Art und Stil der alttestamentlichen Geschichtsbücher geschrieben. Dargestellt ist die kriegerische Auseinandersetzung zwischen den Juden, vorwiegend in Jerusalem und Judäa, und dem Herrscherhaus der Seleuziden in Syrien seit dem Jahr 175 v. Chr. Den Hintergrund bildet der Kampf der Religion Israels und seines Gottes gegen den Hellenismus und seine auch von Juden angenommene griechische Lebensart und Denkweise. Ausgelöst wurde der Kampf durch die strenge jüdische Gläubigkeit der Familie des Mattatias und seiner Söhne, die später nach dem Beinamen des Judas die »Makkabäer« genannt wurden.

Der Ablauf des Geschehens beginnt mit der Unterdrückung der jüdischen Religion unter dem seleuzidischen König Antiochus IV. Epiphanes (1,11-64). Darauf folgen die dadurch ausgelösten Kämpfe unter Mattatias (2,1-70) und sodann unter seinen Söhnen Judas Makkabäus (3,1–9,22), Jonatan (9,23–12,53) und Simon und weiter bis zur Anfangszeit von Johannes Hyrkanus I. (134 v. Chr.; 13,1–16,24). Seit Simon und Johannes Hyrkanus wurde für das Herrscherhaus die Bezeichnung »Hasmonäer« eingeführt, genannt nach Hasmon, einem Vorfahren des Mattatias.

179

HERRSCHER IN DER MAKKABÄERZEIT

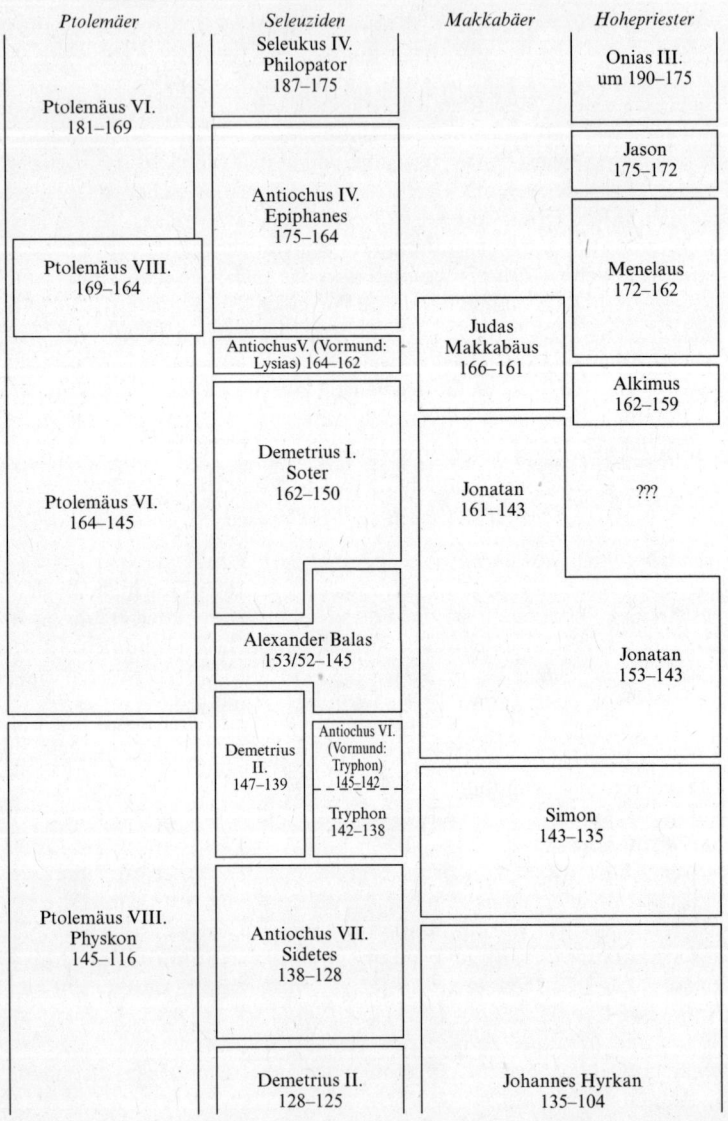

Ptolemäer	*Seleuziden*	*Makkabäer*	*Hohepriester*
	Seleukus IV. Philopator 187–175		Onias III. um 190–175
Ptolemäus VI. 181–169			
			Jason 175–172
	Antiochus IV. Epiphanes 175–164		
Ptolemäus VIII. 169–164			Menelaus 172–162
		Judas Makkabäus 166–161	
	Antiochus V. (Vormund: Lysias) 164–162		
			Alkimus 162–159
Ptolemäus VI. 164–145	Demetrius I. Soter 162–150	Jonatan 161–143	???
	Alexander Balas 153/52–145		Jonatan 153–143
	Demetrius II. 147–139	Antiochus VI. (Vormund: Tryphon) 145–142	
		Tryphon 142–138	Simon 143–135
Ptolemäus VIII. Physkon 145–116	Antiochus VII. Sidetes 138–128		
	Demetrius II. 128–125	Johannes Hyrkan 135–104	

DIE SELEUZIDISCHEN HERRSCHER
IN PALÄSTINA

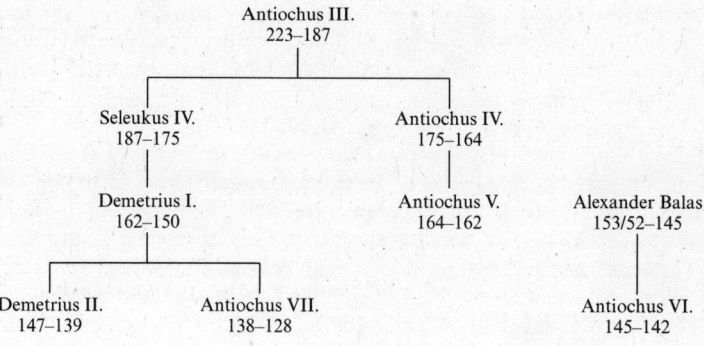

Antiochus III.
223–187

Seleukus IV.
187–175

Antiochus IV.
175–164

Demetrius I.
162–150

Antiochus V.
164–162

Alexander Balas
153/52–145

Demetrius II.
147–139

Antiochus VII.
138–128

Antiochus VI.
145–142

Das Buch wurde wohl erst nach dem Tod von Johannes Hyrkanus I. (104 v. Chr.) abgeschlossen und niedergeschrieben, vielleicht erst im 1. Jahrhundert v. Chr. Das Werk, zunächst hebräisch abgefaßt, wurde sehr bald ins Griechische übersetzt und ist uns in dieser Form vollständig überliefert.

Inhalt und historische Fragen. Weil das Geschehen sehr bewegt und unübersichtlich ist, wird hier der Inhalt des 1. Makkabäerbuches relativ ausführlich dargestellt.

Das Buch setzt in *Kap. 1* ein mit Alexander dem Großen (gest. 323 v. Chr.) und seinen Nachfolgern, den »Diadochen« (1,1-9), und konzentriert sich dann sogleich auf die Ereignisse in Syrien und Judäa, wo seit 175 v. Chr. Antiochus IV. Epiphanes regiert. Von ihm werden Maßnahmen gegen Jerusalem und das Land eingeleitet. Die »Burg von Jerusalem«, die sogenannte Akra, wird besetzt, der Sabbat verboten und das jüdische Gesetz, die Tora, außer Kraft gesetzt. Im Dezember 167 v. Chr. wurde im Jerusalemer Tempel der Altar des syrischen Gottes »Zeus Olympios« über den Brandopferaltar gesetzt. Damit wurde die Verehrung des Gottes Israels unmöglich gemacht. Diesen verfremdeten Altar nannten die frommen Juden das »Greuelbild der Verwüstung« (1,57; vgl. Daniel 9,27; 11,31; 12,11).

Kap. 2: Den Aufstand der Makkabäer eröffnete Mattatias mit seinen fünf Söhnen in Modeïn etwa 30 km nordwestlich von Jerusalem. Er widersetzte sich einem syrischen Beamten, der ihn zwingen wollte, das Opfer im Namen des Königs darzubringen, erschlug ihn und einen Juden, der das Opfer willig darbrachte, und stürzte den Opferaltar um. Mattatias zog sich daraufhin mit seinen Söhnen, zusammen mit Gesinnungsgenossen, in das ephraimitische Gebirge zurück. Auseinandersetzungen mit den syrischen Truppen blieben begrenzt. Mattatias erlaubte seinen Leuten den Kampf auch am Sabbat, wenn es darum ging, sich gegen Angriffe zu verteidigen.

Bereits während der ersten Monate dieses Kleinkrieges starb Mattatias im Jahre 166 v. Chr. Sein Sohn Judas, der Makkabäer (von *makkaba* = aram. »der Hammer«), übernahm die Führung. Nach seinem Beinamen wurde später die ganze Erhebung die Epoche der »Makkabäer« genannt.

Kap. 3 und 4 schildern die Ausweitung der Kämpfe, in denen Judas siegreich blieb, zuerst im Norden Jerusalems im Raum von Bet-Horon gegen die Feldherren Apollonius, Seron und Gorgias (165 v. Chr.), später bei Bet-Zur in Juda gegen den syrischen Oberbefehlshaber Lysias (164 v. Chr.). Friedensverhandlungen zwischen den Syrern und Judas ermöglichten schließlich auch die Besetzung des Tempels in Jerusalem, den Bau eines neuen Altars und die Reinigung des ganzen Heiligtums. Judas weihte den Tempel und beschloß, die Erinnerung an diese Weihe jedes Jahr zu einem Festtag zu machen für die ganze Gemeinde, das spätere jüdische Chanukkafest, ein Lichterfest (4,36-61, besonders Vers 50; vgl. auch 2. Makkabäer 10,1-8; Josephus, Altertümer XII, 7,6-7 [316-326]).

Kap. 5 bildet eine Zusammenfassung von Kampfhandlungen – allerdings nicht in chronologischer Reihenfolge –, die in verschiedenen Grenzgebieten des palästinischen Raumes stattfanden, im Ostjordanland und in Idumäa, in Gilead und Galiläa sowie in der südlichen Küstenebene. Das Kernland von Juda und Ephraim blieb unberührt.

Die eigentliche Fortsetzung der Ereignisse erfolgt in *Kap. 6.* Im Dezember 164, wenige Tage nach der Tempelweihe, starb Antiochus IV. im Kampf gegen die Parther. Der Nachfolger, Antiochus V. Eupator (164–162 v. Chr.), war noch zu jung und nicht regierungsfähig. Judas ging gegen die noch von den Syrern besetzte Burg von Jerusalem vor, zog dann aber dem von Lysias herangeführten riesigen Entsatzheer entgegen. Es kam zum Kampf bei Bet-Sacharja (10 km westlich von Bethlehem). Judas wurde geschlagen und zog sich nach Jerusalem zurück, worauf Lysias die Stadt belagerte. Aber er mußte mit den Juden Frieden schließen (das offizielle Dokument 2. Makkabäer 11,22-26), weil der General Philippus, den Antiochus IV. noch vor seinem Tod zum Verweser des syrischen Reiches eingesetzt hatte, im Anmarsch auf Antiochia war.

Kap. 7: Eine bedrohliche Entwicklung in Syrien: In Antiochia wurden im Herbst 162 Antiochus V. und Lysias hingerichtet. Demetrius I. Soter, der Bruder Antiochus' IV., aus Rom zurückgekommen, errang die Herrschaft in Syrien und regierte 162–150 v. Chr. In Jerusalem wurde Alkimus Hoherpriester und stand unter dem Schutz des syrischen Statthalters Bakchides. Doch beide fühlten sich durch Judas bedroht. Demetrius I. schickte den General Nikanor mit einem großen Heer, das jedoch von Judas bei Adasa nördlich Jerusalems gestellt und besiegt wurde; Nikanor fiel im Kampf. Judas besetzte daraufhin Jerusalem; der Sieg wird als »Nikanor-Tag« gefeiert (13. Adar = 27. März 161 v. Chr.).

Kap. 8: Überraschend suchte Judas Kontakte mit den Römern, ließ eine Gesandtschaft nach Rom schicken und bot ein Bündnis gegenseitiger Waffenhilfe an. Das Vertragswerk findet sich in 8,17-32. Sollte Demetrius I. die Juden bedrohen, so würden die Römer sie beschützen.

Kap. 9: Bedrängt durch Judas wandte sich Alkimus erneut an die Syrer um Hilfe. Demetrius I. sandte abermals Bakchides nach Jerusalem (9,1-22). Im Raum von Bet-Horon kam es zum Kampf bei Elasa (Eleasa), wo Judas den syrischen Truppen erlag. Er fiel in aussichtslosem Kampf gegen Bakchides (Frühjahr 160 v. Chr.).

Die makkabäische Bewegung geriet nun in eine Krise. Ihre Anhänger zogen sich in die judäische Wüste im Raum um Tekoa zurück. Nachfolger von Judas wurde sein jüngster Bruder Jonatan (9,23-34). Bakchides bemächtigte sich Jerusalems, und Alkimus wurde in seinem Amt bestätigt. Während Jonatan sich südlich Jerusalems halten konnte, begann Bakchides, einige Festungen im Raum nördlich und westlich der Stadt erneut aufzurüsten, darunter Geser und die Burg von Jerusalem. Im Jahre 159 v. Chr. starb der Hohepriester Alkimus, der Gegner der Makkabäer. Bakchides vermochte Jonatan in der judäischen Wüste nicht zu bezwingen, aber die Kriegshandlungen erlahmten auf beiden Seiten. Zwischen Jonatan und Bakchides kam es zu Friedensverhandlungen (157 v. Chr.). Der Aufstand der Makkabäer kam zu einem Ende. Jonatan ließ sich im Einverständnis mit Bakchides in Michmas (12 km nördlich von Jerusalem) nieder, regierte das jüdische Volk und liquidierte die abtrünnigen Juden.

Kap. 10: Jonatan tritt in die damalige Weltgeschichte ein: Juda und Palästina kommen in politischen Kontakt mit den Herrschern in Syrien. Gegen König Demetrius I. erhob sich 153 v. Chr. ein Thronprätendent mit Namen Alexander Balas, angeblich ein Sohn Antiochus' IV. Schwankend zwischen dem König und Alexander und beider Versprechungen, entschied sich Jonatan für den letzteren, unterstützte seine Politik und erlangte schließlich das Amt des Hohenpriesters in Jerusalem, obwohl er keinem Priestergeschlecht angehörte. Demetrius I. kam im Kampf gegen Alexander Balas um (150 v. Chr.), und Jonatan wurde zum »Feldherrn« und »Teilherrscher« im Seleuzidenstaat ernannt (10,59-66).

Im Jahre 147 v. Chr. erhob sich der Sohn des Demetrius als Demetrius II. (10,67); gegen ihn und seinen Feldherrn Apollonius kämpfte Jonatan mit Erfolg in der Philisterebene. Alexander Balas schenkte ihm dafür die Stadt Ekron und das zugehörige Gebiet zum Eigentum (10,69-89).

Kap. 11–13: Der ägyptische König Ptolemäus VI. Philometor, der zunächst ebenfalls auf Alexander gesetzt hatte, wandte sich gegen ihn und machte sich in Antiochia selbst zum König der Syrer; Alexander Balas unterlag und floh nach Arabien (145 v. Chr.). Doch starb Ptolemäus kurz danach, und Demetrius konnte als Alleinherrscher den Thron besteigen, nunmehr als Demetrius II. Nikator (11,1-19).

Jonatan, der einst die Partei des Alexander Balas ergriffen hatte, gelang es, die Gunst Demetrius' II. zu gewinnen. Er ließ sich von ihm im mittleren Ephraim und in der Küstenebene die Bezirke Aphairema (Ephraim), Ramatajim und Lydda zusichern und erwirkte weitgehende Steuerfreiheit (11,20-37).

Jonatan unterstützte Demetrius II. bei einem Aufstand (11,41-53), sagte sich dann jedoch vom König los und folgte Diodotos Tryphon, der einen Gegenkönig aufstellte, nämlich den unmündigen Sohn des Alexander Balas. Ihn brachte Tryphon später als Antiochus VI. Epiphanes auf den Thron (11,38-40.54-59).

Mit Billigung und Unterstützung Tryphons unternahmen Jonatan und sein Bruder Simon eine Reihe von Feldzügen vom südlichen Syrien bis tief in das Philisterland und in das Ostjordanland (11,60-74; 12,24-38); außerdem knüpfte Jonatan erneut Beziehungen mit Rom und danach auch mit Sparta an (12,1-23).

Auf der Höhe des Erfolges wird Jonatan jedoch von Tryphon mit falschen Versprechungen nach Ptolemaïs (Akko) gelockt und dort gefangengenommen (12,39-54), während Simon das Gebiet von Juda gegen die Truppen der Syrer verteidigen konnte (13,1-11). Als Tryphon sah, daß er gegen Simon nichts ausrichten konnte, ließ er Jonatan bei dem Ort Baskama ermorden (143 v. Chr.), kurz danach auch den jungen Antiochus VI. (13,12-32).

Simon verbündete sich nun mit Demetrius II. Nikator, erreichte Abgabenfreiheit für Judäa und führte eine neue Zeitrechnung ein. Das 170. Jahr der seleuzidischen Ära zählte er als sein 1. Jahr (142/141 v. Chr.) und übernahm den Titel »Großer Hoherpriester, Feldherr und Anführer (Fürst) der Judäer (Juden)« (13,41f). Er eroberte die Stadt Geser und siedelte gesetzestreue Juden dort an und befreite die Burg in Jerusalem von der seleuzidischen Besatzung (13,43-54).

Kap. 14: Im Kampf gegen die Parther wurde Demetrius II. Nikator (wohl im Jahre 140 v. Chr.) von König Mithridates (Arsakes) I. (ca. 171–137 v. Chr.) gefangengenommen (14,1-3).

Simon brachte dem umkämpften Judäa einige Beruhigung und konnte sogar eine territoriale Abrundung seines Herrschaftsbereiches erreichen. Den Zugang zum Meer sicherte er durch die Eroberung von Joppe (14,5), baute das verwüstete Land auf (14,6-15) und nahm den Dank des Volkes entgegen (14,25-49); er bekräftigte auch die Verträge mit Rom und Sparta (14,16-24).

Kap. 15: Der Nachfolger von Demetrius II. Nikator, Antiochus VII. Sidetes (139–129 v. Chr.), unterstützte das neue Gemeinwesen unter Simon (15,1-9), während Tryphon nach Dor am Meer flüchtete, dort von Antiochus VII. belagert wurde, aber fliehen konnte und (nicht in 1. Makkabäer berichtet) später in Apamea in Syrien umkam (15,10-14.25 f.37-41; vgl. Josephus, Altertümer XIII, 7,2 [224]).

Überraschend forderte Antiochus VII. von Simon die Städte Joppe und Geser und die Burg von Jerusalem, die Simon als seinen Besitz betrachtete und auch nicht zurückzugeben gedachte (15,27-36).

Die Römer schickten einen Schutzbrief an Simon zugunsten der Juden und Abschriften an zahlreiche Fürsten und Territorien (15,15-24).

Kap. 16: Die Spannungen zwischen Antiochus VII. Sidetes und Simon (15,27-36) veranlaßten den syrischen Feldherrn Kendebäus, nach Judäa einzubrechen. Simons Söhne Johannes und Judas kämpften gegen ihn bei Modeïn und verfolgten die Syrer bis nach Aschdod (16,1-10).

Simon wurde zusammen mit seinen beiden Söhnen Mattatias und Judas in der Feste Dok bei Jericho von seinem Schwiegersohn Ptolemäus ermordet (134 v. Chr.). Gleichzeitig konnte Simons Sohn Johannes, Befehlshaber in Geser, den von Ptolemäus bestellten Mördern zuvorkommen und brachte sie um. In Jerusalem wurde Johannes Nachfolger seines Vaters und regierte von 134–104 v. Chr. als Johannes Hyrkanus I. (16,11-24).

Theologisches Verständnis. Der Aufstand der Makkabäer war am Anfang der Kampf der strenggläubigen Juden gegen die Unterdrückungsmaßnahmen des seleuzidischen Königtums und seinen vom Hellenismus beeinflußten Zeitgeist. Seit Jonatan wurde daraus ein Machtkampf, bei dem die beiden Gruppen der Juden und der Seleuziden gegenseitig Einfluß ausübten in Palästina und Syrien. Es gelang schließlich Simon und Johannes Hyrkanus I., einen jüdischen Staat aufzubauen, der sich, wenn auch mit Schwierigkeiten, bis in das 1. Jahrhundert v. Chr. halten konnte.

Daß die Makkabäer und Hasmonäer eine starke politische Potenz in Jerusalem, Judäa und im ganzen Palästina darstellten, beruhte auf der religiösen Kraft, die im jüdischen Volke lebte. Der »Gott der Makkabäer« war der Gott Israels in einer gewandelten, aber zugleich kraftvollen und unüberwindlichen Gestalt. Gott hat sich in allen Schwierigkeiten dieser bewegenden Zeit behauptet und sich in diesem Volke durchgesetzt. Das Erbe der Makkabäer, so hart es erkämpft war, ist

doch eingegangen in die christliche Überzeugung, daß Gott die Stand-
festen braucht und die Menschen im Glauben erhält.

Das 2. Buch der Makkabäer

Der Charakter des Buches und der Verfasser. Das 2. Makkabäerbuch
stellt eine Ergänzung zum 1. Makkabäerbuch dar und setzt dieses voraus. In 2,20-33 (EÜ/GN 2,19-32) wird in einer Vorrede des Buches berichtet, daß ein gewisser Jason aus dem nordafrikanischen Kyrene in
fünf Büchern die Geschichte der Makkabäer oder doch wenigstens die
Taten des Judas Makkabäus darstellte. Das Werk wurde in griechischer
Sprache geschrieben, ist aber leider verloren. Jedoch hat der Verfasser
des 2. Makkabäerbuches, dessen Name unbekannt ist, einen Auszug
aus den fünf Büchern des Jason hergestellt, in dem eine Reihe von
wichtigen Ereignissen und Legenden mitgeteilt wird. Er selbst sagt in
seiner Vorrede, daß er die fünf Bücher des Jason »in eins zusammenzu-
ziehen gedenke« (2,24; EÜ/GN 2,23). Deswegen wird er gern der »Epi-
tomator« genannt, der »Zusammenfasser«, was bedeutet, daß der Verfasser mehrere Bücher zu einem einzigen Band »zusammenzog«, also
einen Auszug (griech. *epitomē*) herstellte.

Das 2. Makkabäerbuch hat den Charakter einer Geschichtserzählung, die sich an eine Reihe von Berichten des 1. Makkabäerbuches anlehnt, durchsetzt von einigen selbständigen Erzählungen und Legenden. Sie umfaßt die Kapitel 3–15 und berührt Ereignisse aus der Zeit
der Könige Seleukus IV. (187–175 v. Chr.), Antiochus IV. Epiphanes
(175–164 v. Chr.), Antiochus V. Eupator (164–162 v. Chr.) und Demetrius I. Soter (162–150 v. Chr.). Im Mittelpunkt steht in Kap. 8–15
Judas Makkabäus, der führende Kopf der gesetzestreuen Juden, und
sein Kampf (166–160 v. Chr.). Das Buch schließt mit seinem Sieg über
den syrischen Feldherrn Nikanor (vgl. 1. Makkabäer 7,39-49). Es bietet also gegenüber dem 1. Makkabäerbuch eine zeitlich begrenzte Darstellung, ist aber literarisch durchgestaltet und oft erbaulich zu lesen.

Jason von Kyrene hat wohl um das Jahr 100 v. Chr. sein Werk verfaßt. Wer der Verfasser des »Auszuges« war und wann das 2. Makkabäerbuch abgeschlossen wurde, ist unbekannt; wahrscheinlich wurde
das ganze Werk kurz nach dem Erscheinen des Werkes Jasons, also im
Laufe des 1. Jahrhunderts v. Chr., vollendet.

Inhalt und historische Probleme. Den Anfang des Buches bilden zwei
Schreiben an die ägyptischen Juden, die in Jerusalem geschrieben wurden und die auch die Juden in Ägypten zur Feier des Tempelweihfestes

auffordern (1,1-9; 1,10–2,18). Erst dann beginnt die Vorrede des Verfassers, in der die fünf Bücher des Jason von Kyrene erwähnt werden (2,19-33, besonders 2,24; EÜ/GN 2,19-32; 2,23).

Die Geschichtserzählung der Kapitel 3–15 umfaßt Einzelheiten, die im wesentlichen chronologisch geordnet, aber im übrigen nicht dramatisch-konsequent aufgebaut sind. Kap. 3 und 4,1-6 berichten über die Bewahrung des Tempelschatzes in Jerusalem zur Zeit des Hohenpriesters Onias III. (192–175 v. Chr.) vor Heliodor, dem Kanzler des Königs Seleukus IV. (187–175 v. Chr.).

In die Zeit des Königs Antiochus IV. Epiphanes fallen die schweren Auseinandersetzungen zwischen den Hohenpriestern Jason und Menelaus (4,7–5,10). Der König ließ den Tempel in Jerusalem plündern und zwang die Juden, die hellenistische Lebensart anzunehmen (5,11–6,11).

Besondere Beispiele strengen Gesetzesgehorsams geben der greise Eleasar (6,18-31) und sieben Brüder und ihre Mutter (7,1-42). Sie alle starben den Märtyrertod, weil sie das vom König befohlene Opfer ablehnten und insbesondere sich weigerten, Schweinefleisch zu essen.

Kap. 8 bringt den Beginn der Kämpfe um Judas Makkabäus, der oft nur »der Makkabäer« genannt wird (vgl. auch schon 5,24-27). Im Mittelpunkt der ersten Auseinandersetzungen stehen die syrischen Feldherren Nikanor, Timotheus und Bakchides (8,8-36). Antiochus IV. Epiphanes stirbt (Kap. 9), und die gesetzestreuen Juden gewinnen den Tempel zurück und setzen das Fest der Tempelweihe ein (10,1-8; anders 1. Makkabäer 4,36-59, wo erst nach der Tempelweihe Antiochus IV. stirbt; 1. Makkabäer 6,8-16).

Die weiteren Kämpfe, die Judas Makkabäus zu bestehen hatte, sind nicht immer in überzeugender Weise chronologisch zusammengestellt und nur zum Teil aus dem 1. Makkabäerbuch übernommen worden. Ohne Parallele sind die Berichte über die Eroberung idumäischer Festungen durch Judas sowie über die Eroberung der Festung Geser, in der Timotheus den Tod fand (10,15-38). Die Auseinandersetzungen zwischen Judas Makkabäus und Lysias, dem syrischen Oberbefehlshaber und »Kanzler des Königs« (Generalstatthalter) in Judäa und Jerusalem, führen schließlich zu einem ausführlichen Vertrag (11,1-33). Dabei werden drei Schreiben im Wortlaut mitgeteilt: von Lysias an die Juden (11,16-21), von König Antiochus V. Eupator an Lysias (11,22-26) und vom König an die Juden (11,27-33). Allerdings scheint das erste Schreiben bereits aus der Zeit Antiochus' IV. Epiphanes zu stammen (vgl. 1. Makkabäer 4,27-35) und nur die zwei anderen zur Zeit Antiochus' V. Eupator abgefaßt zu sein. Die Schreiben sollten dem

Frieden zwischen den Syrern und den Juden dienen und sind wahrscheinlich schriftstellerisch überarbeitet worden. Das trifft auch für den Brief der Römer an die Juden zu (11,34-38).

Die Kapitel 12 und 13 berichten weitere kriegerische Auseinandersetzungen bis zum Aufkommen Demetrius' I. Soter. Nur zum Teil sind Parallelen in 1. Makkabäer 5 und 6 zu erkennen. Besonders hervorzuheben sind die Bestrafung der Städte Joppe und Jamnia durch Judas (12,3-9) und Kämpfe mit arabischen Nomaden (12,10-26). Menelaus scheitert bei dem Versuch, noch einmal das Amt des Hohenpriesters zu erlangen; er stirbt (13,3-8). Judas siegt bei Modeïn (13,9-17); Antiochus V. Eupator belagert Bet-Zur (13,18-22; vgl. 1. Makkabäer 6,28-31.49 f) und schließt Frieden mit den Juden (13,23-26; vgl. 1. Makkabäer 6,55-63).

Den Abschluß des Buches bilden die Auseinandersetzungen zwischen Demetrius I. Soter mit seinem Feldherrn Nikanor und Judas Makkabäus. Antiochus V. Eupator und Lysias wurden von Demetrius erschlagen (14,1 f), und eine neue Epoche setzte ein. In Jerusalem wird Alkimus zum Hohenpriester erhoben, und Nikanor kann sich zunächst mit Judas einigen (14,3-25). Aber er geht mit List gegen Judas vor (14,26-36), und es kommt zum Kampf, wobei Nikanor die Schlacht und das Leben verliert (15,1-29; vgl. 1. Makkabäer 7,39-46). Judas Makkabäus feiert den Sieg und führt einen Gedenktag ein, der später auch der »Nikanor-Tag« hieß. Es war der 13. Tag des Monats Adar (1. Makkabäer 7,43; erstmals am 27. März 161 v. Chr.). Nach 2. Makkabäer 15,37 (EÜ/GN 15,36) war es der Tag vor dem Mordechai-Fest.

Theologisches Verständnis. Das 2. Makkabäerbuch verlangt nicht nur eine geschichtliche, sondern auch eine theologische Beurteilung des Textes. Judas Makkabäus steht im Mittelpunkt des Geschehens. Nicht die verschiedenen Ereignisse und Episoden allein sind entscheidend, betont ist vielmehr der lebendige Gott, der von seinem Volk erkannt wird und dessen Strafen nicht in das Verderben führen, sondern zur Erziehung dienen sollen (6,12-17). Der Mensch soll dem Gesetz Gottes gehorsam sein bis zum Tode. Dafür sprechen in extremer Weise die Beispiele des greisen Eleasar (6,18-31), der sieben Brüder und ihrer Mutter (Kap. 7) und des opfermutigen Rasi (14,37-46).

Als Folge des Kampfes der Makkabäer und ihrer gesetzestreuen Mitstreiter konnte die Erkenntnis Gottes auf eine neue Stufe gestellt werden. Bekanntlich ist der Hellenismus die Weltanschauung des Römischen Reiches geworden, und die nationalen und religiösen Empfindungen gingen damals in einem neuen Zeitgeist auf. Dagegen bewahrten und vertieften das Alte Testament und das frühe Judentum den Glauben an den Gott der Schöpfung und der Geschichte des Volkes Israel und schufen die Voraussetzungen für das Christentum. Im 2. Makkabäerbuch finden sich zwei der wichtigsten theologischen Erkenntnisse, die in das jüdische und das christliche Denken eingegangen sind: die Vorstellung, daß Gott bei der Schöpfung die Welt »aus dem Nichts« geschaffen hat, die sogenannte »creatio ex nihilo« (7,28), und die Gewißheit der Verheißung Gottes, daß er »uns wieder auferwecken wird zum ewigen Leben« (7,9.14.23.36).

2. ZUSÄTZE DER GRIECHISCHEN ÜBERLIEFERUNG ZU ALTTESTAMENTLICHEN SCHRIFTEN

Stücke zum Buch Ester

In den Apokryphen der Lutherbibel finden sich einige Stücke zu dem alttestamentlichen Buch Ester, die schon Hieronymus in seiner lateinischen Übersetzung ausgesondert und ans Ende gestellt hat, weil sie im hebräischen Text des Esterbuches nicht enthalten sind. Sie stammen aus der griechischen Fassung des Buches, die keine reine Übersetzung, sondern eine Bearbeitung des hebräischen Textes darstellt und die auch über die von Luther ausgesonderten Zusätze hinaus immer wieder eigene Akzente setzt. Deshalb druckt die Gute Nachricht-Bibel nicht nur die umfangreicheren Zusätze ab, sondern das ganze Buch Ester ein zweites Mal nach der griechischen Fassung (Ester G).

Einen anderen Weg geht die Einheitsübersetzung: Sie übersetzt das Esterbuch nach dem hebräischen Text und fügt jeweils die größeren griechischen Zusätze an entsprechender Stelle ein. Jedoch sind die zusätzlichen griechischen Stücke besonders bezeichnet, und zwar mit Versziffern und Kleinbuchstaben. So beginnt das Buch Ester mit dem griechischen Stück 1,1a-11 (Der Traum des Mordechai), während das eigentliche Buch Ester wie üblich mit 1,1-9 (Szene im persischen Königspalast) einsetzt.

In der Guten Nachricht sind in der Übersetzung der griechischen Fassung die Teile, die im wesentlichen mit dem hebräischen Text übereinstimmen, wie im Alten Testament mit Kapitel- und Versziffern versehen, während die griechischen »Zusätze« mit großen Buchstaben bezeichnet sind, beispielsweise »Der Traum des Mordechai« als Kapitel A,1-11.

Inhalt. Luther teilte nach dem Vorbild des lateinischen Textes die Stücke zum Buch Ester in 7 Kapitel ein; dazu kommt eine Nachbemerkung, die man in älteren Bibelausgaben am Anfang von Kap. 5 eingeschoben hat. Im einzelnen handelt es sich um folgende Stücke:

Bewertung und Verfasserschaft. Besonders eindrucksvoll ist die Einrahmung des alttestamentlichen Esterbuches im griechischen Text. Am Anfang steht das dramatische Bild des Traums von Mordechai (Luther Kap. 6), am Schluß die Deutung des Traumbilds durch Mordechai auf Ester, die Völker und das Volk Israel (Luther Kap. 7). Demnach machte Gott zwei Lose (hebr. »Purim«): eines für das Volk Gottes, das andere für alle übrigen Völker; das erste bedeutet Rettung und Sieg, das zweite Gericht. Noch einmal werden damit Anordnungen für das Purim-Fest (Ester 9) durch Gott bestätigt.

Die anderen »Stücke zu Ester«, zwei Erlasse des Königs Artaxerxes (Kap. 1 und 5), zwei Bußgebete (Mordechai und Ester, Kap. 2 und 3) und eine ausführliche Schilderung des Bittgangs Esters zum König (Kap. 4), sind literarische Ergänzungen zum alttestamentlichen Esterstoff, die das vordergründige Geschehen stärker im Glauben Israels verwurzeln wollen. Während im hebräischen Esterbuch Gott nicht ein einziges Mal erwähnt wird, gibt er sich hier den entscheidenden Trägern der Handlung, Mordechai und Ester, kund, und sie wissen sich von ihm geleitet. Ein kurzes griechisches Stück (EÜ 1,1m-r; GN A,12-17) fehlt bei Luther: Mordechai entdeckt eine Verschwörung gegen König Artaxerxes, eine Variante zu Ester 2,19-23; 6,2.

Die Stücke zu Ester wurden wohl erst im Laufe des 1. Jahrhunderts v. Chr. in den griechischen Text des Buches Ester eingefügt. Für die spätere Entstehung spricht auch die Namensform des Königs Artaxerxes (gemeint ist wohl Xerxes I. 485–465 v. Chr.); im hebräischen Esterbuch heißt der König Ahasveros (Ester 1,1).

Die Nachschrift in 7,8 ist nicht voll deutbar. Es ist anzunehmen, daß der erwähnte König Ptolemäus wohl Ptolemäus IX. Soter II. war, der zusammen mit Kleopatra III. 117/116–108/107 v. Chr. regierte. In seinem 4. Jahr, also um 114/113, übergaben demnach der Priester Dositheus und sein Sohn Ptolemäus ein Schreiben über das Purimfest, höchstwahrscheinlich in Ägypten. Der Text wurde in Jerusalem von einem Lysimachus, Sohn des Ptolemäus (ein anderer Ptolemäus als der oben genannte), übersetzt. Dieses Schreiben betraf wohl die Einsetzung des Purimfestes in Ägypten. Unter Vorbehalt könnte das griechische Esterbuch vor 114 v. Chr. entstanden sein.

Stücke zum Buch Daniel

Das alttestamentliche Buch Daniel besitzt einige Zusätze, die bei Luther in die Apokryphen übernommen wurden. Sie sind griechisch überliefert und ergänzen die Überlieferungen über den Propheten Daniel. Es handelt sich um drei Stücke, die Luther in drei Kapitel zusammengefaßt hat. Ihre Stellung in den wichtigsten deutschen Bibelausgaben ist aus der folgenden Aufstellung zu ersehen:

Die Geschichte von Susanna und Daniel:
Luther 1,1-64; EÜ Daniel 13,1-64; GN Zusätze zu Daniel B,1-64

Daniel und die Priester des Bel:
Luther 2,1-21; EÜ 14,1-22; GN C,1-22

Daniel, der Drache und die Löwengrube:
Luther 2,22-41; EÜ 14,23-42; GN C,23-42

Das Gebet des Asarja (Zusatz zu Daniel 3,23):
Luther 3,1-26; EÜ 3,24-50; GN A,1-22

Der Gesang der drei Männer im Feuerofen (Fortsetzung des Zusatzes zu Daniel 3,23):
Luther 3,27-66; EÜ 3,51-90; GN A,23-67

Die einzelnen Stücke haben ihre besonderen Probleme, die hier nur kurz angedeutet werden.

Der Erzählung liegen zwei Motive zugrunde: das von der Gattin, die fälschlich des Ehebruches beschuldigt wird, und das vom Spruch eines jungen weisen Richters, der durch getrenntes Verhör zweier Zeugen eine neue Rechtspraxis einführt. Der Vorgang war dieser: Zwei Männer, beamtete Älteste, stellen einer verheirateten Frau nach, der schönen und gottesfürchtigen Susanna. Sie bleibt standhaft und wird aus Rache von den beiden der Unzucht angeklagt und zum Tod verurteilt. Da tritt ein junger Mann namens Daniel auf, vom heiligen Geist berufen. Er verhört die beiden einzeln und überführt sie der Falschaussage. Die lügenhaften Ankläger werden nun selbst hingerichtet.

Die Erzählung über Susanna und Daniel ist eine Lehrerzählung. Nicht der alte Grundsatz, daß durch Übereinstimmung zweier Zeugen das Recht gefunden wird, führt zum gerechten Urteil, sondern durch das getrennte Verhör der Zeugen und durch genaue Befragung soll die Wahrheit durch Gottes Weisheit ans Licht gebracht werden.

Ob der junge Mann, der den weisen Richterspruch sprach, in der Erzählung ursprünglich namenlos war und erst später den Namen Daniel bekam, ist nicht nachweisbar. Zumindest war der biblische Daniel neben Noah und Hiob ein Mann, der als besonders gerecht und weise galt (vgl. Hesekiel 14,14.20; 28,3). Zu dieser Charakterisierung paßt auch die Verwendung von Wortspielen, mit denen Daniel den angeklagten Ältesten antwortet. Allerdings gehen diese Sprüche wohl auf griechischen Ursprung zurück und sind im einzelnen nicht ganz zu enträtseln.

Die Erzählung stammt wohl aus dem 1. Jahrhundert v. Chr. und ist wahrscheinlich nicht in Palästina, sondern in der jüdischen Diaspora entstanden.

Daniel und die Priester des Bel.
Der Drache zu Babel und die Löwengrube

Inhalt. Im Mittelpunkt dieser Erzählungen steht das Götterbild des Bel, des Hauptgottes in Babylon, und ein lebendiger Drache im Heiligtum des Tempels, der dort kultisch verehrt wird. Sie beide sind typische Erscheinungen des babylonischen Götterglaubens. Das Besondere in diesen beiden Erzählungen aber ist die Überlegenheit, mit der Daniel die fremden Götter behandelt. Bel und der Drache werden überlistet und bloßgestellt.

Es wird geschildert, wie das Götterbild mit Opferspeisen bedient wurde und der König kontrollierte, ob es die Speisen auch wirklich verzehrte. Die Priester und ihre Familien kannten aber einen verborgenen Zugang im Tempel und aßen heimlich die Opferspeisen. Das nächtliche Mahl wird durch Daniel aufgedeckt, nachdem er zuvor den ganzen Tempel mit Asche bestreut hat. So werden die Fußspuren der Priester und ihrer Familien im Tempel offenbar. Der König sieht sich getäuscht. Er läßt die Priester und alle ihre Familien töten.

Der König hält Daniel vor, wenigstens der Drache sei doch ein »lebendiger Gott«, aber Daniel bringt den als göttlich angebeteten Drachen ohne eine Waffe zur Strecke. So ist nun der König nach der Beseitigung der Priester Bels und des Drachens von Daniel und der Kraft des Gottes Israels überzeugt. Aber das Volk von Babylon verlangt Daniels Tod. Der König wirft ihn deshalb in die Löwengrube. Doch er bleibt unverletzt und wird gerettet (vgl. Daniel 6).

Bewertung und Verfasserschaft. Das speisende Götterbild des Bel und der göttlich verehrte Drache knüpfen zwar an Vorstellungen der babylonischen Religion an, sind aber zugleich überzogen dargestellt und durch phantastische Einzelheiten angereichert. Jüdische Erzähler benutzten solche Bilder polemisch gegen fremde Götter. In griechischer Übersetzung ist die Erzählung über Bel und den Drachen in zwei teilweise abweichenden Fassungen überliefert (Septuaginta, an die sich die deutschen Übersetzungen anschließen, und Theodotion). Offenbar hatte man viel Freude an den etwas primitiven und burlesken Darstellungen. Je kräftiger die falschen Vorstellungen der heidnischen Religionen herausgestellt wurden, desto wirksamer und mächtiger erschien der wahre Gott Daniels und Israels.

In die Überlieferung über Daniel und die Löwengrube ist eine besondere Episode eingeschoben, die berichtet, wie der Prophet Habakuk in Judäa eine Speise bereitet und dann von einem Engel samt dem Kochtopf durch die Luft nach Babylon gebracht wird, damit Daniel in der Löwengrube eine Stärkung bekommt. Sofort danach bringt der Engel Habakuk wieder nach Judäa zurück. Ob dieser Prophet Habakuk mit dem alttestamentlichen Propheten Habakuk identisch ist, läßt sich nicht mehr sagen. In der Septuaginta trägt die Erzählung von Bel und dem Drachen die Überschrift: »Aus der Prophetie Habakuks, des Sohnes Jesu, vom Stamme Levi.« Vielleicht gehörte einmal die Erzählung von Bel und dem Drachen zum Anhang des alttestamentlichen Propheten Habakuk. Aber die überlieferungsgeschichtlichen Zusammenhänge bleiben dunkel.

Die Entstehungszeit der drei Erzählungen ist nicht sicher. Die griechische Überlieferung stammt möglicherweise erst aus dem 1. Jahrhundert n. Chr., vielleicht sogar aus noch späterer Zeit.

Das Gebet des Asarja
und der Gesang der drei Männer im Feuerofen

Nach Kap. 3,23 des alttestamentlichen Buches Daniel finden sich in der griechischen Fassung des Buches zwei umfangreiche Zusätze, die beide die gleiche Szene voraussetzen. Die drei Freunde Daniels, Hananja, Mischaël und Asarja (vgl. Daniel 1,6), sind von König Nebukadnezar in den Feuerofen geworfen worden, weil sie sich weigerten, sein goldenes Götzenbild anzubeten. Durch Gottes Engel bewahrt, bleiben sie unversehrt und bringen nun Gebet und Lobpreis vor Gott.

Die Männer im Ofen reden und singen hochpoetisch in Psalmen. Das Gebet Asarjas ist ein sogenanntes »Volksklagelied«, das normalerweise die Gemeinde anstimmt. Dem Sündenbekenntnis folgt die Bitte um Erhörung und Barmherzigkeit. Mit demütigem Geist steht die Gemeinde vor Gott, und mit ganzem Herzen sucht sie sein Angesicht mit Furcht und Hoffnung.

Ein Zwischenstück (3,22-26) erinnert noch einmal an die Lage, aus der das Gebet kommt; es spricht von dem Heizen des Ofens, von dem lohenden Feuer, das die Heizenden selbst verbrannte, während der Engel die Flammen aus dem Ofen treibt, so daß in seinem Innern angenehme Kühle herrscht. Jetzt stimmen die drei Männer den Gesang im Feuerofen an, einen Hymnus auf Gottes Macht in Form einer Litanei ähnlich Psalm 136. Alle Geschöpfe Gottes werden zum Lobpreis aufgerufen, Himmel und Erde und alle Werke Gottes von der Sonne bis zu Hagel und Schnee, die Tiere und Menschen, das Volk Israel und auch (in Selbstaufforderung) die drei Männer im Ofen, die hier bei Namen genannt werden und Gott für ihre Errettung preisen (Stücke zu Daniel 3,64).

Die beiden Stücke »Gebet« und »Gesang«, die den Männern im Feuer in den Mund gelegt wurden, sind aus ganz anderen Zusammenhängen übernommen. Es sind liturgische Stücke, die die Gemeinde in ihrer Not, aber auch voll Dankbarkeit sang und die die Männer im Feuer gleichsam zitierend übernehmen.

Im Gebet des Asarja gibt es einen Hinweis auf die Entstehungszeit der Dichtung, wo man liest, daß weder ein König noch ein Prophet und

Vorsteher, weder Brandopfer und Schlachtopfer noch Räucherwerk vorhanden waren (3,14). Das könnte auf die Makkabäer-Zeit hindeuten, als Antiochus IV. Epiphanes alle diese Institutionen, besonders den Tempelkult, außer Kraft setzte. Allerdings könnte der Text auch in späterer Zeit überarbeitet worden sein.

Ob die beiden Stücke »Gebet« und »Gesang« ursprünglich selbständige Psalmen waren, die hebräisch verfaßt wurden, ist nicht nachweisbar.

Das Gebet des Manasse

Inhalt und Überlieferung. Den Titel »Das Gebet Manasses, des Königs in Juda, da er gefangen war zu Babel« übernahm Luther aus dem Anhang der Vulgata. Über König Manasse (696–642 v. Chr.) berichtet eine Notiz in 2. Chronik 33,11-13, daß er vorübergehend in die Gefangenschaft der Assyrer geriet; sie brachten ihn nach Babylon und setzten ihn dort fest. Aber der König flehte zu Gott, er demütigte sich und durfte wieder nach Jerusalem zurückkehren. 2. Chronik 33,18 f erwähnt in einer Zusammenfassung der Taten Manasses besonders das Gebet zu Gott, ohne daß ein bestimmtes Gebet mitgeteilt wird. Erst sehr viel später findet sich in griechischen Handschriften im Anhang zu den Psalmen eine Sammlung von Dichtungen (Oden), unter denen sich auch das »Gebet des Manasse« findet (Septuaginta, hrsg. von Rahlfs, Bd. 2, Oden Nr. 12). Es ist ein persönliches Klagelied, das eine hymnische Anrufung Gottes (Vers 1-7), ein Sündenbekenntnis (Vers 8-12), die Bitte um Vergebung (Vers 13) sowie Erhörung und Dank (Vers 14-16) umfaßt und also kein individuelles Gebet des Königs darstellt, sondern einen Psalm liturgischer Art. Seine Absicht ist, den Sünder im Vertrauen auf die Güte Gottes zur rechten Buße anzuleiten, damit er gerettet werden kann.

Verfasserschaft. Das Gebet, das keine Erinnerungen an den historischen König Manasse erkennen läßt, ist von einem jüdischen Schriftsteller verfaßt, der das Hebräische verstand, aber griechisch schrieb. Der Text taucht verhältnismäßig spät auf und wird zuerst in einer der ältesten Kirchenordnungen, der sogenannten »Lehre der Apostel« (Didascalia Apostolorum) zitiert. Sie stammt aus dem 2. Jahrhundert oder dem Anfang des 3. Jahrhunderts und wurde im 4. und 5. Jahrhundert im Rahmen der Apostolischen Konstitutionen (II,22) überarbeitet. Erst seit dem 5. Jahrhundert ist das darin enthaltene Gebet mit anderen »Oden« in griechische Handschriften der Septuaginta aufgenommen worden.

Luther hat das Gebet des Manasse aus der lateinischen Bibel gekannt und an den Schluß der Apokryphen gestellt – vielleicht ein tröstlicher Abschluß für das ganze Buch.

DIE SCHRIFTEN
DES NEUEN TESTAMENTS

von Walter Klaiber

BOTSCHAFT UND GESCHICHTE

Wer die Botschaft der Bibel verstehen will, muß auch etwas von ihrer Geschichte wissen. Dies gilt für die Schriften des Neuen Testaments nicht weniger als für die des Alten Testaments. Jesus von Nazareth, dessen Wirken und Bedeutung im Zentrum fast aller neutestamentlichen Schriften steht, ist eine Gestalt der Geschichte, die zu einer ganz bestimmten Zeit und an einem klar umrissenen Ort auftrat (vgl. Lukas 3,1f.21). Die Briefe des Apostels Paulus setzen eine bestimmte Situation des Absenders und der Empfänger voraus (vgl. z. B. Römer 1,8-13; 15,22-33). Der Evangelist Lukas gibt uns einen knappen, aber lehrreichen Einblick in die Vorgeschichte und die Beweggründe der Niederschrift seines Evangeliums (vgl. Lukas 1,1-4). Auch eine Schrift wie die Offenbarung des Johannes, in der am deutlichsten von allen neutestamentlichen Büchern der Anspruch laut wird, aufgrund göttlichen Diktats geschrieben zu sein (vgl. Offenbarung 1,19; 2,1.8.12.18 usw.), gibt klar über die Situation ihrer Entstehung Auskunft. Es sind nicht zeitlose Wahrheiten, die das Neue Testament verkündigt, sondern es ist Gottes Wort, das in eine ganz bestimmte Zeit hinein ergeht und sich darum in einer deutlich erkennbaren Verkündigungsgeschichte offenbart, die sich oft gerade auch in der Entstehungsgeschichte der neutestamentlichen Schriften niederschlägt.

So ist die Botschaft des Neuen Testaments zeitbezogen, aber nicht zeitbedingt im abwertenden Sinn dieses Wortes, als seien ihre Aussagen nur das Produkt bestimmter antiker religiöser, kultureller oder ökonomischer Verhältnisse. Immer wieder haben Menschen erfahren, daß Gottes Wort gerade in dieser zeitbezogenen Form sie in ihrer Zeit und Situation anspricht. Wer das erlebt, erkennt: Es ist kein Mangel, daß die Bibel nicht fertig vom Himmel gefallen ist, sondern im Laufe einer langen Geschichte durch Menschen aufgeschrieben und zusammengestellt wurde. Es ist vielmehr Zeichen der menschlichen Nähe und Zugewandtheit Gottes.

Wenn wir also im folgenden nach der Entstehung des Neuen Testaments und seiner Schriften fragen, nehmen wir diese menschliche Gestalt des Redens Gottes ernst. Wir fragen damit nicht nur nach den äußeren Umständen der Botschaft, die man auch auf sich beruhen lassen könnte, sondern immer zugleich nach der Botschaft selbst, wie sie sich gerade so und nicht anders ausgeprägt hat.

AUFBAU UND ENTSTEHUNGSGESCHICHTE
DES NEUEN TESTAMENTS

Der zweite Teil der christlichen Bibel, das Neue Testament, besteht in allen heutigen Bibelausgaben aus 27 einzelnen, im Urtext in griechischer Sprache geschriebenen Schriften. Den Anfang bilden die vier Evangelien in der Reihenfolge Matthäus, Markus, Lukas und Johannes, die die Geschichte Jesu seit seiner Geburt bzw. vom Beginn seiner Wirksamkeit bis zu seinem Tod und seiner Auferweckung berichten. Ihnen ist die Apostelgeschichte zugeordnet, die von der Missionsarbeit der ersten Christen erzählt. Darauf folgt eine Sammlung von 14 Paulusbriefen, zu denen in der frühen Kirche auch der Hebräerbrief gezählt wurde. Dazu treten als weitere Briefsammlung die sogenannten »katholischen« Briefe, deren Name darauf hinweist, daß sie sich nicht an eine bestimmte Ortsgemeinde oder Einzelperson richten, sondern eine allgemeine (griech.: *katholiké*) Empfängerangabe enthalten. Ihre Reihenfolge ist: Brief des Jakobus, 1. und 2. Petrusbrief, 1., 2. und 3. Johannesbrief und Brief des Judas. Die Offenbarung des Johannes beschließt das Neue Testament.

Die hier genannte Reihenfolge der neutestamentlichen Schriften finden wir in den Textausgaben des griechischen Neuen Testaments und den meisten neueren Übersetzungen. Die Lutherbibel hat jedoch bei den Briefen eine abweichende Anordnung, da Luther bei seiner Übersetzung des Neuen Testaments aus sachlichen und historischen Erwägungen den Hebräerbrief von den Paulusbriefen abrückte und zusammen mit dem Jakobusbrief vor den Brief des Judas und die Offenbarung des Johannes ans Ende des Neuen Testaments setzte. Die Reihenfolge ist demnach hier: 1. und 2. Petrus, 1.–3. Johannes, Hebräer, Jakobus, Judas.

Die neutestamentlichen Schriften waren von ihren Verfassern nicht von vornherein als zweiter Teil der Bibel oder als notwendige Ergänzung der heiligen Schriften des Judentums geschrieben worden. Die »Schrift« als maßgebliche Autorität für alles Reden von Gottes Offenbarung umfaßte für die Urchristenheit allein die Bücher des Alten Testaments (Gesetz, Propheten und Schriften), deren »Kanon« im einzelnen noch nicht endgültig abgegrenzt war (s. o. S. 154f). Daneben trat die lebendige Verkündigung von Gottes Handeln in Jesus Christus und die erzählende Überlieferung von Jesu Worten und Taten.

Der Vorgang der mündlichen Überlieferung ließ dem Verkündiger manche Freiheit, den Wortlaut einer Aussage oder einer Erzählung für eine unterschiedliche Hörerschaft jeweils neu zu gestalten. Davon geben die unterschiedlichen Fassungen mancher Jesusworte oder Geschichten in den Evangelien ein deutliches Zeugnis. Aber es gab auch die Tendenz, durch fest formulierte Sätze der Überlieferung das Entscheidende zuverlässig zu bewahren. Man vergleiche dazu die Zusammenfassung des Evangeliums, die Paulus in 1. Korinther 15,3-5 bietet, oder seine Zitierung der Einsetzungsworte des Herrnmahls in 1. Korinther 11,23-25, die wie ein Ausschnitt aus einem knappen Passionsbericht aussieht und sachlich, wenn auch nicht wörtlich, mit den entsprechenden Evangelienberichten (Matthäus 26,26-28; Markus 14,22-24; Lukas 22,19f) übereinstimmt.

Doch es blieb nicht lange bei der Alleinherrschaft mündlicher Verkündigung. Fragen und theologische Auseinandersetzungen in den von ihm gegründeten Gemeinden führten einen Mann wie Paulus bald dazu, wichtige Themen und Konsequenzen seiner Verkündigung in Briefen auch schriftlich darzulegen. Diese Briefe wurden als Zeugnis der apostolischen Auslegung des Evangeliums aufbewahrt und gesammelt. Etwa zur gleichen Zeit – d. h. um die Mitte des 1. Jahrhunderts – wird man auch damit begonnen haben, die Überlieferung der Worte und Taten Jesu schriftlich zu fixieren. Man stellte Sammlungen der Worte Jesu zusammen und zeichnete einen Abriß der Passionsgeschichte auf, ein Vorgang, der dann nach und nach zur Niederschrift der vier Evangelien geführt hat. Auf diese Weise sind bis zum Ende des 1. Jahrhunderts die in unserem heutigen Neuen Testament enthaltenen Schriften entstanden. Doch dachte zu diesem Zeitpunkt noch niemand daran, sie als zweiten Teil der christlichen Bibel zusammenzufassen.

Der Weg dahin vollzog sich in drei Etappen:

1. In der ersten Hälfte des 2. Jahrhunderts ist weiterhin immer das Alte Testament gemeint, wenn »die Schrift« zitiert wird. Daneben treten aber als richtungweisende Autorität die Worte des Herrn (d. h.

Jesu) und die Lehre der Apostel. Die entsprechenden Jesusworte werden dabei meist frei zitiert, ohne daß ein bestimmtes Evangelium genannt wird. Sie lassen sich aber oft mit einem in den ersten drei Evangelien überlieferten Wort identifizieren, auch wenn sie nicht immer wörtlich damit übereinstimmen. Für die apostolische Verkündigung dient vor allem die Sammlung der Paulusbriefe als Quelle. Auch hier macht man sich aber meist nicht die Mühe, den Brief zu nennen, aus dem man zitiert. Doch finden sich erste Anzeichen dafür, daß die Autorität des »Herrn« und der Apostel auf die Schriften übertragen wird, die deren Botschaft überliefern.

2. Gegen Ende des 2. Jahrhunderts hat sich die Situation grundlegend geändert. Der Kirche war in der Auseinandersetzung mit einer Reihe von neuen Lehren, die innerhalb der christlichen Gemeinden aufkamen oder sie von außen bedrohten, bewußt geworden, daß geklärt werden mußte, welche urchristlichen Schriften neben denen des Alten Testaments als maßgebend gelten sollten. Zusammen sollten sie den Maßstab (griechisch: *kanon*) für die christliche Lehre bilden. Den Anstoß dazu gaben vor allem zwei Bewegungen:

a) Die sogenannte »Gnosis« (vgl. schon 1. Timotheus 6,20; zur Sache s. u. S. 214), die eine Fülle von neuen Evangelien und Offenbarungen hervorbrachte.

b) Die Lehre des Markion, eines Reeders aus Sinope am Schwarzen Meer, der nach Rom kam, dort wegen seiner abweichenden Auffassungen aus der Gemeinde ausgeschlossen wurde und eine eigene Bewegung gründete. Er lehnte das Alte Testament ab, weil es einen anderen Gott als den Vater Jesu Christi offenbare, und setzte an seine Stelle eine eigene Heilige Schrift, die aus einer entsprechend seiner Lehre »gereinigten« Fassung des Lukasevangeliums und der Paulusbriefe bestand.

Die Kirche stand also vor einer dreifachen Aufgabe: Sie mußte die Autorität des Alten Testaments verteidigen, gegen die Engführung Markions den wahren Umfang und den richtigen Text einer Heiligen Schrift des Neuen Testaments (d. h. des neuen »Bundes« Gottes mit den Menschen) feststellen und die Vielzahl der späteren gnostischen Schriften ausgrenzen. Gegen Ende des 2. Jahrhunderts war diese Arbeit in den Grundzügen geleistet. Als maßgebend sollten auf jeden Fall die vier Evangelien und die Sammlung der Paulusbriefe gelten, dazu traten die Apostelgeschichte und die beiden gewichtigsten der katholischen Briefe, 1. Petrus und 1. Johannes. Dieser Grundstock des neutestamentlichen Kanons hatte sich ohne eine besondere kirchenamtliche Entscheidung einfach aufgrund der allgemeinen Anerkennung in der Kirche durchgesetzt.

3. Die nächsten anderthalb Jahrhunderte (ca. 200–367 n. Chr.) gehörten der Arbeit der Theologen. Sie unterschieden zwischen den allgemein anerkannten, den gefälschten (meist gnostischen) und den noch umstrittenen Schriften. Letzteren widmeten sie ihre besondere Aufmerksamkeit, da diese vielfach hoch geachtet, aber nicht überall anerkannt waren. Über eine Aufnahme in den Kanon wurde vor allem bezüglich des Hebräerbriefes und der Offenbarung des Johannes diskutiert. Der Hebräerbrief wurde von den Gemeinden im Osten des Römischen Reiches geschätzt, im Westen aber wegen seiner Lehre von der Unmöglichkeit einer zweiten Buße (Hebräer 6,4-6) abgelehnt; die Johannesoffenbarung war wegen ihrer Naherwartung im Osten umstritten, wurde aber im Westen eifrig gelesen. Von den nicht in unsere Bibel aufgenommenen Schriften fanden ein Brief des Barnabas und eine »Hirt des Hermas« genannte Schrift viele Befürworter; beide stehen auch in einer der großen alten Bibelhandschriften, dem Codex Sinaiticus.

Durchgesetzt hat sich dann eine mittlere Linie: Mit der Aufnahme aller sieben katholischen Briefe, des Hebräerbriefes und der Johannesoffenbarung betonte man die Ost und West umfassende ökumenische Weite. Mit dem Hirten des Hermas und dem Barnabasbrief schloß man zwei Schreiben aus, die trotz der Wertschätzung, die sie in weiten Kreisen genossen, doch offensichtlich erst der nachapostolischen Zeit und Verkündigung zuzurechnen waren.

Den Schlußpunkt dieser Entwicklung bildete ein relativ unbedeutender Anlaß. Der Bischof Athanasius von Alexandria pflegte seinen Gemeinden jedes Jahr in einem Osterfestbrief das genaue Datum des Osterfestes bekanntzugeben und dies mit entsprechenden lehrhaften Ausführungen zu verbinden. In seinem 39. Osterbrief im Jahr 367 n. Chr. stellte er fest, welche Schriften des Alten und Neuen Testaments in den Gemeinden Ägyptens gelesen werden sollten. Da offensichtlich die Zeit reif war für diese Entscheidung, wurde sie innerhalb der griechisch sprechenden Kirche im Osten des Reiches weithin übernommen, ohne daß es eines ausdrücklichen Konzilsbeschlusses bedurft hätte. Nur über die Aufnahme der Johannesoffenbarung wurde noch bis ins 10. Jahrhundert weiter diskutiert, und ein Teil der syrischen Kirche hat sie und die vier kleinen katholischen Briefe (2. Petrus; Judas; 2. und 3. Johannesbrief) nie in ihren Kanon aufgenommen. Im lateinisch sprechenden Westen wurde die Entscheidung des Athanasius gegen Ende des 4. bzw. Anfang des 5. Jahrhunderts durch Synoden in Rom, Nordafrika und Gallien bestätigt und damit de facto das Neue Testament in seinem heutigen Umfang für die römisch-katholische Kirche verbindlich gemacht. Die Kirchen der Reformation haben diese Festlegung übernommen, trotz gewisser anfänglicher Bedenken Luthers im Blick auf Hebräer-, Jakobus- und Judasbrief sowie die Johannesoffenbarung.

Die Kanonsentscheidung der Alten Kirche war also kein plötzlicher, willkürlicher Schnitt, der durch irgendein Gremium vorgenommen und der Kirche aufgezwungen worden wäre. Sie war der Abschluß eines langen Prozesses, in dem sich die Autorität der Schriften selbst durchsetzte und bewährte. Kriterien in diesem Prozeß waren a) die *Apostolizität* einer Schrift – was nicht unbedingt heißen mußte, daß sie von einem Apostel verfaßt worden war (vgl. Markus, Lukas, Hebräer), sondern daß man in ihr ein Zeugnis der ursprünglichen (= apostolischen) Christusverkündigung sah, und b) ihre *Ökumenizität*, d. h. ihre allgemeine Anerkennung. Die Zusammenstellung dieser Schriften zum Kanon des Neuen Testaments sollte das grundlegende und maßgebliche Christuszeugnis der apostolischen Zeit vor der Gefahr der Überwucherung durch spätere Tradition und der Verfälschung durch Irrlehre bewahren und sichern.

1. DIE GESCHICHTSBÜCHER

In den Ausgaben der Lutherbibel werden die vier Evangelien und die Apostelgeschichte in Anlehnung an das Alte Testament unter der Überschrift »Die Geschichtsbücher« zusammengefaßt. Tatsächlich ist diesen fünf Schriften gemeinsam, daß sie ihre Botschaft weitergeben, indem sie erzählen, wie Gott in der Geschichte Jesu von Nazareth und der ersten Christen gehandelt hat. Auch für das Neue Testament ist Offenbarung Gottes nicht ein zeitloser Mythos, sondern ereignet sich in Zeit und Raum menschlicher Geschichte. Für die Alte Kirche aber überragte die Bedeutung der Evangelien die der Apostelgeschichte bei weitem. Denn in Leben, Sterben und Auferstehen Jesu von Nazareth ist das Fundament für die Mission und Verkündigung der ersten Christen gelegt, und darum waren die Evangelien, die davon berichten, von größter Wichtigkeit.

DIE EVANGELIEN

Neben manchen Unterschieden, die sich in der Darstellung der Geschichte Jesu in den einzelnen Evangelien feststellen lassen und über die noch zu reden sein wird, gibt es doch auch eine Reihe grundsätzlicher Übereinstimmungen zwischen ihnen, die hier zunächst genannt sein sollen.

Alle Evangelien verkünden die frohe Botschaft von Gottes rettendem Handeln, indem sie davon berichten, was Jesus von Nazareth lehrte und tat, wie er in den Tod ging und was seine Jünger unmittelbar nach seinem Tod erlebten. Sie stimmen auch darin überein, daß der Beginn der öffentlichen Wirksamkeit Jesu in Verbindung mit dem Auftreten Johannes des Täufers stand, daß diese Wirksamkeit die Sammlung eines Kreises von Jüngern, wunderbare Heilungen und vollmächtige Lehre umfaßte und daß sie in Jesu Tod am Kreuz ein gewaltsames Ende fand. Sie sehen in diesem Tod die durch Gottes Heilsplan vorgezeichnete Konsequenz eines Lebens kompromißloser Liebe und Hingabe und berichten von den Begegnungen der Jünger mit dem Auferstandenen, durch die ihnen gewiß wird, daß Gott Jesus vom Tod erweckt, ihn als Messias bestätigt und zum Vollender seines endzeitlichen Werkes eingesetzt hat.

Der Titel »Evangelien« für diese Schriften ist ungewöhnlich. »Evangelium« bedeutet eigentlich: »gute Botschaft« und wird von den Christen zunächst nicht für eine erzählende Schrift, sondern grundsätzlich für die Bekanntmachung von Gottes Heilshandeln in Jesus Christus verwendet (vgl. Römer 1,16-17). Doch findet sich schon in 1. Korinther 15,3-8 eine kurze Aufzählung der Grunddaten des Heilshandelns Gottes durch Tod und Auferstehung Jesu als Zusammenfassung des »Evangeliums«, das Paulus »verkündigt hat« (15,1).

An diesen Sprachgebrauch mag Markus angeknüpft haben, der als erster einen zusammenfassenden Bericht von der Wirksamkeit Jesu gibt und diese Schrift mit dem Satz beginnt: »Anfang des Evangeliums von Jesus Christus ...« (Markus 1,1). Obwohl die übrigen Evangelisten andere Einleitungen für ihre Bücher gewählt haben, hat man ihnen in der Alten Kirche ebenfalls die Überschrift »Evangelium« gegeben, dabei aber festgehalten, daß es sich um die *eine* »gute Botschaft« handelt, die hier in vierfacher Weise entfaltet wird, indem man formulierte: »Das Evangelium nach (dem Bericht des) Matthäus, Markus, Lukas bzw. Johannes«.

Vergleicht man die vier Evangelien im einzelnen, stellt man schnell fest, daß Johannes im Ablauf der Ereignisse und in der Darstellung der Verkündigung Jesu eigene Wege geht, während die drei ersten Evangelien viele Gemeinsamkeiten aufweisen. Die ganze Wirksamkeit Jesu ist bei ihnen eingebracht in den zeitlichen und örtlichen Rahmen einer ersten Zeit in Galiläa, einer längeren Reise nach Jerusalem und seines Auftretens in dieser Stadt, das dann mit seiner Kreuzigung endet. Dagegen kennt Johannes mehrere Reisen Jesu zu verschiedenen Festen nach Jerusalem (vgl. 2,13; 5,1; 7,1-10). Die drei ersten Evangelien berichten auch relativ übereinstimmend in Wortlaut und Reihenfolge von vielen einzelnen Begebenheiten und Worten Jesu, so daß man sie in drei Spalten nebeneinander zusammenschauend (»synoptisch«) darstellen kann. Sie werden deshalb die »synoptischen Evangelien« genannt.

Allerdings weisen sie dann auch wieder eine ganze Reihe von Abweichungen in Aufbau, Überlieferungsgut und Wortlaut auf, so daß man fragen muß, wie es einerseits zu den Übereinstimmungen, andererseits aber auch zu den Unterschieden kommt. Man hat versucht, dies durch den Hinweis zu erklären, daß die Aussagen verschiedener Zeugen des gleichen Ereignisses immer gewisse Abweichungen aufweisen. Doch genügt diese Auskunft nicht, da eine genauere Überprüfung des Sachverhalts fast zwingend nahelegt, daß eine schriftliche Abhängigkeit zwischen den drei Evangelien besteht, d. h. daß sie sich gegenseitig benutzt haben. Aber welcher Evangelist kannte welches Evangelium?

Über diese Frage hat es unter den Auslegern eine über Jahrhunderte andauernde Diskussion gegeben. Es wurden verschiedene Hypothesen darüber aufgestellt, in welcher Reihenfolge die Evangelien entstanden und wie sie voneinander abhängig sind. Aufgrund der altkirchlichen Tradition hielt man zunächst Matthäus für das erste Evangelium, dem Markus und Lukas (oder umgekehrt) folgten. Doch war mit dieser Annahme kaum zu erklären, warum Markus so viel von dem überging, was Matthäus und Lukas von Jesu Lehre berichteten, und warum Lukas viele Worte Jesu aus dem Zusammenhang der großen matthäischen Reden herausgenommen und ganz verstreut in seinem Evangelium überliefert haben sollte.

Darum hat sich schon im 19. Jahrhundert weithin die Überzeugung durchgesetzt, daß Markus das erste Evangelium schrieb, das die Grundlage für die Darstellung des Matthäus und Lukas bildete, denn sie folgen weitgehend seiner Reihenfolge und nehmen fast sein ganzes Überlieferungsgut auf. Man nimmt weiter an, daß die umfangreiche Wortüberlieferung, die Matthäus und Lukas gemeinsam ist (vgl. z. B. die Bergpredigt Matthäus 5–7 und die Feldrede Lukas 6,20-49), einer zweiten Quellenschrift entnommen wurde, deren Existenz vermutet wird, aber nicht gesichert ist. Da sie vor allem Worte (griechisch: *lógia*) und Gleichnisse Jesu enthielt, wird sie als »Logienquelle« oder einfach als Q (= Quelle) bezeichnet. Man nennt die hier skizzierte Hypothese für die Entstehung der synoptischen Evangelien »Zwei-Quellen-Theorie«. Sowohl Matthäus als auch Lukas hatten offenbar darüber hinaus auch noch Zugang zu weiteren Überlieferungen von Jesu Lehre und Taten, die man ihr jeweiliges »Sondergut« nennt.

Der genaue Vergleich der synoptischen Evangelien erbringt eine wichtige Erkenntnis: Einerseits berichten sie uns weithin sehr zuverlässig über Reden und Wirken Jesu. Andererseits sind die Unterschiede zwischen ihnen nicht nur durch unterschiedliches Informationsmaterial veranlaßt, sondern auch dadurch, daß sie ihre Erzählung für eine ganz bestimmte Gemeindesituation abfaßten. Sie wollten nicht nur an vergangenes Geschehen erinnern, sondern durch ihre Berichte das Bekenntnis zu Jesus Christus, der lebt und dessen Wort und Werk gegenwärtige Wirklichkeit ist, weitertragen. Auf diesem Hintergrund ergeben sich folgende Überlegungen zur Entstehung und Eigenart der einzelnen Evangelienschriften.

Das Matthäusevangelium

Das Matthäusevangelium wurde nach altkirchlicher Überlieferung von dem zu den zwölf Aposteln gehörenden Zöllner Matthäus geschrieben (Matthäus 10,3; seine Berufung ist Matthäus 9,9 geschildert; in den parallelen Darstellungen Markus 2,13-14; Lukas 5,27-28 heißt dieser Mann Levi). Im Evangelium selbst gibt es keine Hinweise auf den Verfasser und auf seine persönliche Augenzeugenschaft. Viele Ausleger halten diese auch deswegen für unwahrscheinlich, weil der Evangelist offensichtlich das Markusevangelium als Grundlage seiner Arbeit benutzt hat. Doch muß dann erklärt werden, warum die sehr alte Evangelienüberschrift gerade den sonst recht unbekannten Matthäus als Verfasser nennt. Die einfachste Erklärung dafür ist, daß die Arbeit des Evangelisten in Gemeinden und Überlieferungen wurzelt, die sich auf den Jünger Matthäus (= Levi?) berufen.

Der Evangelist schreibt für eine judenchristliche Gemeinde, die sich nach harter Auseinandersetzung von der jüdischen Synagoge getrennt hat (vgl. die Wendung »ihre Synagogen« in 4,23; 9,35; 10,17 u. ö.). Auf die Zerstörung Jerusalems scheint er schon zurückzublicken (vgl. 22,7 mit Lukas 14,16-24), so daß die meisten Ausleger die Entstehung des Evangeliums um 80 n. Chr. ansetzen.

Die Herkunft aus dem Judentum wird dennoch keineswegs verleugnet. So unterstreicht Matthäus die Verankerung der Geschichte Jesu im Alten Testament, indem er immer wieder durch eine besondere Form der Zitierung alttestamentlicher Verheißungsworte ihre Erfüllung im Leben Jesu feststellt (1,22f; 2,15.17f.23; 4,14-16; 12,16-21 u. ö.) Er betont die Gültigkeit des Gesetzes und der Lehre der pharisäischen Schriftgelehrten (im Gegensatz zu ihrem Handeln; vgl. 5,17-20; 23,1-3) sowie die ursprüngliche Begrenzung der Sendung Jesu und seiner Jünger auf das jüdische Volk (10,5f; 15,24). Aber die Ablehnung Jesu durch das offizielle Judentum, die nach 27,25 in der Übernahme der Schuld an Jesu Tod gipfelt, führt zur Sendung der Jünger zu allen Völkern (28,19). Das Geschick des jüdischen Volkes soll nun die Heidenchristen davor warnen, den Ernst der Botschaft Jesu zu verkennen und ein Christsein ohne Konsequenzen zu leben (21,43; 22,11-13). Denn das Neue und Heilsame in der Verkündigung Jesu, das zu seiner Ablehnung durch die Pharisäer und Schriftgelehrten führte, ist seine vollmächtige und radikale Auslegung des Willens Gottes vom Liebesgebot her (5,21-48; 9,13; 12,7; 22,34-40).

Inhalt der rettenden Botschaft Jesu ist für Matthäus vor allem die Lehre Jesu, die er anhand der überlieferten Worte Jesu in fünf großen Reden zusammenstellt:

Kap. 5–7   Bergpredigt
Kap. 10   Aussendung der Jünger
Kap. 13   Gleichnisrede
Kap. 18   Gemeinderede
Kap. 24f   Endzeitrede

Diese Lehre soll auch den Inhalt der nachösterlichen Verkündigung der Jünger bilden (28,20). Jesus als Lehrer einer besseren Gerechtigkeit (5,20) ist die Mitte des Evangeliums. Aber er bürdet damit den Menschen keine unerträgliche Last auf, sondern ruft gerade diejenigen, die sich unter menschlichen Satzungen und Geboten abquälen, in ein befreites und erfülltes Leben (11,28-30).

Deutlich ist im Matthäusevangelium der Wille zu beobachten, nicht nur von den vergangenen Tagen des irdischen Lebens Jesu zu berichten, sondern auch Jesu Wort an die nachösterliche Jüngergemeinde zu richten. Ihr gilt die Verheißung der Gegenwart des Auferstandenen (18,20; 28,20) und der Auftrag, alle Völker zu Jüngern zu machen, aber auch die Mahnung zum rechten Umgang miteinander in Streitfragen (18,15-19) und die Warnung vor eigenmächtigem Richten (13,36-43). So ist das Matthäusevangelium in der Auslegungsgeschichte in besonderer Weise das Evangelium der Kirche gewesen (für die Worte 16,17-19; 18,18 findet sich keine Parallele in den andern Evangelien), bot aber durch die Bergpredigt oder Texte wie 19,21 oder 23,8-12 auch immer wieder die biblische Begründung für eine radikale Kritik an einer reich und mächtig gewordenen Kirche.

Das Markusevangelium

Das Markusevangelium gibt in seinem Text ebenfalls keinen Hinweis auf einen bestimmten Verfasser und seinen Namen. Die Angabe in der Überschrift wird seit alters auf Johannes Markus bezogen, der aus Jerusalem stammt (Apostelgeschichte 12,12), mit Barnabas und Paulus auf die erste Missionsreise zog (12,25), bald aber umkehrte (13,13), was zum späteren Zerwürfnis zwischen den beiden führen sollte (15,37-39). Doch scheint er wieder in den Kreis um Paulus zurückgefunden zu haben (Philemon 24; Kolosser 4,10; 2. Timotheus 4,11).

Daneben wird er aber auch in 1. Petrus 5,13 als Begleiter des Petrus in Rom genannt. Spätere Überlieferung (Papias, um 130 n. Chr.) bezeichnet ihn als dessen Übersetzer und sieht in dem Evangelium Aufzeichnungen der Lehrvorträge des Petrus. Das Werk selbst läßt freilich von einem direkten Einfluß des Petrus kaum etwas erkennen, und vielfach bezweifelt man die Verfasserschaft des Markus überhaupt, da der Verfasser des Evangeliums anscheinend keine besonders guten Kenntnisse der Geographie Palästinas aufweist (vgl. Markus 7,31; 10,1; 11,1) und kaum Begriffe paulinischer Theologie verwendet.

Doch wird man dagegen fragen dürfen, warum das Evangelium ausgerechnet einem Nicht-Apostel zugeschrieben wurde, wenn man nicht über den wahren Verfasser orientiert war. Die geographischen Vorstellungen antiker Autoren lassen sich nicht mit unseren Maßstäben messen, und in einer Sammlung der Jesusüberlieferung sollte man keine paulinische Begrifflichkeit erwarten. Der Verfasser schreibt jedenfalls in einfachem Griechisch für eine heidenchristliche Leserschaft (möglicherweise in Rom), der er jüdische Begriffe und Gebräuche übersetzt bzw. erklärt. Der drängende Ton der Endzeitrede Jesu (vgl. besonders 13,14) weist auf eine Entstehung in den letzten Jahren vor der Zerstörung Jerusalems im Jahr 70 n. Chr.

Markus war wohl der erste, der die einzeln oder in kleinen Sammlungen umlaufenden Erzählungen von Taten und Worten Jesu mit einer ebenfalls schon vorliegenden Passionsgeschichte zu einem Gesamtbericht über das Wirken Jesu zusammenfaßte und unter die Überschrift »Evangelium von Jesus Christus, dem Sohn Gottes« (1,1) stellte. Dabei weisen im ersten Teil des Evangeliums knappe Andeutungen (3,6; 6,14-29) und im zweiten Teil drei ausdrückliche Leidensankündigungen (8,31; 9,31; 10,33 f) darauf hin, daß dieses Wirken von Anfang an auf einen gewaltsamen Tod hinzielt, weil die Souveränität, mit der Jesus Gottes Willen lebt und auslegt, für die Menschen unerträglich ist. Man hat darum das Markusevangelium eine »Passionsgeschichte mit ausführlicher Einleitung« (Martin Kähler) genannt.

Besonderes Gewicht haben in ihm die Berichte vom Sieg Jesu über die Dämonen. In seiner Vollmacht über die Macht des Bösen bricht sich Gottes Herrschaft in einer Welt des Leides und der Gebundenheit befreiend Bahn. Jesu »neue Lehre in Vollmacht« wird nicht in Worten referiert, sondern durch die Erzählung seiner Machttaten vor Augen gestellt (1,21-28; 5,1-20; 9,14-29).

Eigentümlicherweise verbindet der Evangelist solche Erzählungen von Heilungen und Dämonenaustreibungen, die Jesu göttliche Vollmacht zeigen, sehr betont mit Jesu Verbot, davon etwas weiterzusagen (1,25.34.44; 5,43; 7,36; 8,26.30), in 9,9 bezeichnenderweise mit dem Zusatz »bis er auferstünde von den Toten«. Man spricht im Zusammenhang mit diesen Geheimhaltungsbefehlen vom »Messiasgeheimnis« Jesu. Markus arbeitet diese Linie seiner Überlieferung so stark heraus, weil er überzeugt ist, daß der sich in Wundern und Machttaten offenbarende Gottessohn erst richtig erkannt und im Glauben bekannt werden kann, wenn man seinen Weg ins Leiden als gottgewollt versteht und ihm folgt.

So wird auch das Bekenntnis des Petrus zu Jesus als dem Messias zunächst mit dem Schweigegebot belegt (8,27-30), weil die Reaktion des Jüngers auf Jesu Leidensankündigung zeigt, daß er noch nicht versteht, wer Jesus ist (8,31-38). Erst bei Jesu Tod bekennt ein menschlicher Mund, was zuvor – bei Taufe und Verklärung – vom Himmel über Jesus erscholl: »Dieser Mensch ist Gottes Sohn gewesen« (15,39; vgl. 1,11; 9,7).

Markus schildert Jesus als den verborgenen Gottessohn, der auch von seinen Jüngern mißverstanden und erst unter dem Kreuz wirklich erkannt wird, obwohl doch in seinem vollmächtigen Handeln Gottes Gegenwart unverkennbar war. Der Verfasser des Markusevangeliums ist damit der Vertreter einer eigenständigen, aber der des Paulus durchaus verwandten Kreuzestheologie.

Eigenartig ist der Schluß des Evangeliums. Nach den ältesten Textzeugen endet es in 16,8 mit dem Satz: »Und sie sagten niemandem etwas; denn sie fürchteten sich«. Hat Markus bewußt von den Erscheinungen des Auferstandenen, die in 16,7 angekündigt werden, nicht mehr berichten wollen, weil das für ihn zum Inhalt der nachösterlichen Verkündigung der Gemeinde gehörte? Hat er mit seinem Werk unter der Überschrift »Anfang (!) des Evangeliums von Jesus Christus, dem Sohn Gottes« (1,1) bewußt nur bis an diese Grenze heranführen, sie aber nicht überschreiten wollen? Wir wissen es nicht. Die Verse 9-20, die wir in unseren heutigen Bibelausgaben lesen, sind jedenfalls erst später, im 2. Jahrhundert, hinzugefügt worden.

Das Lukasevangelium

Das Lukasevangelium bildet den ersten Teil des sogenannten »Lukanischen Doppelwerkes«, dessen zweiter Teil die Apostelgeschichte ist. Der Verfasser gibt als einziger Evangelist in einem Vorwort Rechenschaft über seine Arbeit (Lukas 1,1-4). Dieses Vorwort, das den Charakter einer Widmung trägt, weist den Verfasser als einen gebildeten Schriftsteller aus, der sein Werk in die Tradition antiker Geschichtsschreibung stellen möchte. Leider sagt er nichts über seine eigene Person. Die später hinzugesetzte Überschrift weist wohl auf Lukas, den Arzt, der in einigen Paulusbriefen erwähnt wird (Philemon 24; Kolosser 4,14; 2. Timotheus 4,11). Das Evangelium selbst gibt keine genaueren Hinweise auf seinen Verfasser. Aus einer Reihe von Einzelbeobachtungen, die sich an seiner Darstellung machen lassen, ist nur zu erkennen, daß er für heidenchristliche Leser in städtischem Milieu schreibt. Das Für und Wider einer Verfasserschaft des Paulusbegleiters Lukas wird bei der Besprechung der Apostelgeschichte diskutiert werden, die offensichtlich vom gleichen Autor stammt.

Was der Evangelist in Lukas 1,2-3 über die Vorgeschichte seines Werkes schreibt, stimmt recht gut mit den Annahmen der Zwei-Quellen-Theorie überein. Er benutzt das Markusevangelium und die Logienquelle, hat aber auch in seinem Sondergut Zugang zu alter, verläßlicher Jesusüberlieferung. Auffällig ist, daß er den Tod Jesu vor allem als vorbildliches Leiden eines Gerechten beschreibt (vgl. besonders 23,34.41.47) und weniger seinen erlösenden Charakter herausstellte. Andererseits wird Jesus in seinem ganzen Wirken sehr eindrucksvoll als Heiland der Sünder und Armen dargestellt, wozu gerade die Überlieferung des Sonderguts vielfältig beiträgt (4,18-19; 6,20-22; 14,16-24; 15; 18,9-14; auch Jesu Zuwendung zu den Frauen gehört in diesen Zusammenhang: 7,36-50; 8,1-3; 10,38-42; 23,27-31). Dazu treten nachdrückliche Warnungen vor den Gefahren des Reichtums (6,24-25; 12,16-21; 16,19-31) und die Empfehlung des schlichten Handelns aus Barmherzigkeit und Liebe (10,25-37).

Schon die Geschichten von der Geburt Jesu und des Täufers, die Lukas dem Markusstoff voranstellt, sind erfüllt vom Ton der Freude über die befreiende und erlösende Nähe Gottes, die in Christus für die Menschen anbricht, und zwar ganz besonders für die Armen und die Sünder (1,46-55.68-79; 2,10-14). Mit der Vorgeschichte beginnt auch ein weiteres Kennzeichen der lukanischen Darstellung, die Verklammerung der Geschichte Jesu mit der Weltgeschichte, wie sie besonders eindrücklich durch die Erzählung von Jesu Geburt während der Steuererhebung unter Augustus geschildert wird (vgl. auch 1,5; das Auftreten des Täufers in 3,1f wird sogar sechsfach mit der Zeitgeschichte verklammert). Der Bericht von Jesu Wirken selbst beginnt mit Jesu Worten und Taten in Galiläa (4,14–9,50) und setzt sich dann fort in der nur bei Lukas zu findenden Schilderung seines langen Weges nach Jerusalem (9,51–19,27), der ihn in den von der Schrift vorhergesagten Tod führt (vgl. 13,33; 24,26f).

Ziel des Lebensweges Jesu in der Darstellung des Lukas ist seine Auferstehung und Erhöhung (9,51; 24,50f), aufgrund derer die Jünger bevollmächtigt werden, allen Völkern den Weg zur Umkehr und zur Vergebung der Sünden zu verkündigen (24,47; Apostelgeschichte 1,6-8; 5,31-32; 17,31). So rückt die Geschichte Jesu in der Darstellung des Lukas in die »Mitte der Zeit« (Hans Conzelmann). Sie bildet in der Geschichte Gottes mit der Welt eine mittlere Epoche zwischen der Zeit Israels und der Zeit der Kirche: Der Weg des alttestamentlichen Gottesvolks führt auf sie zu (vgl. Lukas 16,16 und die modellhafte Darstellung alttestamentlich-jüdischer Frömmigkeit in 1,6–2,52), und der Weg der apostolischen Mission, den dann die Apostelgeschichte schildert, geht von ihr aus.

Das Evangelium wird wohl um das Jahr 80 n. Chr. entstanden sein.

Das Johannesevangelium

Das Johannesevangelium ist das einzige Evangelium, das sich ausdrücklich auf einen Augenzeugen als Autor beruft. Er wird im Schlußkapitel mit dem Jünger, »den Jesus liebhatte«, identifiziert (21,20.24; vgl. 19,35). Dennoch wissen wir nicht sicher, wer sein Verfasser ist. Zwar wird dieser Jünger aufgrund der Angabe der Überschrift häufig mit Johannes, dem Sohn des Zebedäus und Bruder des Jakobus, identifiziert, aber das Brüderpaar wird im Johannesevangelium nur kurz (21,2) erwähnt, und so gut wie alle Begebenheiten, bei denen es im Bericht der synoptischen Evangelien eine wichtige Rolle spielt, fehlen bei Johannes. Da ein sehr früher Zeuge (Papias, um 130 n. Chr.) noch einen zweiten Jünger Jesu mit Namen Johannes kennt, hat man gefragt, ob nicht dieser, der möglicherweise zum Jerusalemer Jüngerkreis Jesu gehörte (vgl. 18,15), hinter dem Evangelium steht. Das würde erklären, warum in ihm andere Überlieferungen hervortreten als in den synoptischen Evangelien, die in ihrer Tradition eher auf galiläische Jüngerkreise zurückgehen. Doch wird die Frage nach dem Verfasser offenbleiben müssen, zumal eine Reihe von Beobachtungen es ratsam erscheinen lassen, dabei nicht nur an eine Einzelperson zu denken.

Es gibt Hinweise, daß das Evangelium nicht in einem Zug entstanden ist. Kapitel 21 ist nach 20,30f deutlich als Nachtrag zu erkennen; ähnliches gilt von Kapitel 15–17 nach 14,30f. So ist jener Jünger, auf den sich das Evangelium beruft, wohl nicht der Endverfasser, sondern

Autor des Evangeliums im Sinne von Urheber und Garant der Überlieferung. Er hat seine Botschaft eingebracht in einen Kreis von Schülern, die sie weiterbedacht und ausformuliert und dann auch in zwei oder drei Etappen niedergeschrieben haben. Dieser Vorgang muß noch vor dem Ende des 1. Jahrhunderts zum Abschluß gekommen sein, denn der früheste bisher gefundene handschriftliche Beleg einer neutestamentlichen Schrift, der Papyrus 52, ist ein in Ägypten gefundenes Fragment weniger Verse aus Johannes 18, das in die Zeit zwischen 100 und 125 n. Chr. datiert wird.

Durch diese Art der Entstehung erklärt sich auch die Eigenart dieses Evangeliums. Einerseits weist es viele Informationen über geographische und chronologische Einzelheiten auf, die unabhängig von den Synoptikern sehr betont genannt werden und auch historisch beachtenswert sind. Andererseits bringt es seinen Lesern eine ganz neue Art des Redens Jesu nahe, in der nicht die Verkündigung des Reiches Gottes, sondern die Bedeutung seiner Person als Heilbringer im Mittelpunkt steht. Die oft gegebene Auskunft, es handle sich dabei um die Art, wie Jesus im geheimen mit seinen Jüngern geredet habe, ist nicht stichhaltig, da Jesus im Johannesevangelium zu Außenstehenden in der gleichen Weise spricht. Vielmehr handelt es sich um ein »Weiter-Sagen« der Botschaft Jesu in eine neue Situation, in der es vor allem um die Möglichkeit der Offenbarung Gottes in einer von Finsternis und Sünde bestimmten Welt geht.

Für das Denken und Fühlen vieler Menschen der damaligen Zeit war der Zusammenhang zwischen Gott und Welt zerrissen. Die Kluft zwischen beiden schien unüberwindbar, die Welt hoffnungslos dem Bösen und der Vernichtung verfallen. Wie sollte sich darin noch der Weg zu Gott finden lassen? Eine religiöse Bewegung, die damals im Entstehen begriffen war und nach ihrem zentralen Schlagwort *Gnosis* (griech. = Erkenntnis) genannt wurde, gab darauf eine Antwort, die viele Menschen ansprach: Nur die Erkenntnis, daß die materielle Welt und die körperliche Existenz das heillose Gefängnis für den göttlichen Funken darstellen, der im Innern bestimmter Menschen schlummert, kann diese Menschen befreien und ihr eigentliches Selbst durch die Rückkehr in seinen göttlichen Ursprung erlösen.

Das Johannesevangelium greift diese Fragestellung auf, gibt aber eine eigenständige, christliche Antwort: In Jesus von Nazareth ist Gottes offenbarendes Wort selbst Mensch geworden und läßt in einer heillosen Welt die Herrlichkeit der Gegenwart Gottes aufscheinen. Schon in der Einleitung des Evangeliums, dem sogenannten Prolog (1,1-18), hat der Evangelist daher ein Lied über das Wirken des »Wortes« aufgenommen, durch das Gott alles geschaffen hat, das die Menschen zu Gott ruft, aber immer wieder abgelehnt wird, bis es jetzt in Jesus von Nazareth »Fleisch« geworden ist.

Dieses Bekenntnis wird dann im Evangelium erzählend entfaltet: Wer sich Jesu Botschaft glaubend öffnet, der »sieht« in seinen Worten, seinem Wirken, Sterben und Auferstehen Gottes Herrlichkeit; in seiner Person begegnen ihm die Wahrheit und Wirklichkeit von Gottes Liebe und Zuwendung zum Menschen.

In einem zweiten Teil des Evangeliums (Kap. 13–17), der zwischen die Erzählung von Jesu öffentlichem Wirken in Wort und Tat (Kap. 2–12) und die Geschichte von seinem Sterben und seiner Auferstehung (Kap. 18–20) gestellt ist, wird ganz besonders die Beziehung der Jüngergemeinde zu Jesus nach seinem Weggang von der Erde bedacht. Dabei steht in den sogenannten »Abschiedsreden« (Kap. 14–16) die Verheißung des Heiligen Geistes im Mittelpunkt, der den Jüngern Wort und Werk Jesu in einer neuen, die irdische Begegnung sogar noch überbietenden Weise vergegenwärtigen wird und daher der »Beistand« oder »Tröster« (griech. Paraklet) genannt wird.

Die Apostelgeschichte

Die Apostelgeschichte stammt, wie das Vorwort (1,1-2) ausweist, vom gleichen Verfasser wie das Lukasevangelium. Daß einige Abschnitte des Buches in der 1. Person Mehrzahl geschrieben sind (die sog. »Wir-Stücke« 16,10-17; 20,5-15; 21,1-18; 27,1–28,16), scheint die Überzeugung zu bestätigen, es handle sich bei diesem Verfasser um einen Paulusbegleiter, nämlich um »Lukas, den Arzt« (s. o. S. 212 zum Lukasevangelium). Wegen mancher Spannungen mit Aussagen der Paulusbriefe (Lukas erwähnt zum Beispiel Apostelgeschichte 9,26; 11,30; 15,1-29 drei Besuche in Jerusalem, während Paulus in Galater 1,17-18 und 2,1 nur von zwei Besuchen spricht) und des Fehlens der spezifisch paulinischen Themen in den Reden des Paulus (Ausnahme: 13,38 f) bezweifeln viele Ausleger die Verfasserschaft des Paulusbegleiters und halten das »Wir« für ein Stilmittel der Erzählung, das auch sonst in der griechischen Literatur vorkommt.

Doch sollte man nicht vorschnell urteilen. Der Verfasser der Apostelgeschichte ist über bestimmte Abschnitte der Reisen des Paulus gut orientiert und konnte zumindest einen Reisebericht aus dem Pauluskreis benutzen (vgl. 13,4–14,28; 15,35–21,16). Manche halten den Paulusbegleiter Lukas wenigstens für den Verfasser dieses teilweise im Wir-Stil berichtenden Reisetagebuches. Doch sollte auch die Möglichkeit, daß er das ganze Werk geschrieben hat, nicht ausgeschlossen werden. Es gibt aus der Geschichte der alten Kirche Beispiele genug dafür, daß Schüler eines Theologen ihren Lehrer aus einer ganz anderen Perspektive beschreiben, als wir das aufgrund des Studiums seiner eigenen Schriften tun. So schildert auch Lukas das Wirken des Paulus aus der Sicht der späteren Paulusschule.

Die Abfassungszeit des Buches ist umstritten. Manche vermuten wegen des offenen Schlusses (28,30 f), es sei noch während der Gefangenschaft des Paulus in Rom geschrieben worden (d. h. um 60 n. Chr.). Das würde auch für das Lukasevangelium eine frühere Abfassungszeit bedeuten. Andererseits weist eine Vielzahl von Indizien auf eine spätere Abfassung (evtl. zwischen 80 und 90 n. Chr.). Daß der Verfasser nichts über das Ende der Gefangenschaft des Paulus erzählt, könnte damit zusammenhängen, daß für ihn mit dessen Predigttätigkeit in Rom das Ziel der Darstellung erreicht war. Auch politische Vorsicht, die die Beziehung zu den römischen Behörden der eigenen Zeit nicht mit dem Vorwurf eines vor Jahren begangenen Justizmordes an Paulus belasten will, könnte Anlaß für den offenen Schluß des Buches gewesen sein. Überhaupt scheint die Darstellung der Apostelgeschichte darauf angelegt zu zeigen, daß die Christen für den römischen Staat ungefährlich sind.

Das Buch ist weder eine Geschichte der Apostel noch eine Biographie des Paulus, sondern eine Geschichte der urchristlichen Mission, deren Weg von Jerusalem über Samarien, Antiochia, Kleinasien und Griechenland bis ins Zentrum der damaligen Welt, d. h. bis nach Rom führt, von wo sie – wie in 1,8 vorhergesagt – weiter bis an »das Ende der Erde« gelangen konnte. Der letzte Satz des Buches: Paulus »predigte das Reich Gottes und lehrte von dem Herrn Jesus Christus mit allem Freimut ungehindert« (28,33), entspricht dieser Zielsetzung.

Die heilsgeschichtliche Linie, die Lukas damit von seinem Evangelium her (vgl. Lukas 24,45-48) in die Apostelgeschichte auszieht, wird unterstrichen durch die zahlreichen Hinweise auf Inspiration und besondere Führung der Gemeinde und ihrer Leiter durch den Heiligen Geist (vgl. Kap. 2 und 10 sowie 13,2; 15,28; 16,7.9). Doch dokumentiert das Werk nicht nur den Weg des Evangeliums zu den Heiden, sondern auch die Voraussetzung und schmerzliche Kehrseite dieses Weges, die Ablehnung der Botschaft durch große Teile des Judentums, wie sie immer wieder aufscheint (13,46f; 18,6; 22,18.21) und zusammenfassend noch einmal am Ende des Buches (28,25-28) festgestellt wird.

Die zahlreichen Reden der Apostel, die Lukas wiedergibt, beruhen gewiß nicht auf stenographischen Aufzeichnungen, sondern sind von ihm wohl aufgrund alter Predigtaufrisse der urchristlichen Zeit rekonstruiert worden. Sie deuten den Weg der urchristlichen Mission theologisch als Geschichte der Botschaft von Jesus Christus, den Gott auferweckt hat, um durch ihn für Juden und Heiden den Weg zur Umkehr und zur Vergebung der Sünden zu öffnen.

2. DIE BRIEFE

Eigentümlicherweise sind alle Schriften des Neuen Testaments, die sich in die Gruppe der »Lehrbücher« einordnen lassen (vgl. die Einteilung des Alten Testaments), Briefe oder briefartige Schreiben. Vielleicht zeigt sich hier die prägende Kraft der paulinischen Wirksamkeit, in der Briefe an Gemeinden und Mitarbeiter eine wichtige Rolle gespielt haben.

DIE PAULUSBRIEFE

Von den nach altkirchlicher Zählung 14 Paulusbriefen stammt der Hebräerbrief sicher nicht von Paulus. Von den übrigen Briefen stellt man oft die Gefangenschaftsbriefe (Epheser, Philipper, Kolosser, Philemon) und die Pastoralbriefe (1. und 2. Timotheus, Titus) als besondere Gruppe zusammen. Römer, 1. und 2. Korinther sowie Galater werden gelegentlich als die »Hauptbriefe« bezeichnet, weil sie die Grundthemen der paulinischen Theologie enthalten und immer als ihre zuverlässigsten und wichtigsten Zeugnisse gegolten haben.

Die Länge der meisten Briefe ist für antike Verhältnisse ungewöhnlich; ihr äußeres und inneres Format ist offensichtlich der Tatsache zu verdanken, daß Paulus seine Gesprächspartner durch theologische Argumentation überzeugen will und nicht nur vorschreibt, was zu glauben oder zu tun ist.

Der Brief an die Römer

Der Römerbrief gibt über Zeit und Anlaß seiner Entstehung in 15,22-29 genaue Auskunft. Paulus will nach Überbringung des Ertrags einer Sammlung für die Gemeinde in Jerusalem nach Rom kommen, um von dort aus zu seiner missionarischen Arbeit in Spanien aufzubrechen. Die Ankündigung dieses Besuches ist der äußere Anlaß des Briefes, der wohl im Frühjahr des Jahres 56 n. Chr. in Korinth geschrieben wurde. Paulus erhofft sich von den Christen in Rom für seine weiteren Pläne einiges an praktischer und ideeller Hilfe, und das veranlaßt ihn, in seinem Brief die Grundlinien seiner Verkündigung ausführlich darzulegen. Die Gemeinde in Rom, die er damit für sich zu gewinnen sucht, ist nicht von ihm selbst, sondern wohl Mitte der vierziger Jahre von Juden aus Jerusalem gegründet worden.

Hinter dem Apostel liegen bewegte Zeiten. Mit den Gemeinden in Galatien hatte er darum gerungen, daß die Übernahme des Mose-Gesetzes und der Vollzug der Beschneidung nicht heilsnotwendig seien (s. u. S. 222 zum Brief an die Galater). Ein schwerer Konflikt mit der Gemeinde in Korinth hatte die Klärung der Grundlagen christlicher Verkündigung und Existenz erforderlich gemacht (s. u. S. 220f zu den Briefen an die Korinther). Der theologische Ertrag all dieser Auseinandersetzungen fließt in sein Schreiben nach Rom mit ein, so daß der Römerbrief zu einer zusammenfassenden Zwischenbilanz des Paulus nach Abschluß seiner Missionstätigkeit im Osten des Römischen Reiches wird (vgl. 15,15-24).

Thema des Briefes ist Gottes Gerechtigkeit, d. h. seine verläßliche Treue und Zuwendung, die sich im Evangelium von Jesus Christus offenbart (1,16f). Sie ist der Ursprung eines erneuerten Gottesverhältnisses, das sich dem Glauben erschließt (Kap. 1–4), ist Kraft und Halt eines neuen Lebens mit Gott (Kap. 5–8), Grund zur Hoffnung für Israel (Kap. 9–11) sowie Hilfe und Richtschnur im täglichen Miteinander in Gemeinde und Welt (Kap. 12–15).

So gibt dieser Brief die umfassendste Darstellung der paulinischen Rechtfertigungslehre. Die Überzeugung, »daß der Mensch gerecht wird ohne des Gesetzes Werke, allein durch den Glauben« (3,28), eröffnet für Paulus nicht nur die Möglichkeit, das Evangelium auch über die Grenzen des Judentums hinauszutragen. Sie markiert für ihn ganz grundsätzlich das Ende jeder Form menschlicher Selbsterlösung und begründet die Gültigkeit der Gnadenbotschaft für jeden Menschen ohne Vorbedingung. Sie schafft zugleich die Voraussetzung dafür, daß der Mensch, der vom Zwang der Sünde und dem Druck der Selbstrechtfertigung befreit ist, zu wirklicher Verantwortung vor Gott und echter Gemeinschaft mit anderen befähigt wird.

Dabei sieht Paulus auch schon die Gefahr einer christlichen Selbstgerechtigkeit, die den eigenen Glauben als eine Art Leistung betrachtet, die man dem ungläubigen Judentum stolz entgegenhält (11,17-22). Dagegen wendet sich Paulus in Kap. 9–11 mit allem Nachdruck: Sein Schmerz über den Unglauben Israels mündet in die Hoffnung auf dessen Rettung, weil Gottes Treue Leben schenken kann, wo Menschen keine Möglichkeiten mehr sehen (11,15-36). Die Mahnung zur Toleranz gegenüber den »Schwachen im Glauben«, einer offensichtlich judenchristlichen Minderheit, in 14,1–15,13 liegt auf der gleichen Linie.

Der 1. Brief an die Korinther

Der 1. Korintherbrief geht an eine Gemeinde, die Paulus selbst – wahrscheinlich im Jahr 50 n. Chr. – gegründet und in der er anderthalb Jahre gelebt hat (vgl. Apostelgeschichte 18,1-17). Aufgrund von Nachrichten über Schwierigkeiten in der Gemeinde (1. Korinther 1,11; 16,17), die ihn während seines längeren Aufenthalts in Ephesus erreichten (wohl anfangs des Jahres 55 n. Chr.; vgl. 16,8 und Apostelgeschichte 19), schreibt er den ausführlichen Brief, in dem er die Probleme aufgreift und auch auf Anfragen aus der Gemeinde antwortet (vgl. 7,1; 8,1; 12,1; 16,1).

In der Gemeinde haben sich rivalisierende Gruppen gebildet (1,10–4,21), die sich auf unterschiedliche Gewährsleute unter den Aposteln und auf urchristliche Missionare berufen und sich in Korinth um einflußreiche, sozial hochstehende Personen sammeln, die in der Lage waren, Gemeindeversammlungen in ihren Häusern aufzunehmen.

Es gibt in der Gesamtgemeinde sehr unterschiedliche Auffassungen über Fragen der Sexualethik (vgl. Kap. 5–6 mit Kap. 7), Auseinandersetzungen um das Essen von Götzenopferfleisch (Kap. 8–10), das Verhalten im Gottesdienst (Kap. 11), die Bedeutung der Geistesgaben (Kap. 12–14) und das Verständnis der Auferstehung der Toten (Kap. 15).

Als gemeinsames Grundproblem all dieser Erscheinungen vermutet man ein schwärmerisches Christentum, das sich bereits im Himmel glaubt und im Geist schon mit Christus vereint sieht (vgl. 4,8) und darum das, was der Leib tut, verachtet und lieber nach auffallenden Geistesgaben und spekulativer Weisheit strebt.

Dem stellt Paulus die Verkündigung des Kreuzes als rettende Botschaft gegenüber. Wer sie aufnimmt, weiß, daß er allein von der Gnade lebt, und wird gerade dadurch fähig, für andere Verantwortung zu übernehmen und die Gemeinde als eine Gemeinschaft zu gestalten, in der die einzelnen mit den von Gott geschenkten Gnadengaben einander helfen, statt untereinander zu rivalisieren (vgl. 1,18–2,5; 8,10; 11,17-34; 12–14).

Der 2. Brief an die Korinther

Der 2. Korintherbrief ist nicht lange nach dem ersten geschrieben worden. Nach einem schmerzlichen Zwischenfall bei einem kurzen Besuch des Paulus in Korinth (2,5-11; 7,12; 3,2) und einem heftigen, »unter Tränen« geschriebenen Brief (2,3f; 7,8), hat Paulus Titus nach Korinth gesandt mit dem Auftrag, einen Versuch der Versöhnung zu unternehmen. Voll Ungeduld reist er ihm entgegen, und nach bangem Warten trifft er Titus, der gute Nachrichten mitbringt, in Mazedonien (2,12f; 7,5-16). In dieser Situation schreibt Paulus den Brief und geht noch einmal auf die überwundenen Schwierigkeiten ein.

Geschürt durch das Wirken von außen kommender (11,4) christlicher Verkündiger, die sich besonderer Offenbarungen, Ekstasen und glanzvoller Schriftauslegung rühmen, hat man Paulus in Korinth Schwäche im Auftreten und Mangel an durchschlagender Verkündigung vorgeworfen und ihm sogar die Befähigung zum Apostel abgesprochen (3,7-18; 5,11f; 10,1-11; 11,6.20f; 12,1).

Paulus aber hat gelernt, Gefährdung und Leiden als Führung Gottes in der Nachfolge des Gekreuzigten zu verstehen und sein Vertrauen nicht auf eigene Kraft, sondern allein auf Gott zu setzen (1,9; 4,7; 12,9). Gerade im »irdenen Gefäß« (4,7) menschlicher Schwachheit offenbart sich die schöpferische Kraft des göttlichen Wortes und die Herrlichkeit des neuen Bundes (3,4–4,6). Wir haben in diesem Brief also ein Zeugnis für die ganz persönlich angewandte und existentiell durchlebte Kreuzes- und Gnadentheologie des Paulus.

Das nochmalige Aufflackern der Auseinandersetzung in Kap. 10–13 und der eigentümliche Exkurs von 2,14–7,4 hat zu der Vermutung geführt, diese Briefteile hätten ursprünglich zu Briefen gehört, die zwischen dem 1. und 2. Korintherbrief geschrieben wurden (also etwa zu dem in 2,3f; 7,8 erwähnten »Tränenbrief«). Doch ist schwer einzusehen, was zu einer nachträglichen Zusammenfassung zu *einem* Brief geführt haben sollte.

Der Brief an die Galater

Der Galaterbrief richtet sich an Gemeinden in der Landschaft Galatien, die in der Gegend des heutigen Ankara lag. Paulus hat diese Gemeinden wohl auf seiner zweiten Missionsreise gegründet (Apostelgeschichte 16,6) und auf der dritten Reise noch einmal besucht (18,23).

Kurz danach erhält er die Nachricht, daß dort Verkündiger auftreten, die behaupten, zur Vollendung des christlichen Glaubens sei es nötig, das Gesetz Moses zu halten und die Beschneidung als Zeichen des Bundes Gottes mit seinem Volk zu übernehmen. Paulus sieht dadurch den Glauben der Galater im Kern bedroht und schreibt (wohl im Jahr 54 oder 55 n. Chr., während seines 2–3 Jahre dauernden Aufenthalts in Ephesus) einen engagierten Brief, in dem dringende Warnung, theologische Argumentation und werbende Bitte eindrucksvoll verbunden sind.

In Kap. 1–2 beschreibt er seine besondere Berufung zur Verkündigung des Evangeliums unter den Nichtjuden, in Kap. 3–4 begründet er die Rechtfertigung aus Glauben aus dem Alten Testament und führt zur Thematik der Freiheit vom Gesetz hin. In Kap. 5–6 umreißt er die Konsequenzen der Freiheit, die das Evangelium gewährt, für die persönliche Lebensführung: Wenn an die Stelle gesetzlichen Zwanges ein Leben unter der Leitung des Heiligen Geistes tritt, dann wird die Liebe, die der Geist schenkt, den Menschen lehren, das zu tun, was das Gesetz fordert und was der Mitmensch braucht.

So wurde die besondere Situation in Galatien für Paulus zum Anlaß, seine Rechtfertigungslehre klar und deutlich auszuformulieren und in ihrer grundsätzlichen Bedeutung herauszustellen. Das Vertrauen auf Gottes Heilshandeln in Jesus Christus kann und darf durch nichts überholt oder überboten werden. Alle Versuche, das Verhältnis zu Gott doch noch durch das eigene Tun abzusichern, laufen der Art und Weise, in der Gott dieses Verhältnis durch seine Gnade gestalten und prägen will, zuwider und sind unnötig. Diese Gewißheit schützt vor neuer Angst und Sorge um das Heil und befreit zu einem Leben in der Liebe und der Sorge für andere.

Der Brief an die Epheser

Das Schreiben, das die Überschrift »An die Epheser« trägt, gibt den Auslegern manche Rätsel auf. In wichtigen Handschriften fehlen im Briefeingang bei der Nennung der Adressaten die zwei Wörter »in Ephesus«. Haben wir es mit einem Rundbrief an kleinasiatische Gemeinden zu tun, dessen für Ephesus bestimmte Abschrift hier zugrundegelegt ist? Das würde erklären, warum der Brief keine speziellen Fragen einer einzelnen Gemeinde aufgreift und sehr viel unpersönlicher gehalten ist, als dies bei einer Gemeinde zu erwarten ist, in der Paulus nach Apostelgeschichte 19,1–20,1 mehr als zwei Jahre gelebt hat.

Dazu tritt eine weitere Frage: Der Brief stimmt an manchen Stellen fast wörtlich mit dem Kolosserbrief überein, weist aber in Stil und Inhalt Unterschiede zu anderen Paulusbriefen auf. Hat ihn ein Mitarbeiter im Auftrag des Paulus verfaßt oder ein Schreiber unter Benutzung des Kolosserbriefs in dessen Namen herausgegeben? Letzteres nehmen heute viele Exegeten an, da auch die Thematik des Briefes eher in die nachapostolische Zeit (etwa um 80 n. Chr.) weist. Dann wäre das Schreiben kein Brief im engeren Sinne, sondern eine Art Traktat oder Lehrbrief für die paulinischen Missionsgemeinden.

Dem entspricht die Eigenart der Argumentation. Sie erwächst nicht aus der Auseinandersetzung mit Fragen und Problemen in den Gemeinden, sondern entfaltet sich meditativ aus dem Lobpreis und der Danksagung des Briefeingangs. Gottes Heilshandeln wird in seiner Tiefe, Weite und Kraft gerühmt (Kap. 1) und die Größe seiner Barmherzigkeit an der Berufung der Heiden aufgewiesen (2,1-10). Christus hat Juden wie Heiden Frieden gebracht und sie in seiner Kirche zu einem Organismus zusammengeschlossen, der die ganze Welt durchdringen soll (2,11–3,20). Auf das, was Gott in Christus getan hat, gründet sich dann die Mahnung an die Gemeinde und ihre Glieder, die Einheit der Kirche zu bewahren (4,1-16) und ihr Leben in allen Bereichen verantwortlich aus der Liebe Christi heraus zu gestalten (4,17–6,20).

Zwischen den Zeilen dieser allgemeinen Ausführungen schimmert dann auch etwas von den aktuellen Problemen durch, die im Hintergrund des Briefes stehen: die Bedrohung der Gemeinde durch die sogenannte Gnosis, die an Christus vorbei in tiefere Geheimnisse von Schöpfung und Erlösung einführen will, die Gefahr der Entfremdung von Juden- und Heidenchristen und die Notwendigkeit, die Botschaft der Apostel am Ende der Apostolischen Zeit zu sichern.

Der Brief an die Philipper

Empfänger des Philipperbriefs ist die erste Gemeinde, die Paulus auf europäischem Boden gegründet hat und mit der er seit ihrer Gründung auf der zweiten Missionsreise (um 49/50 n. Chr.; vgl. Apostelgeschichte 16,11-40) besonders herzlich verbunden blieb (vgl. Philipper 4,15f und Apostelgeschichte 18,5 mit 2. Korinther 11,8f). Paulus schreibt den Brief aus dem Gefängnis (1,12-14). Anlaß ist der Dank für eine Unterstützung, die Epaphroditus überbracht hat (4,10-19), und dessen Rücksendung wegen einer gerade erst überstandenen Krankheit (2,25-30).

Herkömmlicherweise dachte man sich den Ort dieser Gefangenschaft in Rom. Da aber Paulus seinen baldigen Besuch in der Gemeinde nach seiner erwarteten Freilassung ankündigt, plädieren manche Ausleger für Cäsarea, und viele fragen sich, ob der Brief nicht sogar aus einer früheren Gefangenschaft (vgl. 2. Korinther 6,4f; 11,23; Römer 16,7) eventuell in Ephesus (vgl. 2. Korinther 1,8-10) stammen müsse, da er in seiner Thematik dem 2. Korinther- und Römerbrief sehr nahe steht.

In Kapitel 1 und 2 dominiert der Bericht über die eigene Leidensbewältigung und die freundliche Mahnung an die Gemeinde, die Gemeinschaft mit Christus im praktischen Leben zu bewähren. In 2,6-11 findet sich der sogenannten »Philipperhymnus«, ein Christuslied, das Paulus wohl schon vorlag. Kap. 3 wird durch eine scharfe Auseinandersetzung mit Irrlehren geprägt, denen gegenüber Paulus am Beispiel seines Christwerdens und -seins aufzeigen will, was Leben aus der Gnade bedeutet. Der abrupte Neueinsatz mit 3,2 hat auch beim Philipperbrief zu der Frage geführt, ob in ihm zwei (oder mehr) Briefe zusammengearbeitet worden sind. Doch ist auch hier die Frage, warum dies geschehen sein soll, schwer zu beantworten.

Auffallend ist im ganzen Brief, wie persönlich Paulus spricht und wie herzlich die Mahnungen an die Gemeinde gehalten sind. Darin zeigt sich die besondere Beziehung zwischen ihm und dieser Gemeinde, durch die auch wir als Leser einen tiefen Einblick in das Denken und Fühlen des Apostels erhalten. So beschreibt Paulus seine Begegnung mit dem auferstandenen Christus in 3,7-11 als völlige Umwandlung seines Selbstverständnisses und Wertsystems und zeigt, daß persönliche Christusbeziehung und Rechtfertigungsglaube aufs engste zusammengehören.

Der Brief an die Kolosser

Der Kolosserbrief geht an eine Gemeinde, die nicht Paulus selbst, sondern sein Schüler Epaphras gegründet hat (vgl. 1,7; 4,12 f; Philemon 23). Diese Gemeinde wird durch eine eigentümliche »Philosophie« (2,8) bedroht, in deren Zentrum die Auffassung stand, ein Christ müsse sich durch Beschneidung (2,11), Einhalten von heiligen Tagen (2,16), Enthaltsamkeit gegenüber bestimmten Speisen (2,16.21) und andere asketische Vorschriften (2,20-23) demütig den Engelmächten, die noch die Herrschaft über diese Welt ausüben, unterordnen. Diese Mächte wohnen nach Auffassung jener »Philosophie« in dem Bereich zwischen Erde und himmlischer Welt. Wer nach dem Tod den Weg zu

Christus finden will, der in der oberen Welt herrscht, der muß sich ihr Wohlwollen sichern.

Die Gegenthese des Apostels lautet: Christus hat durch seinen Tod die Macht aller den Menschen versklavenden Herrscher und Gewalten durchbrochen und stellt die Seinen in die Freiheit eines erneuerten Lebens aus der Kraft der Auferstehung (vgl. 1,15-23; 2,3.8-10.14f.20; 3,1-4).

Auch dieser Brief ist aus dem Gefängnis geschrieben. Ob der Ort dieser Gefangenschaft Rom war, wie man das meist angenommen hat, ist nicht sicher. Im Philemonbrief, der aus der gleichen Situation zu stammen scheint, weisen manche Indizien, ähnlich wie beim Philipperbrief, auf Ephesus.

Da der Brief viele stilistische Eigenheiten aufweist, die sich in anderen Paulusbriefen nicht finden, wird von manchen Auslegern angenommen, er sei von einem Mitarbeiter (Timotheus?) im Auftrag des Apostels ausgefertigt worden. Andere vermuten, er sei erst nach dem Tod des Paulus verfaßt worden, um einer neuen Herausforderung für die paulinischen Gemeinden im Geist des Apostels zu begegnen. Doch sprechen die präzisen Angaben in 4,7-18 eher gegen die Annahme einer Entstehung in nachpaulinischer Zeit.

Die beiden Briefe an die Thessalonicher

Der 1. Thessalonicherbrief dürfte der älteste uns erhaltene Paulusbrief sein. Er wurde kurz nach Gründung der Gemeinde (vgl. Apostelgeschichte 17,1-15) um 50 n. Chr. von Korinth aus geschrieben.

Er blickt voll Dankbarkeit zurück auf das Entstehen der Gemeinde und beantwortet Fragen, die wohl Timotheus von seinem Besuch in Thessalonich mitgebracht hat (1. Thessalonicher 3,6-9). Besonderes Gewicht hat dabei eine Anfrage nach dem Geschick der vor Jesu Wiederkunft verstorbenen Gläubigen. Offensichtlich hatte in der Verkündigung des Paulus der Hinweis auf das baldige Kommen Jesu zur Erlösung der Seinen großes Gewicht gehabt, so daß sich angesichts erster Todesfälle in der Gemeinde die bange Frage erhob, ob die Entschlafenen von seiner Gemeinschaft ausgeschlossen seien. Paulus antwortet mit dem Hinweis, daß verstorbene und lebende Christen in gleicher Weise mit dem wiederkommenden Christus vereinigt werden (4,13-18). Weil aber der Zeitpunkt der Wiederkunft unbekannt ist, gilt es, zu jeder Zeit wachsam zu sein und aus der Verbindung mit Christus heraus zu leben (5,1-11).

Der 2. Thessalonicherbrief weist viele Berührungen mit dem ersten auf und scheint kurz nach diesem geschrieben zu sein.

Auffällig ist allerdings, daß das zentrale Thema, die Frage nach dem Zeitpunkt der Wiederkunft Jesu in 2,1-12, völlig anders beantwortet wird als in 1. Thessalonicher 5,1-11. War dort gesagt worden, daß der Tag des Herrn mitten im scheinbaren Frieden komme, wird hier eine Zeit antichristlicher Verführung und Gewaltherrschaft vor dem endgültigen Sieg des Christus vorausgesetzt. Darum wird von vielen Auslegern vermutet, der Brief sei erst nach Paulus von einem anderen unter Benutzung des 1. Thessalonicherbriefs geschrieben worden, um mit Paulus' eigenen Worten gegen falsche Auslegungen seiner Naherwartung zu protestieren. Gerade die ausdrückliche Betonung der Echtheit in 3,17 scheint ihnen verdächtig.

Doch ist der Hinweis auf den Schlußgruß von eigener Hand durchaus paulinisch (vgl. 1. Korinther 16,21; Galater 6,11; Kolosser 4,18), und auch das Fehlen jeden Einspruchs gegen den Brief von seiten der Gemeinde in Thessalonich dürfte dafür sprechen, daß er dort seit alters als Paulusbrief bekannt war.

Theologisch gewichtig ist in dem Brief die Warnung vor einem kurzatmigen Heilsoptimismus und der realistische Hinweis auf die noch zu erwartende Machtentfaltung des Bösen.

Die Pastoralbriefe (1. und 2. Timotheus, Titus)

Der 1. und 2. Timotheusbrief und der Titusbrief werden unter der Bezeichnung Pastoralbriefe, d. h. Hirtenbriefe, zusammengefaßt, weil Paulus in ihnen zweien seiner engsten Mitarbeiter Anweisungen für die Leitung der ihnen anvertrauten Gemeinden gibt.

Die Situation, die die Briefe voraussetzen, die Maßnahmen, die sie empfehlen, und auch die theologischen Begriffe, die sie verwenden, unterscheiden sich stark von dem, was wir in den früheren Briefen finden, so daß es wohl kaum möglich ist, den 1. Timotheus- und Titusbrief in die Zeit der dritten Missionsreise einzuordnen, wie das gelegentlich geschieht. *Entweder* sind die Briefe in der Zeit nach einer ersten Gefangenschaft des Paulus in Rom auf einer vorher nicht geplanten Reise in den Osten entstanden, wobei der 2. Timotheusbrief einer zweiten römischen Gefangenschaft zuzuweisen wäre. Für die sprachlichen Eigenheiten könnte ein relativ selbständig arbeitender Sekretär (eventuell Lukas) verantwortlich sein. *Oder* sie sollen eine Art Vermächtnis des Paulus darstellen, sein geistliches Testament, das in Form von Briefen an seine wichtigsten Mitarbeiter von späteren Paulusschülern formuliert wurde.

Die Briefe bekämpfen die sogenannte Gnosis (wörtlich: »Erkenntnis«), die durch Neuinterpretation von Geschlechtsregistern und Gesetzesbestimmungen (1. Timotheus 1,4-11; Titus 1,10; 3,9), aber auch durch Verbot bestimmter Speisen und die Ablehnung der Ehe (1. Timotheus 4,3; vgl. 2,15) die Mitglieder der Gemeinde beeindruckte. Dahinter steht die Überzeugung, daß die materielle Welt und die Leiblichkeit des Menschen das Werk böser Mächte sind, daß sich aber in bestimmten Menschen ein Funke göttlichen Geistes verloren hat, den es zu erkennen und zu befreien gilt.

Die Pastoralbriefe lassen sich nicht auf eine inhaltliche Auseinandersetzung mit diesen Lehren ein, sondern rufen dazu auf, die paulinische Botschaft durch zuverlässige Weitergabe der Überlieferung an ordnungsgemäß beauftragte Leiter der Gemeinde zu bewahren, und plädieren für eine Frömmigkeit, die nüchtern und realitätsbezogen in dieser Welt für die Rettung der Menschen wirkt (1. Timotheus 2,1-4; Titus 2,11-14).

Der Brief an Philemon

Mit dem Brief an Philemon, einem weiteren Gefangenschaftsbrief (vgl. die Verse 1 und 9), legt Paulus Fürsprache für einen entlaufenen Sklaven mit Namen Onesimus bei dessen Besitzer ein. Offensichtlich hatte Onesimus seinem Herrn einen Schaden verursacht und war aus Furcht vor Bestrafung geflohen. Er war dabei auf Mitarbeiter des Paulus gestoßen, hatte Kontakt mit dem Apostel bekommen, obwohl dieser in Gefangenschaft war, und war durch die Begegnung mit ihm Christ geworden.

Wo dies geschah, wissen wir nicht. Wegen der Nähe zu Kolossä, der Heimat des Onesimus (Kolosser 4,9), denkt man heute ähnlich wie beim Philipperbrief eher an eine Gefangenschaft in Ephesus als in Cäsarea oder Rom. Als Abfassungszeit ist die Mitte der fünfziger Jahre in Betracht zu ziehen.

Paulus bittet Philemon, seinem Sklaven zu verzeihen und ihn ganz neu als einen Bruder in Christus und als leiblichen Bruder, d. h. wahrscheinlich: als Freigelassenen, aufzunehmen. Gleichzeitig möchte er aber erreichen, daß Onesimus von Philemon zu ihm zurückgeschickt und ihm als Helfer für seine missionarische Arbeit zur Verfügung gestellt wird.

Der Brief an die Hebräer

Der Brief an die Hebräer ist von seiner Form her kein Brief, sondern eher ein schriftlich fixierter Lehrvortrag, dem in 13,22-25 eine briefliche Nachschrift beigefügt wurde.

Die alte Annahme, daß Paulus den Brief geschrieben habe, stützt sich wohl auf die Erwähnung des Timotheus in 13,23. Doch sind die stilistischen und theologischen Unterschiede zu den Paulusbriefen zu groß, um an dieser Vermutung festzuhalten.

Eine besondere Ausrichtung auf Judenchristen als Adressatenkreis, wie sie die Überschrift »An die Hebräer« anzudeuten scheint, findet sich nicht. Zwar greift der Verfasser in auffälliger Breite alttestamentliche Aussagen auf und betont die Überbietung des Opferkultes durch das Christusgeschehen. Aber er stützt sich dabei ganz auf die griechische Übersetzung des Alten Testaments und läßt nirgends erkennen, daß etwa die Frage nach der Gültigkeit des Gesetzes seine Adressaten bewegt. Ganz allgemein scheinen vielmehr Christen angesprochen zu sein, die in Gefahr stehen, in ihrer Erwartung der Wiederkunft Christi und Glaubenstreue nachzulassen (10,19-39).

Die Betonung des unvergleichlichen Ranges Jesu als wahrer Hoherpriester und Sohn Gottes und der Größe seines Erlösungswerkes sollen dazu ermutigen, an diesem Heil festzuhalten, auch wenn seine Erfüllung noch aussteht. Dieser Ermutigung dient der Hinweis auf die Vorbilder des Glaubens im Alten Testament (Kap. 11), aber auch die Warnung, das Heil nicht durch leichtfertige Sünde aufs Spiel zu setzen (6,4-8; 10,26-29). Die Ablehnung einer »zweiten Buße«, die der Hebräerbrief in diesem Zusammenhang ausspricht, hat zu den schon genannten Bedenken Luthers gegen diesen Brief geführt. Wird sie aber nicht als absolutes Gesetz, sondern als sehr ernste Mahnung vor einer drohenden Gefahr verstanden, muß sie nicht dem Evangelium von der alles überwindenden Kraft der Vergebung Gottes widersprechen.

In seiner Auslegung des hohenpriesterlichen Dienstes Jesu in Kap. 7–10 hat der Hebräerbrief ja selbst eine neue Dimension der Kreuzestheologie eröffnet. Was im alttestamentlichen Kult am Großen Versöhnungstag im Jerusalemer Tempel geschah, war nur ein schattenhaftes »Vor-Bild« für den einmaligen Opfergang des himmlischen Hohenpriesters, durch den die Verbindung mit Gott ein für allemal geschaffen wurde. Dieses himmlische Opfer aber vollzog sich gerade im irdischen Leidensweg Jesu. Der Sohn Gottes hat mit seinem Gang in den Tod die menschliche Schwachheit auf sich genommen und kann daher mitfühlen mit der Not der Menschen (vgl. 2,17; 4,14–5,10). Indem er diesen Weg gehorsam bis zu seinem bitteren Ende ging, hat er durch den Tod hindurch den Sündern den Zugang zum Vater eröffnet (9,23-28).

Das Schreiben dürfte im letzten Viertel des ersten Jahrhunderts durch einen unbekannten schriftgelehrten Christen (manche nahmen Apollos als Verfasser an) geschrieben worden sein.

DIE KATHOLISCHEN BRIEFE

Der Name dieser Sammlung von sieben Briefen wurde schon erklärt (s. o. S. 200). Sie sind nicht an bestimmte Gemeinden oder Personen gerichtet, sondern sprechen die allgemeine (griechisch: *katholiké*) Kirche, d. h. die gesamte Christenheit an. Im Unterschied zu den Paulusbriefen ist diese Briefsammlung im Laufe der Kanonsgeschichte erst relativ spät zusammengestellt und abgeschlossen worden, wobei das Erreichen der Zahl Sieben keine unwesentliche Rolle gespielt haben dürfte.

Der Brief des Jakobus

Der Absender des Jakobusbriefes nennt sich »Knecht (Sklave) Gottes und des Herrn Jesus Christus« (1,1). Er wird meist mit dem Herrnbruder Jakobus identifiziert, obwohl der Brief selbst dazu keine weiteren Anhaltspunkte bietet. Adressaten sind die »zwölf Stämme in der Zerstreuung«, womit wohl nicht nur die Judenchristen, sondern die ganze Christenheit als das neue Gottesvolk, das verstreut unter den Heiden lebt und seine wahre »Heimat« nicht in dieser Welt hat, gemeint ist.

Der »Brief« ist im Grunde ein Lehrschreiben, das in lockerer Reihenfolge (Stichwortverbindungen) Grundsätze christlichen Verhaltens einschärft. Es ist in einem eleganten, nur noch mit dem Hebräerbrief vergleichbaren Griechisch geschrieben, was Zweifel an der Verfasserschaft des Jakobus erregt hat. Andererseits finden sich in ihm viele Mahnungen, die der Jesusüberlieferung – insbesondere der Bergpredigt – nahestehen (vgl. etwa 5,12).

Charakteristisch für die Botschaft des Briefes ist die klare Parteinahme für die Armen und die nachdrückliche Warnung vor den Gefahren des Reichtums (2,1-13; 4,13-17). Auch die Ablehnung eines Glaubens ohne praktische Konsequenzen (2,14-26) weist in diese Richtung. Ob der Verfasser sich damit ausdrücklich gegen die Rechtfertigungslehre des Paulus wendet, ist eine alte Streitfrage der Auslegung.

Er hätte sie dann an einem entscheidenden Punkt mißverstanden, da Paulus ausdrücklich von einem Glauben redet, »der durch die Liebe tätig ist« (Galater 5,6). Vermutlich greift Jakobus einen überspitzten Paulinismus an, der Paulus falsch interpretiert.

So ist dieses Schreiben entweder gegen Ende der Lebenszeit des Jakobus (Jakobus wurde wahrscheinlich um 62 n. Chr. gesteinigt) in seinem Auftrag zusammengestellt worden, oder es wurde im letzten Viertel des 1. nachchristlichen Jahrhunderts von Leuten verfaßt, die in Jakobus die geeignete Figur sahen, das Erbe judenchristlicher Ethik gegen einen schwärmerischen Paulinismus zu vertreten. Obwohl eine Spannung zwischen seiner These der »Rechtfertigung aus Werken« (Jakobus 2,24) und der paulinischen Rechtfertigungslehre bleibt, ist seine nüchterne, wirklichkeitsbezogene Botschaft eine wichtige Stimme innerhalb der neutestamentlichen Mahnungen zu einem Christentum der Tat (vgl. etwa Matthäus 7,21-23).

Der 1. Brief des Petrus

Der 1. Petrusbrief wendet sich an die »Fremdlinge, die verstreut wohnen« in einigen römischen Provinzen Kleinasiens (vgl. 1,1). Offensichtlich sind damit die dortigen Christen gemeint (Heidenchristen nach 1,14.18; 2,9f; 4,3f), deren Leben und Leiden als Fremdkörper in der antiken Gesellschaft Thema dieses Briefes ist. Diese Gesellschaft war gegenüber Andersgläubigen normalerweise sehr tolerant, solange diese sich bereitfanden, die Staatsgötter zu verehren und im übrigen die Religion ihrer Mitbürger anzuerkennen. Genau an dieser Stelle mußte es jedoch zu Konflikten mit der jungen, von missionarischem Eifer beseelten Christenheit kommen.

Der Brief ist in »Babylon« geschrieben, womit sehr wahrscheinlich Rom gemeint ist (5,13; vgl. Offenbarung 17f). Als Verfasser ist der Apostel Petrus genannt, der nach der Überlieferung die letzten Jahre seines Lebens in Rom verbrachte und dort unter Nero den Märtyrertod erlitten hat (vor 67 n. Chr.). Auffallend ist, daß der Brief kaum persönliche Äußerungen des Apostels enthält und theologisch den paulinischen Briefen sehr nahesteht.

Dem entspricht, daß im Grußteil des Briefes (5,12f) mit Silvanus bzw. Silas und Markus zwei Männer genannt werden, die beide Begleiter des Paulus waren und interessanterweise beide aus Jerusalem stammen (vgl. Apostelgeschichte 12,25; 15,22.39; Philemon 24; 1. Thessalonicher 1,1). Sie sind wohl Vertreter einer von Jerusalem ausgehenden, über Antiochia führenden Heidenmission, und der Brief könnte daher ein Zeugnis für die dieser Missionsbewegung zugrunde liegende Theologie sein, an der auch Paulus und Petrus ihren Anteil hatten. Da er in gutem Griechisch geschrieben ist, hat man sich gefragt, ob Silvanus nicht mehr war als nur der Schreiber des Briefes. Vielleicht hat er ihn als selbständig arbeitender Sekretär im Namen des Petrus aufgesetzt.

Weil die erste größere Christenverfolgung in Kleinasien unter Domitian erst in den neunziger Jahren stattfand, möchten viele Ausleger den Brief so spät ansetzen. Doch setzt er keine großen staatlichen Aktionen voraus, sondern nur einen ständigen Druck der Gesellschaft auf die Christen, die sich nicht der allgemeinen religiösen und sittlichen Unverbindlichkeit anpassen wollten. Mit dem Hinweis auf das erlösende Leiden Christi ruft der Brief als Trost- und Ermahnungsschreiben dazu auf, diesem Druck standzuhalten und damit leidend ein aktives Zeugnis in der Gesellschaft abzulegen. Ermutigt werden die Christen dazu durch die lebendige Hoffnung, die durch die Botschaft von der Auferweckung Jesu in ihren Herzen angefacht worden ist (1,3; 3,15).

Der 2. Brief des Petrus

Der 2. Petrusbrief gibt den Auslegern manches Rätsel auf. Obwohl er deutliche Anspielungen auf persönliche Erlebnisse des Petrus enthält (vgl. 1,18 mit Matthäus 17,5), stellen eine Reihe von Beobachtungen dessen Verfasserschaft in Frage: Der Brief unterscheidet sich stilistisch und theologisch deutlich vom 1. Petrusbrief, scheint in Kap. 2 den Judasbrief zu benutzen und zitiert in 3,4, allerdings im Stil prophetischer Vorausschau, Äußerungen der nachapostolischen Generation, die durch das Ausbleiben der Wiederkunft Jesu irritiert ist. In 3,15 f blickt er auf eine längere und schon umstrittene Auslegungsgeschichte einer Sammlung der paulinischen Briefe zurück. Die meisten Exegeten datieren den Brief deshalb längere Zeit nach dem Tod des Petrus Ende des ersten oder Anfang des zweiten Jahrhunderts n. Chr.

Er ist dann ein Zeugnis einer christlichen »Testamentenliteratur«, in der wie in ähnlichen jüdischen Schriften das geistliche Vermächtnis eines der »Väter des Glaubens« nachträglich formuliert wird (vgl. 1,15). Er gleicht damit dem 2. Timotheusbrief und betont deswegen auch wie die Pastoralbriefe die Bedeutung der Bewahrung der apostolischen Überlieferung (vgl. 1,19-21).

Die drei Briefe des Johannes

Der 1. Johannesbrief hat keine briefliche Einkleidung mit Absender- oder Empfängerangabe sowie Briefschluß, ist also eher ein allgemeines Lehrschreiben. Sein Beginn knüpft an den Anfang des Johannesevangeliums an: an das Zeugnis von der leibhaftigen Offenbarung gottgeschenkten und gottgewirkten Lebens in Jesus Christus. Er greift dann eine Reihe offensichtlich strittiger Fragen auf. Es geht um eine realistische Einstellung zur Macht der Sünde (Kap. 1–3), um das Bekenntnis, daß Jesus Christus als Gottes Sohn wirklich Mensch geworden ist (4,1-6), und um das Verhältnis zwischen Liebe zu Gott und zu den Mitchristen (3,11-18; 4,7-20).

Im Hintergrund stehen offensichtlich heftige Auseinandersetzungen und Spaltungen innerhalb der johanneischen Gemeinden. Kernpunkt des Streites war die Behauptung einer Gruppe, der Sohn Gottes habe nur scheinbar menschliche Gestalt angenommen, eine Auffassung, die man später, im Lauf der christologischen Debatte innerhalb der Alten Kirche, als »doketisch« (griech. *dokein* = den Anschein haben) bezeichnet hat. Aber nicht nur der Inhalt dieser Aussage war für die Gemeinde zerstörerisch, sondern auch die Art, wie sie vorgebracht wurde. So benennt der Brief nicht nur das Bekenntnis zu dem »in das Fleisch gekommenen« Jesus Christus als Maßstab für die Scheidung der Geister (4,2-3), sondern stellt auch die Liebe zu den Mitchristen als Kennzeichen der Liebe zu Gott heraus (4,20-21).

Im 2. und 3. Johannesbrief wird als Absender der »Älteste« genannt. Vielleicht ist auch das ein Hinweis darauf, daß hinter Johannesevangelium und Johannesbriefen nicht der Apostel, sondern ein anderer Jünger Jesu gleichen Namens steht.

Empfänger des 2. Johannesbriefs ist »die auserwählte Herrin und ihre Kinder« (vielleicht ist damit eine einzelne Gemeinde mit ihren Gliedern gemeint; vgl. Vers 13).

Der 3. Johannesbrief ist an einen uns sonst unbekannten Gajus gerichtet und somit der einzige wirkliche Privatbrief im Neuen Testament (bei Philemon ist immerhin die Hausgemeinde eingeschlossen).

Die Briefe greifen sehr knapp einzelne Probleme der Auseinandersetzungen im johanneischen Kreis auf und sind wohl gegen Ende des 1. Jahrhunderts n. Chr. geschrieben. Als Entstehungsort wird Kleinasien oder Syrien vermutet.

Der Brief des Judas

Der Judasbrief warnt in knapper, aber sehr polemischer Form vor Irrlehrern. Die teilweise recht pauschalen Vorwürfe lassen keine klare Gestalt von deren Lehre erkennen, doch wird man an die aufkommende Gnosis (s. o. S. 227; vgl. S. 214) denken müssen. Ihre intellektuelle Kraft scheint für die anderen Christen äußerst bedrohlich und übermächtig gewirkt zu haben; das mag den aggressiven Ton des Schreibens erklären, das noch nicht (oder nicht mehr) die Kraft für eine argumentative Auseinandersetzung aufbringt.

Eigentümlich ist neben biblischen Beispielen (Kain, Bileam in Vers 11) die starke Benutzung jüdischer Überlieferung, die nicht dem Alten Testament entstammt (Verse 9.14f). Ob wirklich ein Bruder Jesu, wie in Vers 1 vorsichtig angedeutet scheint (vgl. Jakobus 1,1), als Verfasser in Frage kommt, ist in der Forschung sehr umstritten. Das Schreiben dürfte in den achtziger Jahren des 1. Jahrhunderts entstanden sein.

3. DIE OFFENBARUNG DES JOHANNES

Das einzige »prophetische Buch« des Neuen Testaments ist die Offenbarung des Johannes, die sich selber eine »Offenbarung Jesu Christi« nennt, die dieser durch seinen Engel »seinem Knecht Johannes« gegeben hat (1,1-2). Auch sie ist der Form nach ein Brief. Er ist an sieben Gemeinden der römischen Provinz Asia geschrieben, die das westliche Kleinasien mit der Hauptstadt Ephesus umfaßt (vgl. 1,4; 22,21).

Das prophetische Element tritt am deutlichsten in den sieben Sendschreiben an diese Gemeinden hervor (Kap. 2f), in denen diese mit dem Urteil ihres Herrn konfrontiert werden. Den Hauptteil des Schreibens (6,1–22,5) bildet eine Schau der Endgeschichte, die man in Anlehnung an den griechischen Titel der Offenbarung (»Apokalypse«) als apokalyptisch bezeichnet und die im Alten Testament vor allem in Daniel 7–12 ihren Vorläufer hat. Den bedrängten Gemeinden wird vor Augen gestellt, daß trotz vieler hereinbrechender Katastrophen und gegen den anscheinend totalen Triumph des Bösen Gott das Weltgeschehen beherrscht und durch seinen Bevollmächtigten, Jesus Christus, in Kürze (22,10) den Sieg erringen und seine Herrschaft endgültig aufrichten wird.

Der Schlüssel für diese Erkenntnis ist die Vision des Sehers in Kap. 5, in der »das Lamm, das geschlachtet ist«, erscheint, d. h. der gekreuzigte Christus, der bevollmächtigt ist, die ausweglose Weltsituation zu wenden und die Geschichte an ihr Ziel zu führen.

In drei Visionszyklen von sieben Siegeln, sieben Schalen und sieben Posaunen werden in sich immer mehr steigernden Bildern die Katastrophen geschildert, durch die die Weltgeschichte und mit ihr auch die Gemeinde Jesu hindurch muß (Kap. 6–11; 15–19). Dabei deutet die Wiederholung der Ereignisse darauf hin, daß es sich nicht um eine zeitliche Abfolge, sondern um eine sich immer mehr verdichtende Wesensschau der Endgeschichte handelt.

Der Versuch einer Identifikation einzelner Bilder mit geschichtlichen Ereignissen oder gar eine Berechnung des Termins der Wiederkunft Christi wird daher immer in die Irre führen. Gefragt ist nicht Berechnung, sondern kritische Wachsamkeit und Standhaftigkeit (»Geduld«) angesichts all dessen, was das Wesen der Endzeit ausmacht. Für die Gemeinde wird dies eine Geschichte der Prüfung, des Abfalls und des Martyriums, insbesondere in der Konfrontation mit der Macht des Antigöttlichen sein (Kap. 13 und 17). Doch wird der Gemeinde auch gezeigt, wie sie von Gott bewahrt wird (Kap. 7; 12; 14). Vor allem aber steht am Schluß die Schau einer neuen und ungestörten Gemeinschaft Gottes mit den Seinen, in der alles Leid und aller Schmerz zu Ende sein werden (Kap. 21).

Die drängende Auseinandersetzung mit den totalitären Ansprüchen einer sich selbst vergötzenden Staatsmacht in den Kapiteln 13 und 17 scheint auf den Beginn der neunziger Jahre als Entstehungszeit zu deuten, als unter Kaiser Domitian der Kaiserkult in Kleinasien mit staatlichen Zwangsmaßnahmen gefördert wurde. Der Verfasser nennt sich nur Johannes und lebt zur Zeit der Niederschrift in der Verbannung auf der Insel Patmos (1,9). Er ist offensichtlich in den kleinasiatischen Gemeinden eine Autorität, die sich nicht weiter legitimieren muß. Seine Sprache, sein Stil und die theologische Begrifflichkeit weichen stark von den anderen johanneischen Schriften ab. Vielleicht hören wir hier die Stimme des Zebedaiden, falls er so lange in Ephesus gelebt hat, wie die altkirchliche Tradition angibt. Wahrscheinlicher ist aber, daß hier ein uns sonst unbekannter urchristlicher Prophet spricht (vgl. die Nennung der zwölf Apostel in 21,14); überhaupt tritt die Person des Autors ganz zurück hinter die Stimme Jesu Christi selbst, der durch ihn zu den Gemeinden reden will.

NACHWORT

Dieser knappe Überblick über die neutestamentlichen Schriften und ihre Entstehung hat vieles gezeigt, was zum Verständnis dieser Schriften hilfreich ist. Wer weiß, in welcher Situation ein Brief entstanden ist oder welche Leserschaft ein Evangelium im Blick hat, wird auch ihre einzelnen Aussagen besser erfassen und verstehen können.

Manches, was erörtert wurde, mag zunächst fremd oder gar anstößig erscheinen. Doch steht dahinter nicht der Wille, zu kritisieren oder in Frage zu stellen. Es sind die Beobachtungen am konkreten biblischen Text, die zum Überdenken überkommener Ansichten zwingen. Wir dürfen dieser Herausforderung nicht ausweichen. Gerade die ungewohnte Perspektive kann zu neuer Einsicht und zu einem neuen Hören auf Gottes Reden im Wort der Schrift führen. Deren Autorität hängt nicht daran, wen wir als Verfasser eines biblischen Buches identifizieren, sondern gründet in ihrem Zeugnis von Jesus Christus.

VERZEICHNIS DER ABKÜRZUNGEN

Biblische Bücher werden in den üblichen Kurzformen, aber ohne weitere Abkürzung angeführt (z. B. 1. Mose für »Das erste Buch Mose«). Die Ziffern hinter den Buchnamen bezeichnen Kapitel und Vers, Einzelverse werden durch Punkt getrennt, z. B. 1,17.20 = Kapitel 1, Verse 17 und 20.

EÜ	Einheitsübersetzung der Heiligen Schrift	S.	Seite
f	und der folgende Vers	s.	siehe
GN	Gute Nachricht (Die Bibel in heutigem Deutsch)	s. o.	siehe oben
		s. u.	siehe unten
Jh.	Jahrhundert	V.	Vers
Kap.	Kapitel	v. Chr.	vor Christus
n. Chr.	nach Christus	vgl.	vergleiche

ALPHABETISCHES INHALTSVERZEICHNIS